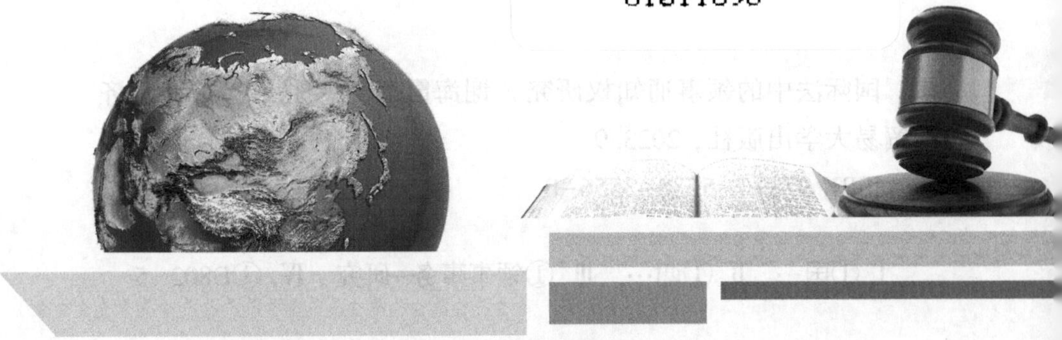

国际法中的领事通知权研究

谢海霞 著

首都经济贸易大学出版社
Capital University of Economics and Business Press
·北 京·

图书在版编目（CIP）数据

国际法中的领事通知权研究 / 谢海霞著. -- 北京：首都经济贸易大学出版社，2023. 9

ISBN 978-7-5638-3556-0

Ⅰ. ①国… Ⅱ. ①谢… Ⅲ. ①领事事务-研究 Ⅳ. ①D802. 5

中国国家版本馆 CIP 数据核字（2023）第 130493 号

国际法中的领事通知权研究
谢海霞 著
GUOJIFA ZHONG DE LINGSHI TONGZHIQUAN YANJIU

责任编辑 彭伽佳
封面设计 风得信·阿东 FondesyDesign
出版发行 首都经济贸易大学出版社
地 址 北京市朝阳区红庙（邮编 100026）
电 话 （010）65976483 65065761 65071505（传真）
网 址 http://www.sjmcb.com
E- mail publish@cueb.edu.cn
经 销 全国新华书店
照 排 北京砚祥志远激光照排技术有限公司
印 刷 北京建宏印刷有限公司
成品尺寸 170 毫米×240 毫米 1/16
字 数 262 千字
印 张 18. 25
版 次 2023 年 9 月第 1 版 2023 年 9 月第 1 次印刷
书 号 ISBN 978-7-5638-3556-0
定 价 78. 00 元

前言 FOREWORD

2017 年 5 月 8 日，印度在国际法院起诉巴基斯坦，认为巴基斯坦违反了其在 1963 年签署的《维也纳领事关系公约》中的义务[①]。印度称自 2016 年 3 月，巴基斯坦以印度国民贾达夫（Kulbhushan Sudhir Jadha）进行间谍活动和恐怖主义行为为由拘留贾达夫，并交由巴基斯坦军事法庭判处死刑。印度认为，巴基斯坦的行为违反了《维也纳领事关系公约》第 36 条的规定，包括没有将拘留贾达夫的情况立即通知印度，没有告知贾达夫其根据第 36 条享有的领事通知权利，拒绝印度领事会见贾达夫，等等。巴基斯坦辩称《维也纳领事关系公约》第 36 条在本案中不适用。围绕着《维也纳领事关系公约》第 36 条的解释和适用，国际法院自 1998 年以来共审理了 5 起有关案例，包括 1998 年巴拉圭诉美国案、德国诉美国的拉格兰德案、墨西哥诉美国的阿韦纳案，以及印度诉巴基斯坦的贾达夫案。

围绕《维也纳领事关系公约》第 36 条的解释和适用，公约多个缔约国先后在国际法院提起诉讼，这在国际法院的司法实践中非常少见。一方面，这说明公约第 36 条的规定非常原则或者自身具有模糊性，引发缔约国在第 36 条的适用中存在不同的认识。国际法院对第 36 条的解释和适用将有助于澄清该条款的内容，推动国际法实践的清晰化。另一方面，这也反映出现代国际法的发展对传统国际法内容的影响。作为国际法中最传统的内容，领事法有着久远的历史和广泛的实践，外交领事法自身又具有自足性，外交领事法似乎已经非常成熟。但是随着一般国际法的发展，国际法最古老的内容也不得不面临着现代化的挑战，领事法的一些规则正在被调

① Jadhav case（India v. Pakistan），17 July 2019 Judgement.

整。正如《维也纳领事关系公约》的序言所指明的，公约是习惯国际法的编纂，其中第36条的规定反映的也是习惯国际法的内容，在领事法的长期实践中得到了各缔约国的普遍承认。如果围绕该条款中的内容产生多项纠纷，至少反映出该条款的解释和适用存在诸多问题，需要重新被解读，国际法新的发展深刻影响了《维也纳领事关系公约》第36条中规定的内容，围绕该内容的实践正在被逐步深化。

领事关系法历史悠久，“查各国人民自古即已建立领事关系”①。现代领事法是在19世纪末至20世纪双边领事条约实践基础上发展起来的。1963年4月24日，联合国通过了《维也纳领事关系公约》，以及《关于取得国籍之任择议定书》《关于强制解决争端之任择议定书》，供各国开放签署，该公约及两项任择议定书已经于1967年3月19日生效。《维也纳领事关系公约》已经成为联合国制定的最重要的多边条约之一，截至2022年8月底，《维也纳领事关系公约》已经有182个缔约国。② 外交领事法被认为是现代国际法律秩序的里程碑，领事制度是一国维护其国民和法人利益的重要手段，《维也纳领事关系公约》主要规定了国家之间领事关系的原则、规则和制度，包括领事馆的建立、领事的职责、领事官员的特权和豁免等内容，其中第5条专门列举了领事职务的具体内容，保护本国国民及其海外利益是领事的首要职务，而“保护在国外被逮捕的本国国民是领事的核心职能”③，但是公约并不直接调整领事及其本国国民之间的关系。如何保护本国国民和法人的利益已成为广泛关注的问题。尤其是随着国际法的“人本化”，关注个人权利的保护是国际法的发展趋势，实践中，围绕对在国外被逮捕、拘押的本国国民的保护，领事保护成为当前各国实践无法回避的问题，同时“领事为被逮捕的派遣国国民提供领事保护被证明是《维

---

① 《维也纳领事关系法公约》序言。

② 见联合国官网：https：//treaties. un. org/pages/ViewDetails. aspx？ src = TREATY&mtdsg_no = III-6&chapter=3，访问日期：2022年8月27日。

③ L. T. Lee and J. Quigley, *Consular law and practice*, 3rd edition, Oxford University Press, USA, 2008, pp. 116-138.

也纳领事关系公约》中最有争议的问题之一”[①]，有关领事协助、领事保护的研究被认为是“一个被忽略的领域”，无论是在理论上还是实践中，“就其含义、范围以及法律基础都存在一定的不确定性”[②]。由于《维也纳领事关系公约》调整的是国家之间的领事关系，其对个人权利的保护是晚近国际法逐步确立的内容，因此公约对领事保护的界定、权利性质、权利范围和内容、保护机制、实施条件和标准程序以及权利救济和责任制度等被认为存在模糊与空白。[③]《维也纳领事关系公约》中对个人权利的保护还在发展中，围绕着以第36条为核心的领事通知制度，领事保护的法律机制在逐步发展和完善，相应地推动了各个缔约国相关国内立法与实践的发展。虽然目前国际、国内立法中的缺失导致在理解和界定领事保护的国际法定义、界定各方权利和责任、明确法律救济方式等方面还存在模糊性和一定的不确定性，但是这种模糊性和不确定性也为领事法的立法和实践提供了进一步发展的空间。

本书采用案例研究、比较研究、历史研究等方法，围绕领事保护职能的行使，研究国际法中领事通知权的实现。通过分析《维也纳领事关系公约》第36条的文本，研究国家的相关实践，以及国际法院的裁判实践，可以认为《维也纳领事关系公约》第36条规定的领事通知权不仅是缔约国的权利，也是一项个人权利。《维也纳领事关系公约》第36条为个人“赋”权已经得到了广泛的认可，国家的实践也随着领事法的这一新变化而不断调整。尽管各国国内的相关实践还不统一，相关的国际法还在发展，但是毫无疑问，围绕着公约第36条为个人赋权，传统的领事法律制度和规则也在不断深化和发展，领事保护被注入了新的内容。本书结合当前的理

① John B. Quigley, Vienna Convention on consular relations: in retrospect and into the future, *Southern Illinois University Law Journal*, 2013 (38), p5.

② Conall Mallory, Abolitionists at home and abroad: a right to consular assistance and the death penalty, *Melbourne Journal of International Law*, 2016, p53.

③ 丁丽柏：《〈维也纳领事关系公约〉的革新与中国的应对——以海外国民领事保护为视角》，《政法论坛》，2019年第3期，第126页。

论和实践，提出国家的领事保护实践既包括广泛的领事保护职能，也包括被特定化、可操作的领事保护的措施。围绕个人和国家领事通知权的实现，接受国的通知义务被强化，领事保护的内容和范围被进一步丰富，领事保护的权利主体被进一步廓清。同时，围绕领事通知义务的履行，缔约国无论是作为接受国还是作为派遣国，都面临着保障国内立法、执法程序符合领事通知权实现的挑战，事实上推动了外国国民利益保护机制的发展。因此，领事通知权的实现对完善国际法中的领事保护制度将起到重要的推动作用。经济全球化推动了资金、人员的全球流动，我国国民在海外的各种活动日益增多。尤其是随着我国“一带一路”建设的推进，全球化背景下的各种非传统安全因素的出现增加了我国国民在海外可能遭遇的危险，保护海外国民和海外利益的必要性日益凸显，保护我国国民和利益的海外机制构建成为当前的紧迫内容。

本书是作者所主持的国家社科基金重大课题“完善我国领事保护制度研究”（20&ZD206）子课题“国际法视域下的领事保护：发展与趋势”的阶段性研究成果。在构建我国海外利益保护机制中，领事协助和领事保护依然是保护我国海外利益的重要组成部分。我国正在起草和制定领事协助和领事保护的相关立法，在我国的领事实践中，领事保护被寄予了很高的期待，在维护我国国民和我国海外利益的实践方面被赋予了更多的职责，如何充分认识和理解国际法意义上的领事保护制度，是我国立法中不可回避的现实问题。以领事通知权为研究视角，通过分析和研究领事法中的权利义务，厘清领事保护的意涵，研究当前国际法的发展对于我国立法将起到积极作用。充分认识和运用公约第36条的规定，对于有效保护在海外的我国国民有着重要的现实意义。

本书的出版得到了首都经济贸易大学的资助，特别感谢学校对学术研究的支持！也感谢所有支持和鼓励我的同仁和朋友。如果本书中有任何不当之处，敬请批评指正。

目 录 CONTENTS

第一章　领事通知权概述

领事制度是各国维护其国民和海外利益的重要手段。两国建立领事关系，设立领馆，互相派遣领事，其中派遣领事的国家被称为派遣国，接受领事的国家被称为接受国。领事根据本国政府的委派，在接受国履行领事职能，保护本国在接受国的国民和利益。为便利派遣国领事代表派遣国履行领事职能，习惯国际法上确立了领事特权与豁免制度，并在法典化过程中于1963年写入了《维也纳领事关系公约》。《维也纳领事关系公约》有38处提及“通知”一词，其中第36条被认为规定了领事通知，明确了接受国对被逮捕或者拘禁的外国国民负有立即告知义务，对派遣国负有即时通知义务，以保障领事协助得以开展，从而保障领事履行领事保护职能。领事通知权既是领事保护派遣国国民及利益职能的体现，也是领事法中为个人赋权的表现。

第一节　领事通知权的来源

领事法是习惯国际法的编纂，从领事制度的历史发展来看，领事制度的设立目的在于维护一国在海外的利益，包括在海外的本国国民和本国在海外的商业利益。领事通知源于国际法中领事的保护职能，基于各国领事实践而形成，并具体体现在《维也纳领事关系公约》第36条的规定中，其具体内容与实践深受双边领事条约和领事习惯做法的影响。

一、领事习惯规则的形成

领事法历史悠久，早在《维也纳领事关系公约》制定之前，国家之间就通过习惯做法和双边领事条约调整双边领事关系，保护一国在国外的国民和海外利益。关于领事保护职能的规定几乎可以在《维也纳领事关系公约》之前签订的所有双边领事条约中找到，包括领事通知的内容。领事通知作为领事保护的一部分，也是随着领事保护本国国民和海外利益的需要逐步被引入双边领事实践，并在双边领事条约中固定下来。

领事机构的起源最早可追溯到古希腊古罗马时期，“查各国人民自古即已建立领事关系”①，正如外交是全方位保护国家的利益，领事是基于国际贸易的发展需要而产生的，是为了维护国家在海外的利益和保护本国商人而逐步发展出来的规则。早期领事制度的发展是希腊城邦在政治上的诸多贡献之一，其中“前导者”（prostates）和“外国代表人”（proxeni）制度被视为现代领事的先驱②。领事职务大约在 12 世纪首次出现，后来逐渐发展成为更加复杂的结构。尤其是随着海洋强国的崛起，当时的大国为了争夺新市场展开了激烈的争夺，海外利益保护和海外情报收集意义彰显，领事通过提供商务报告为本国政府提供海外贸易情报，“领事商务报告是驻外领事定期向本国政府发回的有关驻在国的通商贸易情况，近代西方国家在向海外扩张的过程中都曾经发行过此类报告，以促进对外贸易的发展”③，最早的领事规则也在此期间发展成型。

早期的领事规则以海洋法汇编为其主要形式，法国柯尔伯的《1681 年海事条例》是第一部领事规则汇编，法国领事制度由此开始建立。双边领事条约实践可追溯到 1769 年 3 月 13 日法国和西班牙签订的《帕尔多条约》

① 见《维也纳领事关系公约》序言。

② 李宗周：《领事法和领事实践》，梁宝山、黄屏、潘维煌、夏丽萍译，世界知识出版社 2012 年版，第 4 页。

③ 王力：《近代中国驻外领事商务报告研究》，上海交通大学出版社 2019 年版，第 1 页。

（*Franco-Spanish Convention of Pardo*），该条约被认为是“第一个现代的领事条约”①。法国于1781年和1833年制定了领事条例；1786年，荷兰制定了领事条例；1792年和1856年，美国制定了领事服务法；1825年，英国制定了领事法；1809年5月15日，俄国设立了领事团，建立了俄国领事制度。1820年10月25日，俄国通过了第一部领事条例，规定了俄国驻外领事代表的权利和义务，1858年又通过了新的领事条例，同时俄国还与德国（1874年），与法国（1874年），与意大利（1875年），与西班牙（1876年）分别签订了双边领事条约，与荷兰签订了《关于在荷兰殖民地港口设立领事馆的协定》。德国1867年颁布的《北德意志联邦宪法》中规定了领事制度，1871年，德国开始任命领事，到1887年，德国已经在海外设立了652个领事馆。②

19世纪中叶之后，近现代意义上的领事制度和领事立法开始形成，1860年，法国和英国签订的通商条约《科布登条约》（*Cobden Treaty*），标志着基于自由贸易和最惠国条款原则的通商条约新时代的开始。“通过最惠国条款和1860年以后缔结的一系列类似的领事条约，派遣和接受领事在法律和实践方面的一致性开始达到一个新的高度。”③ 正如领事的发展过程所展现的，领事职能的重新被提及源于对双边领事条约中最惠国待遇条款的援引与适用。按照最惠国待遇的规定，缔约一方现在给予另一缔约方的待遇不低于其现在或将来给予任何第三方的待遇，涉及关税税率、进出口商品和货物的配额、进出口措施等各种待遇等，监督最惠国待遇的履行是双边领事条约领事职责的核心内容。为了便利领事履行其职责，双边领事条约中也逐步纳入了领事的特权与豁免制度，领事规则逐步被确定下来。到1900年，有200多个条约中都包含了类似的领事关系条款；到1930年，

① 戈尔-布思主编：《萨道义外交实践指南》（第5版），杨立义、曾寄萍、曾浩等译，上海译文出版社1984年版，第305页。

② 王力：《近代中国驻外领事商务报告研究》，上海交通大学出版社2019年版，第3页。

③ 李宗周：《领事法和领事实践》，梁宝山、黄屏、潘维煌、夏丽萍译，世界知识出版社2012年版，第7页。

包含领事关系的双边领事条约数量已经达到了900多个。这些条约的签订以及相关国家的领事实践逐步发展出领事规则的一些习惯做法，一些国家开始缔结专门的双边领事条约来规范双边领事关系中领事的职能、特权与豁免，同时，区域性多边条约也开始将领事关系的规则纳入其中。

1928年，在哈瓦那举行的第六届美洲国家会议上达成了《哈瓦那外交代表公约》（*Havana Convention on Diplomatic Officers*）① 和《哈瓦那领事公约》（*Havana Convention on Consular Agents*）②，其目的是依据相关国家的实践、惯例和双边协定，向美洲各国阐明外交官享有的特权和豁免，以及领事享有的特权和豁免，以区域多边公约的形式确定了外交官和领事的特权与豁免内容。尽管各国都希望通过统一立法的方式保护其在海外的本国国民和利益，尽管国际联盟也强调统一国际立法是调整领事事务的有效方式，但是制定统一国际公约的努力始终未能实现，一直到19世纪60年代，国际社会才最终达成《维也纳领事关系公约》。

有关领事保护的职能在双边领事条约中得到了充分的体现，例如，授权领事在领区内保护派遣国公民和法人的权利和利益的条款，都可以在苏联同下列国家签订的领事条约中找到，包括：1957年同匈牙利签订的条约，第13条；1957年同罗马尼亚签订的条约，第14条；1957年同捷克斯洛伐克签订的条约，第13条；1957年同保加利亚签订的条约，第14条；1958年同奥地利签订的条约，第15条；1958年同德意志联邦共和国签订的条约，第16条；1959年同越南民主共和国签订的条约，第14条；1959年同中华人民共和国签订的条约，第14条。此外，领事在其国民的任何权益受到侵害时，有权向接受国主管当局询问有关案情，并有权提出抗议③。在其他国家的双边领事条约中也有类似条款，显示出在领区内保

① Havana Convention on Diplomatic Officers（1928），155 LNTS 259.

② Havana Convention on Consular Agents（1928），155 LNTS 289.

③ 李宗周：《领事法和领事实践》，梁宝山、黄屏、潘维煌、夏丽萍译，世界知识出版社2012年版。

护派遣国国民和法人的权利和利益是领事的重要职责。

根据1957年签订的《波兰和德意志民主共和国领事条约》第16条的规定，领事可以依照国际法和国际惯例保护其本国国民的权利和利益。为达此目的，领事可以同领区内的法院和其他主管当局直接联系。1951年签订的《美国和联合王国领事条约》第15条第1款规定，领事官员在领区内有权：①会见任何派遣国国民，同其联系并向其提供建议；②查问已发生的任何影响派遣国国民利益的案件；③在当地进行的诉讼中或在同地方当局的关系中协助派遣国国民，并在必要时为其安排法律协助。①

对于保护在海外的国民而言，领事保护要与国民保持联系和沟通，提供领事服务和领事协助。"对领事履行保护职务至关重要的是，他必须有权在派遣国国民被逮捕后立即得到通知，并可到狱中探视和为其提供法律及相关协助。"② 因此，在特定情形下，保障领事通知的内容被逐步写入双边领事条约。以美国的双边领事实践为例，美国和120多个国家之间订立了双边领事条约以及包含领事事项的其他双边协定，其中在1880—1945年签订了2个双边领事条约，1945—1959年共签订30个双边领事条约，1960—1970年（其中主要集中在1964年）共签订了13个双边领事条约，1970—1980年共签订6个双边领事条约，1980—1990年签订4个双边领事条约，1990—2000年只签订1个双边领事协定。在美国早期双边领事实践中，多数协定尤其是自19世纪到20世纪初的协定都没有规定领事通知条款，没有明确在外国国民被逮捕或者拘禁时，领事有权开展领事通知和领事探视等方面的内容。但是这些协定中包含了有关领事协助的重要条款，其中与奥地利、爱沙尼亚、芬兰、德国、希腊、洪都拉斯、拉脱维亚、挪威、瑞典和泰国的双边协议，在某些情况下要求在其国民在美国死亡时通

① 李宗周：《领事法和领事实践》，梁宝山、黄屏、潘维煌、夏丽萍译，世界知识出版社2012年版。

② 李宗周：《领事法和领事实践》，梁宝山、黄屏、潘维煌、夏丽萍译，世界知识出版社2012年版。

知领事官员。但是，因领事保护职能的需要，在《维也纳领事关系公约》签订之前，美国与外国签订的28个领事条约中都规定了在派遣国国民被逮捕后领事有权得到通知、开展领事探视等内容，显示出领事通知条款是被逐渐吸纳的。

领事保护本国国民的实践以条约为前提，领事法强调对等原则的适用，如果两国之间没有双边领事条约，则很难实现对本国国民的保护。双边领事条约对领事通知条款的纳入呈阶段性发展态势，并且各个双边领事条约中对领事通知的规定也不尽相同，直到领事法逐步被成文化、法典化，统一的领事通知条款最终被写入《维也纳领事关系公约》，该公约作为一部全球适用的普遍性国际公约，为领事保护本国国民和利益构建了一套规则体系，并建立了领事规则的现代化标准。

二、《维也纳领事关系公约》的规定

20世纪60年代，外交领事法的逐步法典化统一了外交、领事规则，并在《维也纳领事关系公约》第36条专门规定了领事通知条款，将领事通知内容写入了多边体系，成为一项普遍适用的国际义务。

1949年，联合国国际法委员会考虑将领事往来和豁免问题列为其未来法典编纂工作的一部分，并在国际法委员会第一届会议上将领事关系作为一个关键议题纳入国际法编纂项目①，以促进领事关系国际法的编纂与发展，“深信一项关于领事关系、特权及豁免之国际公约亦能有助于各国间友好关系之发展，不论各国宪政及社会制度之差异如何，认为此等特权及豁免之目的不在于给与个人以利益，而在于确保领馆能代表本国有效执行职务”②。国际法委员会以强行法、国内实践以及国际法为基础，起草出一套暂行规则。这套暂行规则共包括四章：领事交往和豁免，领事特权和豁

① U. N. Secretary-General, Survey of International Law in Relation to the Work of Codification of the International Law Commission, at 54-56, U. N. Doc. A/CN. 4/1/Rev. 1 (Feb. 10, 1949).

② 《维也纳领事关系公约》序言。

免，名誉领事的法律地位及特权和豁免，一般条款等。自 1952 年起，国际法委员会就开始围绕该规则草案展开正式讨论，并在之后的会议中多次就草案及评注内容征求各会员国意见。

1963 年 3 月 4 日至 4 月 22 日，联合国领事关系会议在奥地利维也纳举行，共有来自不同背景、不同利益诉求下的 95 个国家的代表出席了该会议。经过 7 周的讨论和审议，1963 年 4 月 24 日，会议最终通过了《维也纳领事关系公约》以及《关于取得国籍之任择议定书》和《关于强制解决争端之任择议定书》，供各国开放签署。该公约及两项任择议定书于 1967 年 3 月 19 日生效。截至 2022 年 8 月底，《维也纳领事关系公约》已有 182 个缔约国。1963 年的《维也纳领事关系公约》是对习惯国际法的编纂，其中规定了国家之间领事关系的原则、规则和制度。该公约已经得到了国际社会的广泛接受，"《维也纳领事关系公约》对于国际关系的贡献实际上超越了其制定的规则的质量和确定性，被认为就像把小石子投入池塘一样，该公约的通过在很多领域产生了同心圆效应，它成为长期互不信任的国家之间缔结双边领事条约的催化剂"①，公约也被证明是联合国制定的最重要的多边条约之一。

《维也纳领事关系公约》的制定模式和内容深受 1961 年制定并通过的《维也纳外交关系公约》的影响。调整外交关系和领事关系各个方面的规则都是国际法最古老的内容之一："外交法实际上是国际法中最古老、最显赫，可能也是公认的最复杂的领域之一……在国家交往的过程中，外交惯例逐渐固定下来。这其中形成了一套独特的具有法律约束力的规则，而且也发展出另一套有趣而混合的没有约束力的习惯做法，比如外交礼仪。它的核心概念是外交豁免和不受侵犯，其秉持着便于外交官工作的立场，明确派遣国和接受国各自的法律权利和义务。1961 年，备受赞誉并得到广泛适用的《维也纳外交关系公约》收录了这些伟大传统。它们是人类最为

① 李宗周：《领事法和领事实践》，梁宝山、黄屏、潘维煌、夏丽萍译，世界知识出版社 2012 年版，第 645 页。

珍贵的习惯法则。”①《维也纳外交关系公约》的制定被认为是习惯法编纂的范本，取得了非凡的成就，并且为外交关系行为创建了一个法律机制，“《维也纳外交关系公约》以普遍接受的规则为基础，实现了现行习惯与法律渐进发展的完美结合”②，是联合国时代最突出的成就之一。目前公约有182个缔约国③，是全球得到最广泛的批准和适用的条约之一。其取得如此成就的原因在于④：第一，该法是在国家长期实践基础上建立起来的，历史久远，运行相对稳定；第二，坚持对等原则在其中起到重要的作用；第三，在国际法委员会起草《维也纳外交关系公约》的过程中小心翼翼，早就得到了一个各方承认的文本。1964年生效的《维也纳外交关系公约》是对习惯国际法的编纂和发展，公约未明确规定的内容依然适用习惯国际法。

《维也纳领事关系公约》深受《维也纳外交关系公约》制定模式的影响，立法模式与《维也纳外交关系公约》类似，都是既编纂了习惯国际法，又“确认凡未经本公约明文规定之事项应继续适用国际习惯法之规例”。《维也纳外交关系公约》将传统外交习惯规则纳入其中，规定了使馆的建立、外交官的派遣、外交特权与豁免、外交代表特权与豁免的期限等。遵循《维也纳外交关系公约》的内容结构，《维也纳领事关系条约》也主要规定了国家之间领事关系的原则、规则和制度，包括领事馆的建立、领事的职责、领事官员的特权和豁免等内容。

《维也纳领事关系公约》的立法框架和基本结构都类似《维也纳外交关系公约》。《维也纳领事关系公约》共79条，在序言中首先明确了缔约目的和宗旨，即遵守联合国宪章的各国主权平等、维持国际和平与安全以

---

① 巴多·法斯本德、安妮·彼得斯主编：《牛津国际法史手册（下）》，李明倩、刘俊、王伟臣译，上海三联书店2020年版，第815页。

② 巴多·法斯本德、安妮·彼得斯主编：《牛津国际法史手册（下）》，李明倩、刘俊、王伟臣译，上海三联书店2020年版，第823页。

③ https://treaties.un.org/pages/viewdetails.aspx?src=treaty&mtdsg_no=iii-3&chapter=3&lang=en，访问日期：2020年8月9日。

④ Eileen Denza, *Diplomatic Law: Commentary on the Vienna Convention on Diplomatic Relations* (4th edition), Oxford University Press, 2016.

及促进各国间友好关系之宗旨及原则，通过缔结领事关系、特权及豁免之国际公约，促进各国间友好关系之发展。《维也纳领事关系公约》分为四个部分，其中第一部分“一般领事关系”共27条，规定了领事关系的建立和终止，第1条明确了该公约中所使用的术语，第2~24条具体规定了国家之间领事关系的建立，第25~27条规定了领事职务的终止。第二部分规定了“关于领馆职业领事官员及其他领馆人员之便利、特权与豁免”，第28~29条规定了领馆享有的便利、特权与豁免，第40~47条规定了领事官员和其他人员享有的便利、特权与豁免。第三部分规定了“对于名誉领事官员及此等官员为馆长之领馆所适用之办法”，第58~68条规定了名誉领事享有的特权与豁免。第四部分是“一般条款”，第69~79条规定了公约的签署、批准等内容。从《维也纳领事关系公约》的内容上看，该公约中的多数条款都是为了便利领事馆在接受国的运作，便利领馆和领事官员开展领事协助和领事保护的职务。鉴于领馆和领事官员代表派遣国，为了便利其履行领事职务，公约中专门规定了领馆和领事官员的特权与豁免，以实现该公约的缔约目的，促进国家间友好关系的发展。

关于领事，在国际法上并无统一定义，《维也纳领事关系公约》中规定了“领事职务由领馆行使之。此项职务亦得由使馆依照本公约之规定行使之”。领事官员“谓派任此职承办领事职务之任何人员，包括领馆馆长在内”，并明确了领事包括职业领事和名誉领事。根据《维也纳领事关系公约》第3条的规定，“领事职务由领馆行使之。此项职务亦得由使馆依照本公约之规定行使之”。“凡未经本公约明文规定之事项，应继续适用国际习惯法之规例”。就领事的具体职能而言，《维也纳领事关系公约》第5条进行了具体规定，详细列举了领事的职能范围，具体包括：

（1）于国际法许可之限度内，在接受国内保护派遣国及其国民——个人与法人——之利益；

（2）依本公约之规定，增进派遣国与接受国间之商业、经济、文化及科学关系之发展，并在其他方面促进两国间之友好关系；

（3）以一切合法手段调查接受国内商业、经济、文化及科学活动之状况及发展情形，向派遣国政府具报，并向关心人士提供资料；

（4）向派遣国国民发给护照及旅行证件，并向拟赴派遣国旅行人士发给签证或其他适当文件；

（5）帮助及协助派遣国国民——个人与法人；

（6）担任公证人，民事登记员及类似之职司，并办理若干行政性质之事务，但以接受国法律规章无禁止之规定为限；

（7）依接受国法律规章在接受国境内之死亡继承事件中，保护派遣国国民——个人与法人——之利益；

（8）在接受国法律规章所规定之限度内，保护派遣国国民之未成年人及其他无充分行为能力人之利益，尤以须对彼等施以监护或托管之情形为然；

（9）以不抵触接受国内施行之办法与程序为限，遇派遣国国民因不在当地或由于其他原因不能于适当期间自行辩护其权利与利益时，在接受国法院及其他机关之前担任其代表或为其安排适当之代表，俾依照接受国法律规章取得保全此等国民之权利与利益之临时措施；

（10）依现行国际协定之规定或于无此种国际协定时，以符合接受国法律规章之任何其他方式，转送司法书状与司法以外文件或执行嘱托调查书或代派遣国法院调查证据之委托书；

（11）对具有派遣国国籍之船舶，在该国登记之航空机以及其航行人员，行使派遣国法律规章所规定之监督及检查权；

（12）对本条第（11）款所称之船舶与航空机及其航行人员给予协助，听取关于船舶航程之陈述，查验船舶文书并加盖印章，于不妨害接受国当局权力之情形下调查航行期间发生之任何事故及在派遣国法律规章许可范围内调解船长、船员与水手间之任何争端。

（13）执行派遣国责成领馆办理而不为接受国法律规章所禁止，或不为接受国所反对，或派遣国与接受国间现行国际协定所订明之其他职务。

第5条的规定属于不穷尽的清单，其中所列举的领事职能被认为是未穷尽领事的所有职能，领事依然可以执行派遣国责成领馆办理的其他职务，只要其不为接受国法律规章所禁止，或不为接受国所反对，或者属于派遣国与接受国间现行国际协定所订明之其他职务。行使第5条所列举的领事职能的主体既包括领馆也包括使馆，正如《维也纳领事关系公约》第3条所规定的，“领事职务由领馆行使之。此项职务亦得由使馆依照本公约之规定行使之”。从公约第5条规定的领事职责的具体内容看，领事的职责通常被认为是技术性的、行政性的内容，例如，开展领事认证、签发签证，为本国国民提供领事协助，等等，这也可以从领事豁免仅限于其职务行为这一点看出，“领事官员及领馆雇员对其为执行领事职务而实施之行为不受接受国司法或行政机关之管辖”[①]，相较于外交官，领事官员并不代表派遣国，因此其享有的特权与豁免仅限于其执行职务的行为。此外，外交官和领事官员的一个显著区别还在于，外交官通常是与接受国中央政府联系，而领事的职责范围被认为是地区性的，主要是与其领区内的地方当局，如警察局、监狱或者商事官员等联系，因此领事履行职务的范围一般都是区域性的。

就履行第5条所规定的保护本国国民而言，领事需要与本国国民进行通信和联系。但是，如果本国国民无法和领事保持联系，则领事无法开展领事协助和领事保护。就此，为保障领事保护职能的实现，公约第36条明确规定了领事“与派遣国国民通讯及联络。（1）为便于领馆执行其对派遣国国民之职务计：a. 领事官员得自由与派遣国国民通讯及会见。派遣国国民与派遣国领事官员通讯及会见应有同样自由。b. 遇有领馆辖区内有派遣国国民受逮捕或监禁或羁押候审，或受任何其他方式之拘禁之情事，经其本人请求时，接受国主管当局应迅即通知派遣国领馆。受逮捕、监禁、羁押或拘禁之人致领馆之信件亦应由该当局迅予递交。该当局应将本款规定之权利迅即告知当事人。c. 领事官员有权探访受监禁、羁押或拘禁之派遣

① 见《维也纳领事关系公约》第43条。

国国民，与之交谈或通讯，并代聘其法律代表。领事官员并有权探访其辖区内依判决而受监禁、羁押或拘禁之派遣国国民。但如受监禁、羁押或拘禁之国民明示反对为其采取行动时，领事官员应避免采取此种行动。(2) 本条第一项所称各项权利应遵照接受国法律规章行使之，但此项法律规章务须使本条所规定之权利之目的得以充分实现”。领事通知条款被纳入《维也纳领事关系公约》，领事通知的规则逐步统一化，接受国的通知义务也发展成为一项普遍义务，并随着实践的发展不断被注入新元素。

三、对嗣后实践的影响

《维也纳领事关系公约》对缔约国领事通知的实践产生了重要影响。尽管缔约国在缔约过程中存在不同的认识，尽管公约草案文本多次被修正，但是随着《维也纳领事关系公约》的最终签署，以及一些国家陆续批准该公约，公约第 36 条规定的领事通知条款影响了缔约国的嗣后实践，“在 1964 年《美国和苏联领事条约》中或许得到了最充分的证明”[①]。该条约第 12 条重申了《维也纳领事关系公约》第 36 条的规定：“（1）领事官员有权在其辖区内会见派遣国的任何国民，与之沟通，协助并向其提供建议，必要时，为其安排法律援助。接受国不得以任何方式限制派遣国国民进入其领事机构。(2) 接受国有关当局应立即将派遣国国民被逮捕或以其他形式拘留的情况通知派遣国领事官员。(3) 派遣国领事官员有权毫不迟延地探视被逮捕或以其他方式拘留或正在服刑的派遣国国民并与之沟通。本款所述权利应根据接收国的法律和法规行使，但前提是上述法律和法规不得使这些权利无效。”[②] 此外，该条约还将通知领事官员作为一项绝对义务，

---

① 李宗周：《领事法和领事实践》，梁宝山、黄屏、潘维煌、夏丽萍译，世界知识出版社 2012 年版，第 136 页。

② https：//travel. state. gov/content/travel/en/legal/travel-legal-considerations/intl-treaties/Bilateral-Consular-Conventions/Confederated-Independent-States-Treaty. html。该条约也适用于亚美尼亚、阿塞拜疆、白俄罗斯、格鲁吉亚、哈萨克斯坦、吉尔吉斯共和国、摩尔多瓦、俄罗斯联邦、塔吉克斯坦、土库曼斯坦、乌克兰和乌兹别克斯坦。

而不是取决于被逮捕或者拘禁的国民的意愿。缔约双方为了避免就领事通知和领事探视时间发生争议，还签订了一份议定书作为该双边领事条约的一部分，其中明确了领事通知的时间为自逮捕或拘留发生之日起1日至3日内通知派遣国领事。

1951年6月6日《美国与联合王国领事条约》第16条中也规定了领事通知条款：“（1）当派遣国的任何国民被羁押候审或以其他方式被拘禁时，接受国当局应立即通知辖区内领事。领事官员应毫不迟延地获准探视被羁押或拘留的任何派遣国国民，与其私下交谈，并为其安排法律代表。接受国当局应毫不迟延地转交该国民给领事官员的任何通讯。（2）如果派遣国国民被定罪并正在服刑，服刑所在地区的领事官员在通知有关当局后有权探视他。任何此类探视都应按照监狱条例进行，监狱条例应允许合理接触该国民并有机会与之交谈。在符合监狱条例的情况下，领事官员还应被允许在囚犯与其他人之间传输通讯。”该条款相比《维也纳领事关系公约》第36条的规定比较简单。

在美国签订《维也纳领事关系公约》之后，其缔结的双边领事条约一般都包含领事通知条款，内容要比《维也纳领事关系公约》更加具体。例如，美国与匈牙利于1972年7月7日缔结的双边领事协定第41条就规定：“（1）在任何情况下，如果派遣国国民被羁押待审或以任何方式被剥夺人身自由，接受国主管当局应相应地通知派遣国的适当领事馆。通知应在三天内发出，不得延误。（2）领事官员有权接收被羁押候审或以任何其他形式剥夺人身自由的国民的信件或其他通讯，并有权采取必要步骤为其提供法律帮助和代理。（3）领事官员同样有权访问该国国民，与该国国民交谈和沟通。最迟应在该国民被拘留候审或被剥夺任何其他自由之日起4天期满后允许探视。（4）在任何情况下，如果派遣国国民被拘留等待审判，或被剥夺任何其他人身自由，或被定罪并正在服刑，领事官员应有权探视、与其交谈和沟通。访问可以定期进行，间隔不超过一个月。（5）本条第（2）款、第（3）款和第（4）款所述权利应按照接受国的法律和法规行使，但前提是上述法律和法规不得使这些权利无效。(6) 本条规定适用的国民，在其被拘留机构适用法规允许的范围内，可从领事官员处收到包裹，包裹内装有食物、衣服、药物以及阅读和书写材料。(7) 接受国主管当局应毫不迟延地将本条赋予的访问和通信权利告知有关国民。”

缔约国之间缔结的双边领事条约或协定中都规定了类似《维也纳领事关系公约》第 36 条的领事通知条款，或者比公约第 36 条的规定更加具体，反映出公约第 36 条规定的领事通知条款已经成为一项普遍的实践，接受国的通知义务被具体细化。作为对习惯国际法的编纂，《维也纳领事关系公约》已经得到了广泛的适用，缔约国的丰富实践又进一步发展了现行领事法，为领事法的发展注入了活力。目前，《维也纳领事关系公约》共有 182 个缔约国，反映出该公约已经成为全球广泛适用的国际公约。我国于 1979 年 7 月 3 日向联合国秘书长交存了加入书，同年 8 月 1 日，《维也纳领事关系公约》对我国生效。其他国家，如美国于 1969 年 11 月 24 日、法国于 1970 年 12 月 31 日、英国于 1972 年 5 月 9 日、俄罗斯于 1989 年 3 月 15 日、墨西哥于 1965 年 6 月 16 日批准公约。联邦德国于 1971 年 9 月 7 日加入《维也纳领事关系公约》，公约自 1971 年 10 月 7 日起正式在联邦德国生效。1974 年 9 月 11 日，联邦德国还通过了《领事官员及其职责与权限法》，从联邦立法层面规定了领事官员的职责和义务。联邦德国与民主德国合并后，公约被合并后的德国继承，公约继续对德国有效。作为全球广泛适用的公约，《维也纳外交关系公约》《维也纳领事关系公约》被认为是“现代国际法律秩序的里程碑”[①]，其对习惯国际法的法典化以及公约在国际法相关领域的发展经常被国际社会用作参考，并深刻地影响了双边领事条约的谈判、规则制定以及具体条款的拟定，影响了各国国内领事立法以及实践，《维也纳领事关系公约》被认为“催生了国内领事立法的标准化

---

① Eileen Denz：*Diplomatic law：commentary on the Vienna Convention on diplomatic relations*（4th edition），Oxford University Press，2016。

和现代化”[①]，与两个公约相关的国际案例也进一步发展了相关条约的具体内容，成为现代国际秩序的稳定器。

领事实践历史悠久，各国的双边领事实践以及双边领事条约扮演着重要的角色，是领事法体系的重要内容。双边领事条约既是多边领事条约形成的基础，同时一些双边领事条约还对《维也纳领事关系公约》的一些内容予以细化，进一步强化了缔约双方的责任。实践中，各国之间的双边领事条约体例不同，内容也不尽相同，双边领事条约作为双边领事实践重要的法律渊源，是考察和研究相关领事实践的重要法律基础。

第二节　领事通知权的基本内容

根据《维也纳领事关系公约》第5条的规定，领事于国际法许可之限度内，在接受国内保护派遣国及其国民利益。就领事职责而言，《维也纳领事关系公约》第3条规定，“领事职务由领馆行使之。此项职务亦得由使馆依照本公约之规定行使之”，“凡未经本公约明文规定之事项，应继续适用国际习惯法之规例”。为了便利派遣国领事依据《维也纳领事关系公约》第5条之规定，履行保护派遣国及其本国国民的职能，《维也纳领事关系公约》规定了领事和领馆享有的特权与豁免，包括领事有权与派遣国国民通讯及联络。但是在特定情形下，即派遣国国民因逮捕、监禁或羁押候审，或受任何其他方式之拘禁而被限制自由时，领事有权与派遣国国民通讯及联络。尤其是第36条还专门规定了领事通知的内容。

一、领事通知是领事保护的关键条款

“领事保护其国民的权利已经被许多国际法学界所承认，并被国家间

① 李宗周：《领事法和领事实践》，梁宝山、黄屏、潘维煌、夏丽萍译，世界知识出版社2012年版，第646页。

的实践所肯定。”[①] 尽管将领事通知条款纳入双边领事实践已经非常普遍，尽管各国也都认为领事在接受国与其国民进行联系和通讯的权利对执行领事保护职务至关重要，“但围绕规定和描述这一权利的《维也纳领事关系公约》第36条的谈判却十分艰难曲折，几乎威胁到整个条约的成功签订。”[②] 各缔约国在缔结《维也纳领事关系公约》时关于领事通知内容的讨论，反映出历史上的领事通知条款存在多样性。

将领事通知纳入《维也纳领事关系公约》是领事保护本国国民利益的需要。从设立领事的初衷到领事在历史上的角色扮演，总结19世纪末以及20世纪双边领事条约的实践，可以看出领事职务的历史及其发展都与贸易发展和国家经济利益联系在一起，正如《维也纳领事关系公约》第5条中所指出的，领事职务既包括“于国际法许可之限度内，在接受国内保护派遣国及其国民——个人与法人——之利益”[③]，也要“增进派遣国与接受国间之商业、经济、文化及科学关系之发展，并在其他方面促进两国间之友好关系”[④]。此外，领事还有权以一切合法手段调查接受国内商业、经济、文化及科学活动之状况及发展情形，向派遣国政府具报，并向关心人士提供资料；有权签发护照文件；有权帮助及协助派遣国国民——个人与法人；有权处理相关行政事务；有权在涉及死者继承事件中，保护派遣国国民利益；保护未成年人及其他无充分行为能力人之利益；在接受国法院及其他机关之间担任其代表或为其安排适当之代表；提供司法协助以及处理派遣国船舶、飞机及机组人员的相关事项等。概括起来，领事职务的基本内容就是提供领事协助以及开展领事保护。

就开展领事保护而言，领事的一项主要保护职能是与本国国民进行通

---

① 李宗周：《领事法和领事实践》，梁宝山、黄屏、潘维煌、夏丽萍译，世界知识出版社2012年版，第7、117页。

② 李宗周：《领事法和领事实践》，梁宝山、黄屏、潘维煌、夏丽萍译，世界知识出版社2012年版，第128页。

③ 《维也纳条约法公约》第5（1）条。

④ 《维也纳条约法公约》第5（2）条。

讯和联系，尤其是在本国国民被逮捕后立即得到通知，并可进行领事探视，为其提供领事协助。例如，1989 年 1 月 12 日，美国和阿尔及利亚签订双边领事条约，双方都认为双边领事条约补充了 1963 年《维也纳领事关系公约》的规定，该条约将促进美国和阿尔及利亚领事以多种方式协助其同胞的能力，并应增加两国之间的旅行和贸易。在互惠基础上允许的具体领事职能和服务包括签发护照和签证、提供公证服务以及代表国民在遗产事务中的利益。双方特别提及："更重要的是，该公约规定，国民被逮捕、拘留或人身自由受到任何限制的国家的领事将立即得到通知。此外，应允许领事访问这些国民并安排他们的法律代表……这项公约的签署是加强和扩大美国与阿尔及利亚关系进程中的重要一步。目前两国之间没有关于领事关系的双边协议。该公约就一些事项明确了具体义务，例如，有关逮捕和拘留一国国家国民应通知领事官员的义务以保护本国国民的权利和利益。"① 可见，领事通知的内容是双方缔约的重大关切。

一些国家将领事通知视为履行领事保护职责的重要内容，如意大利。也有国家将其纳入双边领事条约中，并在领事实践中具体执行，如 1952 签订的《联合王国和瑞典领事条约》在第 19 条中就特别规定：①遇有派遣国国民在领区内被监禁候审或以其他方式被拘禁时，接受国主管当局应立即通知领事官员。②领事官员应毫不迟延地被允许探视因诉讼或调查等原因被关押或拘禁，或根据一般规则有权在一定时期内提起上诉的派遣国国民，与之进行私下交谈，并为其安排法律代表。接受国主管当局还应将该国民写给领事官员的任何信件或其他信息毫不迟延地转交给领事官员。③在不妨害本条第 2 款规定的情况下，遇有派遣国国民根据判决而被拘禁，该国民被拘禁地所属领区的领事官员在通知接受国有关当局后有权对其探视。此类探视应根据拘押该国民的机构内的现行规定来进行，但这些规定当然应允许领事官员合理接

① https：//travel. state. gov/content/travel/en/legal/travel-legal-considerations/intl-treaties/Bilateral-Consular-Conventions/Algerian-Treaty. html，最后访问日期：2023 年 2 月 6 日。

触该国民并有机会与其交谈。[①]

在缔约过程中，《国际法委员会草案》中接受国主管当局将派遣国国民被逮捕、监禁、羁押或拘禁的情况毫不迟延地通知该领区的派遣国领事规定为一项绝对义务。但是在缔约国会议上，一些国家也提出了反对意见，包括：①澳大利亚代表团提出，相关当事人不愿意领事协助或者不希望派遣国有关当局知晓其被捕、监禁、羁押或拘禁的情况，当事人的意愿应得到尊重；②法国和厄瓜多尔代表团提出，派遣国国民与本国领事通讯和会见的权利更适合放在《世界人权宣言》或者确定居留的公约中，而不是将其放在领事关系的公约中；③泰国、加拿大、菲律宾、马来西亚、新加坡等代表团提出，由于大量外国移民分布在全国各地，这将给联合国带来过多的行政负担；④菲律宾提出，这是一个原则问题，当一个外国人进入某一国家时，其不应该获得比接受国国民更高的保护；⑤法国提出，一些国家的国内法禁止在取得被采取强制措施的人同意前将其姓名告知第三方；等等。[②]

“领事保护”是否一项专门制度，在《维也纳领事关系公约》中并没有做出专门规定，在国际法上，对于领事保护也没有清晰的概念和界定。也有学者认为，“保护”有特定含义，是指“当派遣国国民（包括法人）的合法权益在领区内受到违反国际法的不法行为的损害时，领馆或领事官员同领区当局交涉，以制止此种不法行为，恢复受害人应享有的权力和利益，对已受到的损害予以赔偿”[③]。此时所指的领事保护仅仅涵盖特定情形下的领事职能行使。《维也纳领事关系法公约》第36条被认为是领事保护的关键条款，该条款规定了特定情形下接受国尽到通知义务，以保障领事与派遣国国民的通讯与联络权利，为开展领事保护提供领事协助提供便利。

按照《维也纳领事关系公约》第36条的规定，领事有权“与派遣国

① 李宗周：《领事法和领事实践》，梁宝山、黄屏、潘维煌、夏丽萍译，世界知识出版社2012年版。

② A/CONF. 25/C. 2/SR. 15，16，17等。

③ 钱其琛主编：《世界外交大辞典》，世界知识出版社2005年版，第1215~1216页。

国民通讯及联络，（1）为便于领馆执行其对派遣国国民之职务计：（a）领事官员得自由与派遣国国民通讯及会见。派遣国国民与派遣国领事官员通讯及会见应有同样自由。（b）遇有领馆辖区内有派遣国国民受逮捕或监禁或羁押候审，或受任何其他方式之拘禁之情事，经其本人请求时，接受国主管当局应迅即通知派遣国领馆。受逮捕、监禁、羁押或拘禁之人致领馆之信件亦应由该当局迅予递交。该当局应将本款规定之权利迅即告知当事人。（c）领事官员有权探访受监禁、羁押或拘禁之派遣国国民，与之交谈或通讯，并代聘其法律代表。领事官员并有权探访其辖区内依判决而受监禁、羁押或拘禁之派遣国国民。但如受监禁、羁押或拘禁之国民明示反对为其采取行动时，领事官员应避免采取此种行动。（2）本条第一项所称各项权利应遵照接受国法律规章行使之，但此项法律规章务须使本条所规定之权利之目的得以充分实现。”从第36条的规定来看，该条款涉及派遣国领事、接受国当局以及派遣国国民。

《维也纳领事关系公约》调整的是国家之间的领事关系，国家之间协议设立领馆，接受对方国家派遣的领事，无论是作为派遣国还是接受国，双方都负担了对等义务，互为权利与义务方。实践中，接受国为领事履行职务提供便利，给予特权与豁免，以便利领事根据《维也纳领事关系公约》第5条的规定，在接受国内保护派遣国民。从领事能采取的领事保护措施来看，主要是提供领事协助，开展领事探视，监督接受国履行其对派遣国国民承担的国际义务等。如果派遣国国民在接受国遭遇了不公平待遇，例如，接受国违反国民待遇原则对派遣国国民构成歧视，派遣国领事就有权展开磋商。通常来讲，这些措施都属于政治外交解决方法，解释方式灵活，但这也意味着对派遣国国民利益的保护充满不确定性。实践中，只有在极其特殊的情况下，派遣国才会启动外交保护手段。同时外交保护的实现也需要满足一定的法律要件，才有可能采取司法方式解决国际争议。

随着国际法的人本化发展，《维也纳领事关系公约》第36条第1款（b）项被认为是为个人赋权。围绕着个人通知权的实现，在国际法中正在形成一种领事保护机制。这种领事保护方式是领事提供领事服务和协助的一个组成部分，是在特定情形下采取的行为，是领事的“保护”职能在特定情形下保护本国国民的一种方式，“此项保护与外交保护应严格区别开来”[①]。国际法上，这种特定情形指的是《维也纳领事关系公约》第36条规定的情形，一般都认为领事根据《维也纳领事关系公约》第36条的规定行使的职能被称为领事保护，领事保护的核心集中体现在第36条第1款项下的领事通知和提供领事协助，领事保护职能逐渐被特定化。

二、保障领事探视权利的实现

《维也纳领事关系公约》第36条的规定是为了便利领事执行职务而设计的，赋予领事探视本国国民、与本国国民通讯的权利，目的是便利领事履行领事协助和领事保护的职能。

（一）派遣国的权利

就具体的权利而言，派遣国享有与本国国民通讯、会见及联络的权利，通知领事的权利，领事探视的权利，领事协助的权利，等等。

首先，公约第36条第1款（a）项中明确了“领事官员得自由与派遣国国民通讯及会见。派遣国国民与派遣国领事官员通讯及会见应有同样自由。”第36条第1款（b）项还明确了特殊情形下的通讯自由，“受逮捕、监禁、羁押或拘禁之人致领馆之信件亦应由该当局迅予递交。该当局应将本款规定之权利迅即告知当事人”。

其次，公约第36条第1款（b）项规定了特定情况发生时，“遇有领馆辖区内有派遣国国民受逮捕或监禁或羁押候审，或受任何其他方式之拘禁之情事，经其本人请求时”，接受国主管当局应迅即通知派遣国领馆，即保障派遣国领事享有迅速的知情权，以保障派遣国领事为本国国民提供领事协助，保护本国国民的正当权益。

---

① Eileen Denza, *Diplomatic law: comment on the Vienna Convention on diplomatic relations*, 4th edition, Oxford University Press, p. 36.

最后，公约第 36 条第 1 款（c）项明确了领事有权进行探视并提供领事协助，“领事官员有权探访受监禁、羁押或拘禁之派遣国国民，与之交谈或通讯，并代聘其法律代表。领事官员并有权探访其辖区内依判决而受监禁、羁押或拘禁之派遣国国民。但如受监禁、羁押或拘禁之国民明示反对为其采取行动时，领事官员应避免采取此种行动。”

派遣国领事在履行职务时，要遵守驻在国法律法规的要求，并且不得干涉接受国内政，例如，派遣国领事可以为本国国民聘请当地律师提供帮助，但是原则上不得担任本国国民的律师，为其提供法律辩护。在具体执行领事职务时，至于领事是否开展领事探视，是否提供领事协助，能否提供领事协助以及如何提供领事协助，都属于派遣国国内法的问题，公约对此在所不问。

（二）接受国的义务

第一，接受国负担保障义务，即根据《维也纳领事关系公约》以及双边领事条约的规定，接受国履行条约义务，保障派遣国与本国国民通讯及联络权利的实现。这既可以通过直接适用公约或者双边领事条约实现，也可以通过国内立法予以保障。

第二，接受国要确保其国内立法和措施不得对派遣国享有的权利造成损害，妨碍派遣国领事执行领事职务。正如公约第 36 条第 2 款所明确的，本条第一项所称各项权利应遵照接受国法律规章行使之，但此项法律规章务须使本条所规定之权利之目的得以充分实现。

第三，接受国在技术上要保障派遣国依据公约第 36 条享有的权利的实现。例如，当公约或者双边领事条约约定的情形发生时，即派遣国国民被限制人身自由时，按照第 36 条第 1 款（b）项，接受国负有毫不迟延地通知的义务。这种义务是无条件的义务，接受国保障领事通讯及领事会见是法定的义务要求，对该义务的违反将导致接受国对派遣国权利的侵犯，构成对派遣国领事保护职能的侵犯，构成对公约义务的违反。

三、接受国负有通知领事义务

对被逮捕、监禁或羁押候审，或受其他方式拘禁的外国国民，接受国是否负担对个人的告知义务和通知义务，这在《维也纳领事关系公约》第36条并未明示，正因为如此，围绕着《维也纳领事关系公约》第36条第1款（b）项，在国际实践中发生了多起争议，其中接受国对个人的通知义务就成为派遣国和接受国发生争议的核心焦点问题。

首先，《维也纳领事关系公约》第36条第1款（b）项规定的“该当局应将本款规定之权利迅即告知当事人”中的“本款规定之权利”是谁的权利？是当事人自己享有的权利还是派遣国享有的权利？如果是派遣国的权利，则如果此项权利受损，损害的也是派遣国的国家权利，而不是当事人个人的权利；如果不仅是派遣国的权利，还有当事人个人的权利，则权利的行使就要有实施机制，对权利的损害就要有救济机制。对个人权利的维护和监督保障就是领事保护所能发挥的作用，其间开展的会见、通讯、探视、协助、监督执行以及与接受国之间开展的磋商、交涉、谈判、沟通协调等就是领事保护机制，如果领事的保护作用不足，就会引发外交保护，由国家启动外交保护机制，采取包括磋商、诉讼、仲裁等法律外交方法来解决问题。这一套机制也就实现了保护本国国民的宪法要求。

其次，保障派遣国领事履行保护本国国民职能的实现，在技术上要有实现的可能性。针对派遣国国民被逮捕、监禁或羁押候审、或受其他方式之拘禁的，《维也纳领事关系公约》第36条第1款（b）项规定接受国主管当局应迅即通知派遣国领馆。要实现迅即通知，公约规定要经其本人请求。问题是，被逮捕、监禁或羁押候审或受其他方式之拘禁的人提出通知其本国领事这一请求的前提是该人应知晓其享有该项权利，如果其不知晓其享有的权利，又怎能提出请求。如果要提出请求，就应使其知晓所享有的权利，这就需要接受国在逮捕、拘禁或羁押候审或者采取其他任何方式的拘禁行为时，毫不迟延地告知该外国国民其所享有的通知领事的权利，类似在“米兰达规则”中增加了一种告知情形。告知被逮捕、监禁或羁押候审或受其他方式之拘禁的外国国民享有通知权利，才有可能启动请求通知，接受国通知派遣国，派遣国开展领事探视和领事协助。《维也纳领事关系公约》第36条第1款（b）项规定的告知外国国民享有通知领事的权利以及领事来探视的权利，就是领事通知权。问题是第36条第1款（b）项规定的究竟是谁的权利。

最后，对个人权利的保护需要特殊情况下的通讯及会见权利启动机制。这需要具备几个要件：①发生在特殊情况下，即当派遣国国民被强制限制人身自由时，也即发生了公约第36条第1款（b）项中的情况时，“当接受国国民被逮捕、监禁或羁押候审、或受其他方式之拘禁时”。②特殊情况导致派遣国国民无法自由与其本国领事会见、通讯与联络。③所有与本国领事的会见、通讯与联络需要依靠“接受国主管当局应迅即通知”。④若要实现迅即通知，公约中规定的是经其本人请求。如果被逮捕、监禁或羁押候审或受其他方式之拘禁的外国国民请求，则接受国迅即通知该国领事；如果被逮捕、监禁或羁押候审或受其他方式之拘禁的外国国民未提出请求，则接受国是否就无须通知。此时接受国的不通知是否构成违反公约第36条规定的义务？《维也纳领事关系公约》未区分提出请求情形的理由。被逮捕、监禁或羁押候审或受其他方式之拘禁的外国国民未提出的理由有多种：理由一是拒绝，理由二是不知情。如果被逮捕、监禁或羁押候审或受其他方式之拘禁的外国国民本人拒绝通知，则接受国是否就无须通知？如果理由是被逮捕、监禁或羁押候审或受其他方式之拘禁的外国国民本人不知道自己有与领事通讯、会见及联络的自由，接受国当局也没有告知其享有这种自由，该国国民因为不知情所以无法提出请求，此时，接受国是否应当算作未尽到通知义务而承担责任？国际法院审理的“拉格兰德案”和“阿韦纳案”中，德国和美国、墨西哥和美国在案中的争议焦点都涉及此内容。

这一问题的核心在于：《维也纳领事关系公约》第36条是否规定了个人权利？这个问题是领事保护中的一个关键内容。传统上，个人被认为是国际法权利的客体，领事法是国家之间的领事规则，一般并不直接规定个人权利。即便领事规则从习惯国际法被编纂为《维也纳领事关系》，虽然形式上被法典化，但是传统的规则并未改变——至少从公约的条文上看是如此。按照公约的缔约目的，公约是调整国家之间领事关系的规则，如果有权利，理论上也是缔约国所享有的权利，即探视本国国民的权利、协助本国国民的权利。如果认为公约第36条第1款（b）项也包含了个人权利，那么这种说法或者主张能否成立？是否符合国际法对条约的惯常解释和适用规则，正如《维也纳条约法公约》第31~33条中所规定的规则。如果确认公约第36条第1款（b）项创设了个人权利，如何理解这项个人权利？如何保障这项权利的实现？这种实现的方式是什么？是由国内法上的规则还是由国际法上的规则来提供这项保障？如果这项个人所享有的权利被损害，谁有权主张对权利的救济，是主张对个人权利的救济还是也要同时主张对国家权利的救济？公约第36条中包含的个人权利的做法与领事履行第5条规定的保护本国国民的职责是否一致？

《维也纳领事关系公约》的序言中指出，《维也纳领事关系公约》调整的是国家之间的领事关系，从公约的立法目的看，并不是为个人设定权利。第36条的规定传统上一般都认为是缔约国所享有的权利，即领事探视本国国民，为本国国民提供领事协助，以履行保护本国国民利益的职能。但是随着国际法的发展，以及领事法的不断演进，是否可以认为公约中第36条第1款（b）也包含了个人权利，正如在“拉格兰德案”中德国所主张的，其认为美国未告知在美国被逮捕的德国国民享有通知领事的权利，因此构成了对个人权利的侵犯。如果能确认《维也纳领事关系公约》第36条第1款（b）包含个人权利，则如何理解这项个人权利？如果个人权利受损，谁来救济？如何救济？第36条中包含的个人权利的做法与领事履行第5条规定的保护本国国民的职责是否一致？在国际法的实践中，个人权利可源于人权框架以外。《国家的国际不法行为责任条款》第33条就规定：“本部分不妨碍任何人或国家以外的实体由于一国的国际责任可能直接取得的任何权利。”在“拉格兰德案”中，国际法院认为《维也纳领事关系公约》第36条就“创立了个人权利，被拘留者的国籍国可根据任择议定书第1条在本法院援引这些权利”①。在“阿韦纳案”中，国际法院明确了“侵害个人依据第36条所享有的权利，即可能构成对派出国的权利的侵害，而对后者权利的侵害有可能构成对个人权利的侵害”②。实践中，除了《维也纳领事关系公约》，其他一些涉及刑事司法、人权保护的国际条约中也将领事通知权纳入其文本，重申了《维也纳领事关系公约》第36条的规定。

1963年的《维也纳领事关系条约》是对习惯国际法的编纂，其中规定了国家之间领事关系的原则、规则和制度，该公约已经得到了国际社会的广泛接受，“《维也纳领事关系公约》对于国际关系的贡献实际上超越了其制定的规则的质量和确定性，被认为就像把小石子投入池塘一样，该公约的通过在很多领域产生了同心圆效应，它成为长期互不信任的国家之间缔结双边领事条约的催化剂”③，公约也被证明是联合国制定的最重要的多边条约之一。《维也纳领事关系公约》作为有关领事制度的公约，其内容反映了国际习惯法的实践，全面规定了国家之间领事关系的原则、规则和制度，是整个领事制度的基石。公约第5条列举了领事的职能，也确认了保证领事与派遣国国民通讯与联络是实现领事保护的一种有效途径，公约第36条专门对领事通讯、领事会见做出了规定，同时为便利领事会见，第36条第1款（b）项还针对派遣国国民被逮捕、监禁或羁押候审或受任何其他方式的拘禁的情形，规定了接受国负有及时告知、及时通知的义务。《维也纳领事关系条约》第36条的规定被认为涉及双重权利，即派遣国享有的权利，以及被逮捕、监禁或羁押候审、或受任何其他方式被拘禁的派遣国国民的权利，接受国对任何一种权利的违反都构成对条约义务的违反，这

① 拉格兰德案（德国诉美利坚合众国），第494页，第77段。

② 阿韦纳和其他墨西哥国民案（墨西哥诉美利坚合众国），第26页，第40段。

③ 李宗周：《领事法和领事实践》，梁宝山、黄屏、潘维煌、夏丽萍译，世界知识出版社2012年版，第645页。

些构成了领事通知权的核心内容。因此，领事通知权既是派遣国的权利，也是派遣国国民的权利。

根据《维也纳领事关系条约》第 36 条的规定，领事通知权的内容可以概括为以下基本内容：第一，就派遣国而言，在领事辖区内的派遣国国民被逮捕、监禁、羁押候审、拘禁时，接受国负有及时通知派遣国领事的义务。接受国的通知义务要符合时间要求。第二，就被逮捕、监禁、羁押候审或者拘禁的派遣国国民而言，接受国负有立即告知义务。第三，《维也纳领事关系条约》第 36 条的规定是最低标准，接受国应保障领事通知的实现不低于公约标准。即便双边领事条约另有规定，也不得减损公约的标准。正如《维也纳领事关系公约》第 73 条所要求的，公约的规定不影响当事国间现行有效之其他国际协定。公约并不禁止各国间另订国际协定以确认、或补充、或推广、或引申本公约之各项规定。

《维也纳领事关系条约》第 36 条规定的领事通知权具有双重权利属性，在国际法上具有重要的意义：一方面，它为领事开展领事保护提供了法律手段和法律标准。一旦派遣国国民在接受国被逮捕、拘禁、羁押候审或者被拘禁，派遣国国民及时与本国领事通讯，由领事为其提供法律协助，便利领事及时开展领事保护，保障了个人得到公正的待遇。另一方面，第 36 条为个人赋权，这就意味着如果接受国违反了第 36 条规定的义务以及对个人权利造成了损害，则权利被侵害的个人可以寻求法律救济。接受国负有对派遣国的义务以及对派遣国国民的义务，从个人权利保护的角度，更便利派遣国领事监督接受国在履行义务时是否符合法定标准，为领事开展领事保护提供了新途径。

第三节　领事通知条款被广泛纳入

《联合国宪章》明确将“增进并激励对于全体人类之人权及基本自由之尊重”作为联合国的宗旨之一，联合国大会于 1948 年通过的《世界人权宣言》，是第一份载明应受到普遍保护的基本人权的法律文书，该宣言始终是一切国际人权法的基石。自1945年以来，联合国通过了一系列国际人权条约和其他文书，其中为固有的人权赋予了法律的形式，并且形成了国际人权体系，区域一级也通过了一些文书，反映了区域在人权方面的特殊关切事项，从而提供了有针对性的保护机制。多数国家也通过宪法和其他法律正式对基本人权予以保护。虽然国际公约和习惯法是国际人权法的主要内容，但是其他文书，如一些在国际上得到采纳的宣言、准则和原则也发展了国际人权法的内容和价值。在领事通知内容上，《维也纳领事关系公约》不是唯一规定领事通知条款的公约。实践中，一些国际人权条约、有关人权保护的联大决议或者宣言等“软法”文件中也纳入了领事通知条款。

一、核心人权条约中的规定

国际人权条约是国际法主体之间根据国际法制定，旨在创制促进和保护人权的有法律约束力的原则、规则和制度的国际书面协定。目前，联合国层面已经生效的核心人权条约共有九部，具体包括：《消除一切形式种族歧视国际公约》①、《公民权利和政治权利国际公约》②、《经济、社会及文化权利国际公约》③、《消除对妇女一切形式歧视公约》④、《残疾人权利国际公约》、《禁止酷刑和其他残忍、不人道或有辱人格的待遇或处罚公约》⑤、《儿童权利公约》⑥、《保护所有移徙工人及其家庭成员权利国际公约》⑦、《保护所有人免遭强迫失踪国际公约》⑧，其中有三个核心人权公约

---

① 联合国大会1965年12月21日第2106 A（XX）号决议通过，并开放给各国签字和批准。1969年1月4日生效。

② 联合国大会1966年12月16日第2200 A（XXI）号决议通过。该公约于1976年3月23日生效。

③ 联合国大会1966年12月16日第2200A（XXI）号决议通过。该公约于1976年1月3日生效。

④ 联合国大会1979年12月18日第34/180号决议通过。该公约于1981年9月3日生效。

⑤ 联合国大会1984年12月10日第39/46号决议通过。该公约于1987年6月26日生效。

⑥ 联合国大会1989年11月20日第44/25号决议通过并开放给各国签字、批准和加入生效：按照第49条规定，于1990年9月2日生效。

⑦ 联合国大会1990年12月18日第45/158号决议通过。

⑧ 联合国大会2006年12月20日第61/177号决议通过，于2010年12月23日生效。

纳入了领事通知条款。

（一）《禁止酷刑和其他残忍、不人道或有辱人格的待遇或处罚公约》

《禁止酷刑和其他残忍、不人道或有辱人格的待遇或处罚公约》（以下简称《禁止酷刑公约》）目前有 173 个缔约国①。该公约的缔约目的是更有效地反对酷刑和其他残忍、不人道或有辱人格的待遇或处罚。考虑到《联合国宪章》，尤其是其第 55 条规定的各国有义务促进对人权和基本自由的普遍尊重和遵守，注意到《世界人权宣言》第 5 条和《公民权利和政治权利国际公约》第 7 条规定的不允许对任何人施行酷刑和其他残忍、不人道或有辱人格的待遇或处罚，并注意到大会于 1975 年 12 月 9 日通过的《保护人人不受酷刑和其他残忍、不人道或有辱人格的待遇或处罚宣言》，联合国大会制定并通过了该公约。

《禁止酷刑公约》共 33 条，第 1 条定义了“酷刑”的概念，第 2 条明确规定了各国的禁止义务，即要求“每一缔约国应采取有效的立法、行政、司法或其他措施，防止在其管辖的任何领土内出现酷刑的行为”。《禁止酷刑公约》第 5 条规定了对酷刑犯罪的管辖权条款，第 6 条明确了强制措施，要求“任何缔约国管辖的领土内如有被控犯有第 4 条所述罪行的人，该国应于审查所获情报后确认根据情况有此必要时，将此人拘留，或采取其他法律措施确保此人留在当地。拘留和其他法律措施应合乎该国法律的规定，但延续时间只限于进行任何刑事诉讼或引渡程序所需的时间。该缔约国应立即对事实进行初步调查”。在对被指控犯有酷刑罪的人采取强制措施时，《禁止酷刑公约》第 6 条明确规定要保障其享有通知本国领事的权利。

《禁止酷刑公约》第 6 条第 1 款首先规定了任何缔约国都有权在其管辖的领土内对被指控犯有酷刑罪的人，确认有理由进行拘留时，将此人加以拘留。针对被采取拘留措施的人，《禁止酷刑公约》第 6 条第 3 款规定了领事协助的权利，即“按照本条第 1 款受拘留的任何人，应得到协助，以期

① 该公约目前有 173 个缔约国，我国于 1986 年 12 月 12 日签署，1988 年 10 月 4 日该公约对我国生效。

立即与地理位置最近的其本国适当代表联系，如该人无国籍，则应得到协助，与其通常居住国家的代表联系”。第4款还具体明确了领事通知的要求，即“任何国家按照本条将某人拘留时，当立即将此人已受拘留及构成扣押理由的情况通知第5条第1款所指国家。进行本条第2款提到的初步调查的国家，应迅速将调查结果告知上述国家，并说明是否打算行使管辖权”。

《禁止酷刑公约》第6条关于通知的规定与《维也纳领事关系公约》第36条的规定略有不同，原因在于二者的立法目的不同。《禁止酷刑公约》中明确了两种不同性质的通知，其中第二种通知类似《维也纳领事关系公约》第36条规定的领事通知义务：

第一种是为了建立有效管辖权的通知，即对被指控犯有酷刑罪的人采取强制措施的国家，应将拘留的情况通知当事人本国、受害人所属国以及其他有管辖权的国家（见第6条第4款），此时的通知是为了方便建立管辖权，而非为了保护被采取强制措施的犯罪嫌疑人的权利。就通知的内容而言，包括拘留及构成扣押理由的情况、初步调查情况（见第6条第4款）。这种通知也应是立即、迅速的。

第二种通知义务体现在第6条第3款，包括如下义务：一是通知义务发生情形，即缔约国如对被指控犯有酷刑罪的人采取强制措施时，就负有联系义务；二是联系主体是被采取强制措施的人的国籍国，如为无国籍人，则与其通常居住国的代表联系；三是联系主体是距离最近的该国适当代表，一般情况下是在该领区内的领事或者其他指定人；四是联系义务是立即义务；五是联系的目的是保障被采取强制措施的人能得到其本国协助。尽管这种通知义务和《维也纳领事关系公约》第36条的规定在措辞上略有差异，但是其核心内容基本一致，都是为了保障因被指控犯有酷刑罪而被采取强制措施的外国国民的权利。

（二）《保护所有移徙工人及其家庭成员权利国际公约》

《保护所有移徙工人及其家庭成员权利国际公约》（以下简称《移徙公约》）是联合国九项核心人权公约之一，该公约保护的是一个特定群体的权利，即所有移徙工人及其家庭成员。联合国自1972年开始关注移徙工人权利，并于1980年开始组织起草《移徙公约》，1990年通过《移徙公约》，该公约于2003年7月1日生效。截至2022年8月，《移徙公约》共有57个缔约国。该公约适用于所有移徙工人，包括无证件或者身份不正常的移徙工人，因为“一个较为宽泛的移徙工人的定义更符合人权保护的原则”①。国际移徙者数量一直在增长，2022年联合国移民署发布的第11份世界移徙报告《2022年世界移徙报告》② 显示，2020年全球移民约为2.81亿，比2019年的2.72亿人增加了900万人。其中，劳动人口占到了总移民人数的62%。无论是因为何种原因离开其国籍国，不论是因为经济全球化，还是由于气候变化、国际冲突等其他原因导致，考虑到国际移徙工人及其家庭成员在就业国逗留可能遭遇到困难等以及可能面临的脆弱处境，国际社会普遍认为需要对其进行适当的国际保护，对所有移徙工人的基本人权予以确认。因此《移徙公约》适用于移徙工人及其家庭成员的整个移徙过程，包括准备移徙、离开、过境和整个逗留期间，在就业国的有报酬活动以及回返原籍国或惯常居住国。考虑到移徙工人在原籍国之外更容易被歧视，成为弱势群体，公约中规定的移徙工人享有的权利多数与接受国相关。

《移徙公约》包括序言和93条正文，其中对不同类别的移徙工人给予了不同程度的保护，并分别列出了其各自享有的权利。这些权利大致可以分为两类：一是与国际人权宪章和其他联合国核心人权条约所保护的权利相同的权利，这主要规定在公约的第三部分，其中第8条到第24条明确了一系列的公民权利和政治权利。另一类权利是移徙工人特别享有的权利，这些权利针对移徙工人所特有的脆弱性提供了额外保障，这主要体现在《移徙公约》的第四部分和第五部分。《移徙公约》的创新之处在于规定了权利的不得减损，包括公约任何规定不得解释为减损《联合国宪章》和各

---

① 张爱宁：《移徙工人人权保护的困境及对策——〈保护移徙工人及其家庭成员国际公约的视角〉》，《人权》，2018年第2期，第116~117页。

② World Migration Report 2022.

专门机构组织法中关于联合国各机构和各专门机构在本公约所涉事项方面个别职责的各项规定（第80条）；公约也不得解释为任何国家、团体或个人有权从事任何活动或行动以损害公约所载列的任何权利和自由，但不妨碍任何规定不得影响缔约国间其他约定给予移徙工人及其家庭成员较为有利的权利或自由（第81条）；公约所规定的移徙工人及其家庭成员的权利不得放弃，不容许对移徙工人及其家庭成员施加任何形式的压力以使他们放弃或摒绝上述任何权利，不得以合同方式克减本公约所承认的权利（第82条），“这是其他人权公约所没有的”①。

《移徙公约》明确所有移徙工人及其家庭成员都享有的权利体现在公约第三部分，具体可以概况为：人身自由和安全权；被剥夺自由时享有人道待遇的权利；享有思想、良心和宗教自由；其隐私、家庭、住宅、通信或其他联系，不应受任意或非法干涉，其荣誉和名誉也不受非法攻击；移徙工人或其家庭成员的财产，不论个人所有或与他人共有，不应被任意剥夺；不被任意没收或销毁个人证件；不被任意单独或集体驱逐；寻求领事或外交机构的保护和协助，若被逮捕或拘禁，有权与原籍国领事或外交机关取得联系；给与国民待遇；尊重文化特性；保障财产权；有权获得信息等。在界定移徙工人的公民权和政治权的时候，公约采用了与《公民权利和政治权利公约》非常接近的措辞。一些条款重申了这些权利，并考虑到了移徙工人的特殊情况，例如，在被逮捕时的领事通知权和关于违反移民法、销毁身份证和禁止集体驱逐的具体规定。

《移徙公约》第16.7条款中详尽地规定了接受国的领事通知和领事探视义务。该规定以保障移徙工人及其家庭成员享有人身自由和安全权利为前提，以遵守法定程序为要求，为保障移徙工人及其家庭成员的权益，公约第16.5条明确规定接受国负有告知义务，在移徙工人及其家庭成员被逮捕之时告知逮捕理由、告知对其提出的任何指控等。公约第16.7条还详尽

① 张爱宁：《国际法对移徙工人的保护——简评〈保护移徙工人及其家庭成员国际公约的视角〉》，《人权研究》，2020年第1期，第83页。

地规定了领事通知和领事探视的内容，明确了接受国所负担的通知和探视义务，要理解 16. 7 条的规定，需要结合《维也纳领事关系公约》第 36 条的规定，并考虑双边领事条约的实践。

按照第 16. 7 条的规定，当某一移徙工人或其一家庭成员被逮捕或羁押候审或拘押或者以任何其他方式被采取强制措施时：第一，接受国负有毫不拖延地告知义务，即告知当事人享有通知本国领事和领事探视的权利。通知领事和领事探视的权利皆可以来源于接受国和移徙工人国籍国共同参加的国家公约，也来源于两国之间的双边领事条约或者其他条约。考虑到国家之间双边领事条约内容不同，因此这种告知义务和通知义务的履行会因为适用条约不同，在细节处理上可能会略有不同。第二，接受国负有通知移徙工人国籍国的义务。如当事人要求，接受国负有毫不拖延地通知义务，即将其逮捕或拘禁情事及其理由告知移徙工人原籍国的领事或外交当局或代表该国利益的领事或外交当局。实践中，如果接受国和移徙工人国籍国签订的双边领事条约中规定了强制通知或者自动通知要求，则无论当事人是否请求通知，接受国都负有毫不迟延的通知义务。第三，接受国的通知义务应符合毫不迟延的标准。

公约强调了领事通知是一项不可克减的权利。依据公约第 81 条、第 82 条和第 83 条的规定，不能克减当事人依据其他公约或者双边领事条约享有的权利。从第 16. 7 条的规定看，可以认为第 16. 7 条第三项中已经明确了领事通知是一项个人权利，并且该权利属于公约规定的不可克减的权利。因此，如果接受国未尽到毫不迟延的通知义务，则当事人可以援引公约第 16（8）条的规定，主张执法或者司法程序不合法，并依据公约第 16. 9 条的规定请求损害赔偿。

（三）《保护所有人免遭强迫失踪国际公约》

《保护所有人免遭强迫失踪国际公约》（以下简称《强迫失踪公约》）对领事通知权的国内立法和实践要求也做出了明确规定。《强迫失踪公约》的目的是促进各国履行其在《联合国宪章》中的义务，以促进普遍尊重与遵守人权和基本自由。公约规定了任何人都享有不遭受强迫失踪的权利，受害人有得到司法公正和赔偿的权利。该公约于 2010 年 12 月 23 日生效，目前有 98 个国家签署了公约，其中 68 个国家已经批准了该公约。

《强迫失踪公约》共 45 条，其中第 1 条规定，“任何人不应遭到强迫失踪”。就何谓“强迫失踪”，公约第 2 条对其的界定是由国家代理人，或得到国家授权、支持或默许的个人或组织，实施逮捕、羁押、绑架，或以任何其他形式剥夺自由的行为，并拒绝承认剥夺自由之实情，隐瞒失踪者的命运或下落，致使失踪者不能得到法律的保护。《强迫失踪公约》规定了缔约国应将强迫失踪入罪并应追究相关人员的责任，同时也规定了对被采取强制措施的犯罪嫌疑人的义务，该项义务体现在第 10 条第 3 款。其中第 10 条第 1 款授权公约缔约国对强迫失踪罪的犯罪嫌疑人采取强制措施，所有缔约国均应采取拘留或采取其他必要法律措施，确保其不得潜逃。对于被采取了拘留和其他法律措施的犯罪嫌疑人，公约在第 10 条第 3 款规定缔约国应当确保其“得立即与本人所持国籍国之最接近的适当代表取得联系，如他或她为无国籍人，应与其惯常居住地国的代表取得联系”。也就是说，公约缔约国有义务保障当事人通知其领事的权利。

《强迫失踪公约》第 17 条第 2 款重申了领事通知和领事探视的内容，明确了缔约国应保证任何被剥夺自由的人有权与本国领事机构联系，有权获得领事机构的探视。就保障被剥夺自由的人的这项权利，该公约要求缔约国应当将领事通知和领事探视的内容纳入本国立法，同时立法规定和实践还应符合国际法。就该条款的履行而言，履行的标准依然是相关国际法、国际法的发展实践。

二、其他国际人权条约中的规定

（一）《关于防止和惩处侵害应受国际保护人员包括外交代表的罪行的公约》

1973 年 12 月 14 日联合国大会第 3166（XXVIII）通过，该公约于

1977年2月20日生效，目前已经有180个国家批准该公约。我国于1987年8月5日批准该公约。[①]《关于防止和惩处侵害应受国际保护人员包括外交代表的罪行的公约》共有20条，其中规定了每一缔约国应将侵害外交代表和其他应受国际保护人员的罪行定为其国内法上的罪行，并应采取必要措施，以对公约规定的罪行行使管辖权。公约第6条规定了缔约国应当对犯罪嫌疑人采取“其国内法所规定的适当措施保证犯罪嫌疑人留在其领土内，以便进行起诉或引渡”。

缔约国在采取此种措施时，“此种人员有权立即与其隶籍国，或有权保护其权利的其他国家，或如为无国籍人时经其请求而愿意保护其权利的国家距离最近的适当代表取得联络”，“并由该国代表前往探视”。也就是说，该公约规定了犯罪嫌疑人有权通知其本国领事，并且这种权利是立即行使的；就被通知的国家而言，既可以是其国籍国，也可以是其他能保护其权利的国家。相比较《维也纳领事关系公约》第36条的规定而言，该公约中的规定更开放，更侧重于对犯罪嫌疑人个人权利的保护。虽然该公约缔结于1973年，在此之前国际法院并未审理过涉及《维也纳领事关系公约》第36条适用的国际争端，但是该公约对领事通知和领事探视权利的规定与《维也纳领事关系公约》第36条几乎一致，并且更加强调个人权利的保护。这反映出在涉及对外国人采取强制措施时，领事通知和领事探视一直是领事保护的核心内容。该公约是对各缔约国长期实践的总结，反映了国际社会的普遍实践和法律确信。

（二）《制止核恐怖主义行为国际公约》

核恐怖主义行为可能带来最严重的后果并可能对国际和平与安全构成威胁，但是现有多边法律规定不足。为打击核恐怖主义行为，2005年4月

① 第六届全国人民代表大会常务委员会第二十一次会议决定：中华人民共和国加入《关于防止和惩处侵害应受国际保护人员包括外交代表的罪行的公约》，同时声明中华人民共和国对公约第13条第1款予以保留，不受该款约束。

13 日，联合国大会通过了《制止核恐怖主义行为国际公约》[①]，共 115 个国家签署了该公约，目的是促进各国之间加强国际合作，制定和采取有效和切实的措施，以防止恐怖主义行为，并起诉和惩罚行为人。该公约已经于 2007 年 7 月 7 日生效，目前该公约有 119 个缔约国。我国于 2005 年 9 月 14 日签署该公约，2010 年 11 月 8 日批准该公约。

《制止核恐怖主义行为国际公约》共 28 条，其中第 3 条通过排除方式明确了公约适用范围，即“公约不适用于犯罪仅在一国境内实施、被指控罪犯和被害人均为该国国民、被指控罪犯在该国境内被发现，而且没有其他国家具有根据第 9 条第 1 款或第 2 款行使管辖权的基础的情况，但第 7 条、第 12 条、第 14 条、第 15 条、第 16 条和第 17 条的规定应酌情适用于这些情况”。也就是说，该公约适用于跨境的核恐怖主义犯罪。针对这类犯罪，第 10 条第 1 款规定了缔约国“在收到关于有人在某一缔约国境内实施了或正在实施第二条所述的一种犯罪，或者实施或被指控实施这种犯罪的人可能在其境内的情报后，有关缔约国即应根据其国内法酌情采取必要措施，调查情报所述事实”。第 2 款规定了缔约国有权采取的措施：“罪犯或被指控罪犯在其境内的缔约国，在确信情况有此需要时，应根据其国内法采取适当措施，确保该人在被起诉或引渡时在场。”

对被采取措施的人而言，该公约第 10 条第 3 款规定其有权“(a) 毫不迟延地与其国籍国或有权保护其权利的国家之距离最近的适当代表联系，如果该人是无国籍人，则有权与其惯常居住地国的此种代表联系；(b) 接受该国代表探视；(c) 获告知其根据第 (a) 和第 (b) 项享有的权利。”也就是说，该公约强调被采取强制措施的人享有领事通知权和领事探视权，并明确了该项权利是一项个人权利，当事国负有告知的义务，就此项义务，该公约还在第 10 条第 3 款中要求缔约国要将其纳入本国立法，具体由各国自行规定，但是该规定必须能使第 10 条第 3 款所给与的权利的目的得以充

① 联合国大会 2005 年 4 月 13 日第 59/290 号决议，A/RES/59/290。

分实现。

三、其他国际文件的规定

联合国通过的一些关于刑事司法的决议和宣言也会将领事通知内容纳入文本中，一些人权委员会的文件对领事通知也有规定，显示出领事通知作为个人权利保护的必要内容已经得到了广泛的认可。

（一）刑事司法类文件

联合国大会1988年12月9日第43/173号决议通过了《保护所有遭受任何形式拘留或监禁的人的原则》，目的是保护所有遭受任何形式拘留或监禁的人。该原则共有39项，其中规定这39项原则都不得解释为限制或减损《公民权利和政治权利国际盟约》中所规定的任何权利。第1项原则明确了“所有遭受任何形式拘留或监禁的人均应获得人道待遇和尊重其固有人格尊严的待遇”。第16项原则明确了被拘留人或被监禁人享有领事通知权，“如果被拘留人或被监禁人是外国人，应及时告知其有权循适当途径同其为国民或在其他情形下按照国际法有权与其联络的国家的领事馆或外交使团联络，如其为难民或在其他情形下受国际组织保护，则有权同主管国际组织的代表联络”。第35项原则还规定了补偿原则：“政府官员因违反本原则所载权利的行为或不行为而造成的损害应按照国内法规定的关于赔偿责任的现行规则加以补偿。”

联合国大会2015年12月17日第70/175号决议通过的《联合国囚犯待遇最低限度标准规则（纳尔逊·曼德拉规则）》[①]，并非在于详细阐明一套监所典型制度，其目的仅在于以当代思潮的一般公意和当今各种最恰当制度的基本构成部分为基础，说明什么是人们普遍同意的囚犯待遇和监狱管理的优良原则和惯例。第62项规则规定：“外籍囚犯应准获得合理便利同所属国外交和领事代表通讯联络。囚犯为在所在国没有外交或领事代表

① 联合国大会第70/175号决议，A/RES/70/175。

的国家的国民和囚犯为难民或无国籍人时，应准获得类似便利，同代管其利益的国家的外交代表或同负责保护这类人的国家或国际机构通讯联络。”

2015 年 4 月 12 日至 19 日，联合国会员国在多哈召开的第十三届联合国预防犯罪和刑事司法大会上，通过了《关于将预防犯罪和刑事司法纳入更广泛的联合国议程以应对社会和经济挑战并促进国内和国际法治及公众参与的多哈宣言》①。在该宣言中，联合国会员国重申共同承诺在国内和国际两级维护法治并预防和打击一切形式和表现的犯罪，确保会员国的刑事司法系统是有效、公正、人道和问责的，为人人提供诉诸司法的机会，在所有各级建立有效、问责、公正和包容的机构，并维护人的尊严及普遍信守和尊重所有人权及基本自由的原则。其中第 5 条（b）项明确提出各会员国要“确保人人有权无不当拖延地得到法律所设立的有权限、独立和公正的法庭的公正审理，有权平等获得有适当程序保障的司法救济，并且如有必要，获得律师和口译服务，及确保有权享有《维也纳领事关系公约》规定的相关权利；做到应有的谨慎以预防和打击暴力行为；以及采取有效的立法、行政和司法措施，以预防、起诉和惩治一切形式的酷刑和其他残忍、不人道或有辱人格的待遇或处罚，并消除有罪不罚现象。”其中所指出的确保有权享有《维也纳领事关系公约》规定的相关权利，就是指的《维也纳领事关系公约》第 36 条规定的领事通知权，因为《维也纳领事关系公约》是规定国家之间领事关系的，只有第 36 条是为个人赋权的条款。

《联合国预防犯罪和刑事司法标准和规范简编》第一部分第 38 项就规定要保障外籍囚犯应准获得合理便利同所属国外交和领事代表通讯及联络。

（二）其他文件

多个有关移民问题的文件都规定了领事通知权。以联合国大会 2018 年 12 月 19 日第 73/195 号决议通过了《安全、有序和正常移民全球契约（移民问题全球契约）》（以下简称《全球契约》）为代表②，其中详细规定

① 联合国大会第 70/174 号决议，A/RES/70/174。

② 联合国大会 2018 年 12 月 19 日第 73/195 号决议，A/RES/73/195。

了领事通知的义务和内容。

《全球契约》以《联合国宪章》的宗旨和原则为基础，以《世界人权宣言》、《公民权利和政治权利国际公约》、《经济、社会及文化权利国际公约》、其他核心国际人权条约、《联合国打击跨国有组织犯罪公约》（包括《关于预防、禁止和惩治贩运人口特别是妇女和儿童行为的议定书》和《关于打击陆、海、空偷运移民的议定书》）、《禁奴公约》、《废止奴隶制、奴隶贩卖及类似奴隶制的制度与习俗补充公约》、《联合国气候变化框架公约》、《联合国关于在发生严重干旱和/或荒漠化的国家特别是在非洲防治荒漠化的公约》、《巴黎协定》、国际劳工组织关于促进体面工作和劳工移民的各项公约，以及《2030年可持续发展议程》、《第三次发展筹资问题国际会议亚的斯亚贝巴行动议程》、《2015—2030年仙台减少灾害风险框架》和《新城市议程》为基础。《全球契约》被认为是移民问题全球对话和国际合作历史上的一个里程碑，其植根于《2030年可持续发展议程》和《亚的斯亚贝巴行动议程》，并以2013年10月通过的《移民与发展高级别对话宣言》为依据，同时还借鉴了前负责移民问题秘书长特别代表的开创性工作，包括其于2017年2月3日所做的报告。

《全球契约》第7条明确了其目的是建立一个以联合国会员国在《关于难民和移民的纽约宣言》中商定的承诺为基础的不具法律约束力的合作框架。第16条重申了《关于难民和移民的纽约宣言》的全部内容，并明确了一个由23个目标组成的合作框架，其中包括“在整个移民流程中加强领事保护、援助与合作”的目标，每个目标都包含一项承诺，然后提出一系列行动，作为相关政策工具和最佳做法。第23条（g）项督促各国为移民尽可能地提供法律援助，“确保移民能够在涉及他们的法律诉讼中，包括在任何相关庭审或行政听证期间，获得公共或负担得起的独立法律援助和代理，以保障各地所有移民的人格在法律面前获得承认以及司法公正和不歧视”。

针对移民被拘留的发生以及能提供的救济方法，《全球契约》在第13

项目标中提出“仅作为最后手段采取移民拘留措施并努力寻找替代办法”。第 29 条强调在国际移民背景下的任何拘留都应遵循正当程序，不任意实施，以法律、必要性、相称性和个人评估结果为依据，由受权官员进行且拘留时间尽可能短暂。第 29 条（e）项明确了要“确保按照国际法和正当程序保障，以被拘留移民懂得的语言告诉他们被拘留的理由，并协助他们行使自己的权利，包括毫不拖延地与本国领事或外交使团沟通，并与法律代表和家庭成员沟通”。而第 29 条（f）项规定应“按照国际人权法减少拘留对移民的负面影响和潜在持久影响，保证正当程序和相称性，保证拘留时间尽可能短暂，保障身心健康，并保证他们起码能获得食物、基本保健、法律指导和援助、信息和通信及适当住宿”。该项规定的核心是领事保护，通过要求落实正当程序原则和相称性要求，即督促当事国履行相关义务。为达此目标，《全球契约》要求缔约国开展培训，其中第 29 条（g）项规定，应“确保所有适当负责管理拘留移民事务的政府当局和私人行为体以符合人权的方式行事，并接受关于国际移民背景下不歧视和防止任意逮捕和拘留的培训，对侵犯或践踏人权行为接受问责”。

为了更好地保护移民权利，《全球契约》第 14 项目标明确规定“在整个移民流程中加强领事保护、援助与合作”，就具体措施而言，要求缔约国按照国际法加强对海外国民的领事保护和援助，以及各国之间的领事合作，包括开展合作建设领事能力，培训领事官员；让相关领事和移民事务人员参与现有的全球和区域移民问题论坛；在各国有意加强有效的移民领事服务，但没有外交或领事机构的地方，订立关于领事援助和代表问题的双边或区域协定；加强领事能力，以识别、保护和援助处境脆弱的海外国民，包括侵犯或践踏人权和劳工权利受害者、犯罪受害者、人口贩运受害者、有加重处罚情节的被偷运移民以及在招募过程中受到剥削的移民工人，为此，要就立足人权、促进性别平等和敏感对待儿童问题的行动为领事官员开展培训；与领事机构、国家和地方当局以及相关移民组织密切合作，为海外国民提供在原籍国登记的机会，在紧急情况下向移民提供信息、服务和援助，并确保移民可以及时获得相关信息，包括：设立帮助热线并整合国家数字数据库，同时维护隐私权并保护个人数据；为国民提供领事支持，就当地法律和习俗、与当局互动、金融普惠和商业机构等问题提供咨询，并发放有助于获取服务、紧急情况援助、开设银行账户和使用汇款服务的相关证件，如旅行证件和领事身份证件等。

尽管《全球契约》不具有法律拘束力，但是其提出的内容反映了全球达成的共识，其中规定的一些内容是基于各成员国共同的已有实践，一些内容是基于各成员国还在发展的实践，这些实践为缔约国达成既定目标和要求提供了基础和平台，也为将来形成有拘束力的规则提供了发展方向。在《全球契约》中，领事协助和领事保护的内容被单独提出，显示出该内容的价值和作用。领事通知义务被重申，其中既明确了领事通知是被拘留的移民“按照国际法和正当程序保障”所享有的权利，而且要“以被拘留移民懂得的语言告诉他们被拘留的理由”，即缔约国不仅负有告知义务，而且要做到有效告知，同时要“协助他们行使自己的权利，包括毫不拖延地与本国领事或外交使团沟通，并与法律代表和家庭成员沟通”。与其他国际条约相比，《全球契约》直接将领事通知作为国际法上的义务，作为正当程序的一部分，显示出领事通知义务在解决移民问题上的程序价值，也为其他国际条约将国家的领事通知义务化、程序化提供了参考样板。

尽管多个国际条约纳入了领事通知条款，多个国际文件明确提出缔约国应落实领事通知的要求，但是对于领事通知权是不是一项人权，无论是在理论上还是在实践中都存在争议。在“拉格兰德案”中，德国主张德国国民享有的领事通知权是一项基本人权，但是该请求并未被国际法院采纳，国际法院在裁判时谨慎地指出，《维也纳领事关系公约》第36条创设了一项人权。美洲人权法院就“在正当法律程序框架内保障获得领事协助的信息权”[①] 所发表的咨询意见中则认为，被拘禁的外国国民享有“毫不迟延

① The Right to Information on Consular Assistance in the Framework of the Guarantees of the Due Process of Law，Advisory Opinion OC-16/99，1 October 1999，Inter-Am. Ct. H. R. No. 16（1999）.

地”被告知通知本国领事的权利，这是一项人权，是对国际人权条约，包括《公民权利和政治权利公约》中的正当程序规定的补充①。尽管相关理论和实践还未形成统一的规则，但实践中领事通知的内容不断被强化，领事通知的个人权利性质被强化，当事国的告知义务被反复提及，这都反映出个人权利的保护内容和范围正在逐渐扩展。

① The Right to Information on Consular Assistance in the Framework of the Guarantees of the Due Process of Law, Advisory Opinion OC-16/99, 1 October 1999, Inter-Am. Ct. H. R. No. 16 (1999), para. 117.

第二章　领事通知权的性质

《维也纳领事关系公约》第 36 条规定了领事通知权。从公约的缔约目的和缔约内容来看，《维也纳领事关系公约》第 36 条的约文内容通常被理解为接受国和派遣国之间的权利义务关系。但是其中是否也包含了个人权利，就是“拉格兰德案”中德国和美国之间讼争的焦点。关于第 36 条性质的讨论也引发了美国国内关于《维也纳领事关系公约》是不是自动执行的条约，第 36 条中的权利是否能在一国国内法院直接援引的争议。自“拉格兰德案”后，国际法院又相继审理了“阿韦纳案”、“贾达夫案”等，进一步澄清了领事通知权的内容。

第一节　领事通知权的性质之争

当事人能否援引《维也纳领事关系公约》第 36 条规定的领事通知权作为诉讼无效的理由在实践中一直有争议。在“亚特（Yater）案”中，英国人亚特在意大利因刑事指控被逮捕并被提起刑事诉讼，其间英国驻意大利领事从未得到任何通知，因此未能给其提供任何领事协助，亚特的律师以此为由主张整个诉讼无效。但是意大利高等法院裁定，《维也纳领事关系公约》规定的领事提供法律协助属于补充性质，不能替代被起诉者自行安排辩护的权利，由于亚特在本案中已经聘请律师为其辩护，因此法院裁定驳回亚特的请求①。也就是说，意大利既不认为领事通知权是个人享有的一项程序权利，也无意对违反领事通知的行为给与国内法上的救济。

不同国家的法院对《维也纳领事关系公约》第36条的理解存在差异，即便在一国内部，例如美国的一些法院，包括美国最高法院，都未能明确第36条确实创设了个人可执行的权利②，但是美国第九巡回上诉法院在“兰吉尔-冈萨雷斯（Rangel-Gonzales）案”③中曾采用了美国宪法第五修正案要求的正当程序标准，即被告需要证明：其不知道享有该项权利；如果其知道，将使用该权利；很有可能其联系领事就能得到领事协助。该案中，被告冈萨雷斯从墨西哥驻西雅图总领事馆得到了相关证明文件，证明了如果冈萨雷斯请求，则墨西哥驻美领事会协助其联系朋友或者律师，甚至派领事参加法律诉讼。第九巡回上诉法院最终判决对冈萨雷斯的定罪应予撤销，因为美国移民局没有按照规定告知冈萨雷斯有权与墨西哥官员取得联系。这种证明标准是一种被广泛采用的标准，在“奥斯巴尔多·托雷斯（Osbaldo Torres）案”④中，托雷斯在俄克拉荷马州（因谋杀）被判处死刑，但始终没有被告知其根据《维也纳领事关系公约》享有领事探视权，托雷斯也是2004年3月国际法院在“阿韦纳案”中对美国作出判决的墨西哥国民之一。俄克拉荷马州州长暂缓了托雷斯的死刑，俄克拉荷马州刑事上诉法院下令举行证据听证会，以确定他是否因缺乏领事通知而受到损害。在2004年11月的证据听证会之后，法院认定，不能确认托雷斯存在实际偏见，但鉴于遵守美国国际法律义务的重要性，该案件随后发回俄克拉荷马州刑事上诉法院。2005年9月，上诉法院认定，托雷斯未能证明

① 李宗周：《领事法和领事实践》，梁宝山、黄屏、潘维煌、夏丽萍译，世界知识出版社2012年版。案例评论见《意大利国际法年鉴》，1976年，第336~339页。

② Sanchez-Llamas v. Oregon, 548 U. S. 331, 343 (2006); Medellin, 552 U. S. at 506 n. 4; United States v. Emuegbunam, 268 F. 3d 377, 390 (6th Cir. 2001); United States v. Esparza-Ponce, 7F. Supp. 2d 1084, 1096 (S. D. Cal. 1998).

③ 617 F. 2d 529 (9th Cir. 1980).

④ Oklahoma court addresses proof of prejudice for failure to provide consular access, *The American Journal of International Law*, 2006, 100 (2), pp. 462-463。

他在审判阶段因缺乏领事通知而受到偏见。法院使用了三步检验法：①被告是否不知道他有权联系领事馆寻求帮助；②如果其知晓，将行使这一权利；以及③领事将会帮助被告。该测试标准已被多个陪审团使用，法院在发回重审时没有正式采用这一标准，但是在该案中决定采用（尽管这种测试标准依然存在不确定性）。内华达州最高法院于2012年也将违反第36条造成的司法不公发回了证据听证会（尽管在审判中没有提出这一指控）[①]。加利福尼亚州最高法院也被认为表达了同样的想法[②]。这种实践中的不确定性反映出各国以及各国国内法院对《维也纳领事关系公约》第36条规定的领事通知权性质存在不同的认识。尽管《维也纳领事关系公约》缔结时，各缔约国都认为领事通知是为了保障领事保护本国国民利益的条款，但是具体到国内法中，违反领事通知是否也违反了个人享有通知领事的权利，则并未形成一致的认识。这种认识上的差异性以及相关法律冲突在“拉格兰德案”中凸显，并最终将领事通知权的性质之争提交到国际法院解决。

1982年1月7日，德国公民卡尔·拉格兰德和沃尔特·拉格兰德兄弟二人因涉嫌抢劫银行和谋杀，被美国亚利桑那州警方逮捕，1984年2月17日在亚利桑那州法院被起诉，1984年12月14日被法院判处死刑。在逮捕拉格兰德兄弟时，亚利桑那州有关部门从未告知拉格兰德兄弟二人其享有领事通知权。德国直到1999年6月才知道其本国国民被逮捕并被判处死刑的情况。虽然拉格兰德兄弟和德国官方做出了种种努力，但是亚利桑那州法院依然以“程序缺失原则”为由维持原判。1999年2月24日，卡尔·拉格兰德被执行死刑。1999年3月3日，沃尔特·拉格兰德将被执行死刑。为了保护本国公民的利益，1999年3月2日，即在沃尔特·拉格兰德将被执行死刑的前一天，德国在国际法院起诉美国，请求国际法院判决美国违反了其所承担的国际义务，并应保证以后不再犯。围绕“拉格兰德案”，

---

① Gutierrez v. State, No. 53506, 128 Nev. 900 at *3 (Nev. Sep. 19, 2012).

② See People v. Mendoza, 62 Cal. 4th 856, 917 (Cal. 2016)

在美国国内以及国际社会引发了一系列争论，核心焦点问题之一就是《维也纳领事关系公约》第 36 条规定的领事通知权究竟是个人权利还是缔约国的权利？这种权利是否能由个人行使？

在德国诉美国的“拉格兰德案”中，德国认为《维也纳领事关系公约》第 36 条第 1 款（b）项所规定的权利不仅是德国作为缔约国而享有的权利，也是公约缔约国的每一个国民在另一个缔约国境内所享有的权利。德国认为无论从该条款用语的通常含义，还是综合考虑公约条款上下文，都可以得出该公约确立了个人权利的观点。德国还援引了公约的准备性文件支持其观点。此外，德国还列举了联合国大会关于“非居住国国民的个人人权声明”作为证据①，指出其中关于被告通知和领事联系的权利被声明认为是赋予居住在外国的侨民的个人人权。美国则认为其仅仅违反了公约第 36 条第 1 款（b）项的规定，并未违反公约第 36 条第 1 款（a）项和（c）项所规定的内容。国际法院在该案判决中指出，公约第 36 条第 1 款建立了一套相互关联的制度用以保证领事保护体系得以执行，这是领事保护的基本原则。法院联系上下文考察，认为第 36 条既是缔约国权利，同时也创设了个人权利。因此，国际法院认为，被逮捕拘禁的外国国民可以在接受国法院主张第 36 条第 1 款所创设的个人权利。随着国际人权法的发展，正当程序原则在国际法实践中日益彰显，并对领事关系法产生了影响，《维也纳领事关系公约》第 36 条第 1 款被认为是“一个有争议的条款”②，并多次引发了争议③。针对公约第 36 条的性质，实践中，各国对此形成了不同的认识，提出了迥异的看法。有些国家认为领事通知权仅仅是一项国家权利，而不是个人权利；有些国家则认为领事通知权也属于一项个人权利，并且是属于基本人权范畴的内容，任何违反领事通知权义务的国家不

① 联合国大会 1985 年 12 月 31 日第 40/44 号决议。

② Malcolm N. Shaw：*International Law*，8th edition，Cambridge University Press，2017，p. 1146.

③ Cindy Galway Buys，Scott D Pollock and Ioana Navarette Pellicer：Do onto Others：the importance of better compliance with consular notification rights，*Duke Journal of Comparative and International Law*，2011（21），p. 461.

仅要承担国家责任，还要对受拘禁的人给予一定的法律救济。

从法律上讲，“认定其是一项个人权利和认定其是一项基本人权没有多大区别，二者产生的效果差据不大”①。但是将其定性为国家权利还是定性为个人权利，在法律上却有着截然不同的效果。如果认定领事通知权是一项国家权利，权利的享有者就是国家而不是个人，国家有权放弃这项权利，并且如果违反了有关领事通知权的话，接受国也仅是对派遣国国家承担责任，而不必对所涉个人在国内提供法律救济。但是，如果认定领事通知权是一项个人权利的话，个人就成为权利主体，派遣国无权放弃该项权利，同时，如果接受国违反了该项权利的话，不仅要承担国家责任，还要对受拘禁的个人给予一定的法律救济。因此，将领事通知权界定为个人权利的话，无论是派遣国还是接受国，都要承担法律上的义务，保证个人权利的实现。正确地认定领事通知权的性质，无论是对于一国保护在外国的本国国民利益，还是对受拘禁人给予法律救济来说，都是至关重要的。

一、派遣国的权利

将领事通知纳入《维也纳领事关系公约》是领事保护本国国民利益的需要。“领事保护其国民的权利已经被国际法学界所承认，并被国家间的实践所肯定。”② 从领事设立的初衷到领事在历史上扮演的角色，总结 19 世纪末以及 20 世纪双边领事条约的实践，可以看出领事职务与贸易发展和国家经济利益联系在一起，正如《维也纳领事关系公约》第 5 条中所指出的，领事职务既包括“于国际法许可之限度内，在接受国内保护派遣国及其国民——个人与法人——之利益”，也要“增进派遣国与接受国间之商业、经济、文化及科学关系之发展，并在其他方面促进两国间之友好关系”。此外，领事还有权以一切合法手段调查接受国内商业、经济、文化及

① 朱利江：《国际法院对国际人权法的贡献》，《外交评论》，2006 年 10 月第 91 期，第 89 页。

② 李宗周：《领事法和领事实践》，梁宝山、黄屏、潘维煌、夏丽萍译，世界知识出版社 2012 年版，第 117 页。

科学活动之状况及发展情形，向派遣国政府具报，并向关心人士提供资料；有权签发护照文件；有权帮助及协助派遣国国民——个人与法人；有权处理相关行政事务；有权在涉及死者继承事件中保护派遣国国民利益；保护未成年人及其他无充分行为能力人之利益；在接受国法院及其他机关之前担任其代表或为其安排适当之代表；提供司法协助以及处理派遣国船舶、飞机及机组人员的相关事项等。概括起来，领事职务的基本内容就是提供领事协助以及开展领事保护。

就开展领事保护而言，领事的一项主要保护职能是与本国国民进行通讯和联络，尤其是在本国国民被逮捕后会立即得到通知，并可进行领事探视，为其提供领事协助。即便到现在，这依然是国家间领事关系的重大关切。例如，1989 年 1 月 12 日，美国和阿尔及利亚签订双边领事条约，双方都认为双边领事条约补充了 1963 年《维也纳领事关系公约》的规定，“这项公约的签署是加强和扩大美国与阿尔及利亚关系进程中的重要一步。目前两国之间没有关于领事关系的双边协议。该公约就一些事项明确了具体义务，例如有关逮捕和拘留一国国家国民应通知领事官员的义务以保护本国国民的权利和利益。”[①] 该条约将加强美国和阿尔及利亚领事以多种方式协助其同胞的能力，并应增加两国之间的旅行和贸易。在互惠基础上允许的具体领事职能和服务包括签发护照和签证、提供公证服务以及代表国民在遗产事务中的利益。双方都特别提及“更重要的是，该公约规定，国民被逮捕、拘留或人身自由受到任何限制的国家的领事将立即得到通知。此外，应允许领事访问这些国民并安排他们的法律代表”。可见，领事通知内容是双方缔约的重大关切。

领事通知是保证领事实现保护本国国民职能的重要内容，该内容是在双边领事实践中总结并形成的规则，并被写入了多个双边领事条约，早在《维也纳领事关系公约》缔结前，该内容就已经确立了。例如，在 1952 签

① https：//travel. state. gov/content/travel/en/legal/travel-legal-considerations/intl-treaties/Bilateral-Consular-Conventions/Algerian-Treaty. html，访问日期：2023 年 2 月 6 日。

订的《联合王国和瑞典领事条约》中，就在第 19 条特别规定了领事通知的具体内容：①遇有派遣国国民在领区内被监禁候审或以其他方式被拘禁时，接受国主管当局应立即通知领事官员。②领事官员应毫不迟延地被允许探视由于诉讼或调查等原因被关押或拘禁或根据一般规则有权在一定时期内提起上诉的派遣国国民，与之进行私下交谈，并为其安排法律代表。接受国主管当局还应将该国民写给领事官员的任何信件或其他信息毫不迟延地转交给领事官员。③在不妨害本条第 2 款规定的情况下，遇有派遣国国民根据判决而被拘禁，该国民被拘禁地所属领区的领事官员在通知接受国有关当局后有权对其探视。

尽管将领事通知条款纳入双边领事实践已经非常普遍，各国也都认为领事在接受国与其国民进行通讯和联络的权利对执行领事保护职务至关重要，“但围绕规定和描述这一权利的《维也纳领事关系公约》第 36 条的谈判却十分艰难曲折，几乎威胁到整个条约的成功签订”①。在《维也纳领事关系公约》缔约的过程中，各个缔约国之间就领事通知权的内容和性质存在分歧，各缔约国在缔结《维也纳领事关系公约》中关于领事通知内容的讨论以及存在的差异，反映出历史上领事通知条款具有多样性，实践中的做法存在较大差异。一些国家将领事通知视为履行领事保护职能的重要内容，例如，意大利就认为，如果接受国不通知领事其国民的人身自由受到限制，领事将无法提供领事协助，履行领事保护的职能。《国际法委员会草案》中也规定，若发生派遣国国民被逮捕、监禁、羁押或拘禁的情况，接受国主管当局负有毫不迟延地通知该领区的派遣国领事的绝对义务。但是，在缔约国会议上，一些国家也提出了反对意见，包括：①澳大利亚代表团提出，相关当事人不愿意领事协助或者不希望派遣国有关当局知晓其被捕、监禁、羁押或拘禁的情况，当事人的意愿应得到尊重；②法国和厄瓜多尔代表团提出，派遣国国民与本国领事通讯和会见的权利更适合放在《世界

① 李宗周：《领事法和领事实践》，梁宝山、黄屏、潘维煌、夏丽萍译，世界知识出版社 2012 年版，第 128 页。

人权宣言》或者确定居留的公约中，而不是将其放在领事关系的公约中；③泰国、加拿大、菲律宾、马来西亚、新加坡等代表团提出，由于大量外国移民分布在全国各地，这将给联合国带来过多的行政负担；④菲律宾提出，这是一个原则问题，当一个外国人进入某一国家时，其不应该获得比接受国国民更高的保护；⑤法国提出，一些国家的国内法禁止在取得被采取强制措施的人同意前将其姓名告知第三方等。[①] 为了在接受国无条件通知义务和反对通知之间达成妥协，一些国家提出了妥协提案，由美国、加拿大、日本、科威特、泰国和阿拉伯联合共和国6个国家共同提出的一项修正案，规定："如果被逮捕、监禁或以任何其他方式被拘禁的派遣国国民提出请求，接受国主管当局应毫不迟延地将有关情况通知派遣国领事官员。接受国主管当局也应将逮捕、羁押候审、拘禁派遣国国民给领事的信件毫不迟延地转交领事。"但是这些修正案招致批评，理由是如果以逮捕拘禁的当事人请求为前提的话，则当事国之间很容易因当事人是否事实上提出了这样的请求而引发争议。该修正案最终被否决。《维也纳领事关系公约》草案第36条第1款（b）项主要内容被保留，但是英国建议将"无不当迟延"修改为"不迟延"，泰国等提出了新的修正案，这些提案也未得到广泛认可，直到最后一次会议，最终通过了一项新的修正案，就是目前的第36条第1款（b）项的规定，依然以当事人请求通知为通知领事的前提。

随着《维也纳领事关系公约》的广泛适用，公约第36条规定的领事通知内容也得到了广泛的适用。《维也纳领事关系公约》本身不是为了创设个人权利的公约。公约的缔约目的是规范派遣国和接受国之间的关系，"目的不在于给与个人以利益而在于确保领馆能代表本国有效执行职务"，因此有学者认为"个人寻求领事协助的权利在国际法上是否存在仍然是存疑的"[②]，从《维也纳领事关系公约》的立法目的和约文内容可以看出，该

① A/CONF. 25/C. 2/SR. 15，16，17 等。

② Conall Mallory：Abolitionists at home and abroad：a right to consular assistance and the death penalty，*Melbourne Journal of International Law*，2016（17），p. 62.

公约是对习惯国际法的编纂，“这个领域被认为是国际法中最受承认和不具争议的领域之一”[①]。《维也纳领事关系公约》的基础是“代表说”和“职务需要说”两种理论的结合，公约内容是为了保障领馆履行其职能，规定了领馆、领事官员享有一定的特权和豁免。

从《维也纳领事关系公约》的约文看，该公约并没有规定赋予个人得到本国领事协助的权利，“并不是所有的提及个人的条约都可以说有意直接对个人施加权利和义务”[②]。《维也纳领事关系公约》第36条是为了便利领事执行职务而设立的，目的是“建立起一个相互联系的体制，以便为执行领事保护制度提供便利”[③]，《维也纳领事关系公约》第36条第1款规定，为便于领馆执行其对派遣国国民之职务，领事官员得自由与派遣国国民通讯及会见。派遣国国民与派遣国领事官员通讯及会见应有同样自由。从《维也纳领事关系公约》缔约时的情况可以看出，该条款被认为是一个“创新，因为其规定了派遣国个人的权利而不是领事官员的权利”。这也暗示整个条约都不是为个人权利赋权的条约。从《维也纳领事关系公约》的缔结过程看，参加缔约的各方对该公约第36条的认识争议很大，其中主要集中于《维也纳领事关系公约》第36条规定的领事通知权到底是强制性规范还是任意性规范？如果是任意性规范，选择权在被逮捕、羁押候审的派遣国国民手中，派遣国国民有权决定是否通知本国领事；如果是强制性规范，选择权在派遣国手中，接受国必须将逮捕、羁押派遣国国民的情况通知派遣国领事。例如，英国就认为该规范属于强制性规范，拒绝给其国民以选择权。英国特别指出，将其定义为强制性规范不是剥夺了当事人的权利，而是特别指明为了保护该项权利不被滥用。该项权利如果仅仅是应当事人的要求而行使的话，实践中就很有可能因为被羁押人不知道这项权

---

① 马尔科姆·N. 肖：《国际法》（第六版），白桂梅等译，北京大学出版社2011年版，第593页。

② 安德鲁·克拉帕姆：《非国家行为人的人权义务》，陈辉萍等译，法律出版社2006年版，第94页。

③ LaGrand Case（Germany v. United States of America），ICJ Reports，2001，p. 466.

利的存在而导致权利无法行使。因此，公约第 36 条第 1 款（b）项才规定“该当局应将本款规定之权利迅即告知当事人”。从谈判过程可以看出，虽然英国提出《维也纳领事关系公约》第 36 条规定的领事通知权不属于个人权利，其出发点并非关注权利性质本身，而是关注被逮捕、拘禁的本国国民通知领事权利的实现，即通过强化接受国的通知义务以保障领事履行其保护职能。

二、领事通知权是一项个人权利

国际法院在审理涉《维也纳领事关系公约》第 36 条的案件中明确了领事通知权构成一项不可侵犯的个人权利。国际法院在“拉格兰德案”中强调，领事通知权为便利履行领事保护构建了一个相互关联的机制。在该案中，国际法院明确地指出，《维也纳领事关系公约》第 36 条第 1 款（b）项创设了个人权利，国家负有迅即的通知义务，该权利可以被国家援引。

在“阿韦纳案”中，墨西哥于 2003 年 1 月 9 日在国际法院起诉美国，指称有 54 名墨西哥国民在美国加利福尼亚州、得克萨斯州、伊利诺伊州、亚利桑那州、阿肯色州、佛罗里达州、内华达州、俄亥俄州、俄克拉荷马州和俄勒冈州等地被判处死刑。美国有关当局在审理这些案件时，未告知被逮捕、拘押的墨西哥国民其享有通知领事并获得领事协助的权利，构成了对《维也纳领事关系公约》第 36 条义务的违反。在墨西哥的请求中，其中一项请求就是要求国际法院确认领事通知是一项个人权利。美国辩称，《维也纳领事关系公约》第 36 条并没有规定个人的权利，《维也纳领事关系公约》中的权利只是赋予国家的权利（即使个人有可能从国家行为中获益）。在该公约中所体现的个人权利是依附并来源于国家权利的，它通过领事行使其职能来表现，而不能构成一项单独的个人权利或是基本的人权。国际法院在 2004 年 3 月 31 日作出的判决中再次确认公约第 36 条赋予外国国民个人以权利，而且这种权利是可以在美国国内法律体系中主张保护的权利。国际法院在该案中进一步阐述了第 36 条下个人权利与派遣国之间的相互关系，接受国对该条款下个人权利的侵犯也是对国家权利的侵犯。

在“迪亚洛案”中，国际法院再次指出第36条第1款规定的是个人权利。在该案中，刚果民主共和国当局未能立即告知迪亚洛其享有寻求本国领事当局协助的权利，并且该权利并不取决于被拘留者的请求接近派遣国的领事官员的机会。

按照《国际法院规约》第36条第2项的规定，国际法院的判决对当事国具有约束力。这一原则适用于所有判决，因此，国际法院在“拉格兰德案”、“阿韦纳案”中的判决对于美国、德国、墨西哥均具有法律效力。这些国家应按照《联合国宪章》第94条的规定，承诺遵国际法院之判决。同时，国际法院的判决虽然不是国际法渊源，“一致或几乎一致通过的判决显然在国际法的逐步发展中发挥着作用……对一般国际法产生了决定性影响”①，因此，国际法院关于领事通知权性质的认定也将对其他缔约国的实践产生影响。尽管国际法院的判决仅约束缔约国，但是国际法院对《维也纳领事关系公约》第36条的解释逐步得到了国际社会的普遍承认，接受国负有立即、毫不迟延地告知外国国民其享有领事通知权的义务。

第一，《维也纳领事关系公约》第36条的内容已经得到了缔约国的广泛接受。《维也纳领事关系公约》被认为是现代国际法律秩序的里程碑，该公约被认为是联合国制定的最重要的多边条约之一。按照《维也纳领事关系公约》和《1969年条约法公约》的规定，条约缔约国有权对条约的内容提出保留，事实上，《维也纳领事关系公约》各个缔约国也曾对该公约的不同条款提出过不同的保留，但是没有缔约国对《维也纳领事关系公约》第36条提出保留。2001年后，国际法院在“拉格兰德案”的判决中已经确认了领事通知权构成一项个人权利，该公约的缔约国也并没有就第36条的内容提出新的保留。

第二，国际法院的判决并未遭到缔约国的反对。国际法院相继审理了

① 伊恩·布朗利：《国际公法原理》，曾令良等译，法律出版社2003年版，第15页。

“拉格兰德案”、“阿韦纳案”、“贾达夫案”等多个涉及《维也纳领事关系公约》第36条解释和适用的案例，并阐释了《维也纳领事关系公约》第36条的内容。在这些案件判决后，公约缔约国也没有对《维也纳领事关系公约》第36条提出保留，显示出《维也纳领事关系公约》缔约国对国际法院判决的认同。即便美国后来提出了新的保留，但也仅是就《维也纳领事关系公约》和《任择议定书》关于管辖权条款的保留，而没有对《维也纳领事关系公约》第36条的内容提出保留。因此，从这方面的实践可以看出，各国都承认并遵守《维也纳领事关系公约》关于领事通知权的规定。

第三，一些国家的后续实践表明其接受并发展了《维也纳领事关系公约》第36条关于为个人赋权的内容。条约在国内的适用包括两种方式，一种是直接适用，一种是转化适用。美国认为《维也纳领事关系公约》属于自动执行的条约，因此《维也纳领事关系公约》在美国是直接适用。而公约的大多数缔约国，如英国、澳大利亚、新西兰、爱尔兰、瑞典、爱沙尼亚、波兰等国都以转化的方式，在国内立法和实践中规定了领事通知权的内容。例如，英国1984年颁布的《警察和刑事证据法》第3部分就规定了在讯问被告之前，必须告知其具有领事通知权以及其他法律权利。德国联邦宪法法院在2006年的一个判决中指出①，德国将遵守国际法院在“拉格兰德案”和“阿韦纳案”中确立的原则，即《维也纳领事关系公约》第36条规定了被逮捕拘禁的外国国民享有的个人权利，这种权利是一种司法上可以执行的权利。根据德国《基本法》第59条第2款的规定，《维也纳领事关系公约》第36条的内容作为联邦法律中的条约法内容，可以在德国国内法律体系适用。据此，德国联邦宪法法院判决将案件发回联邦最高法院重审，理由是其以前的判决没有尊重国际法法院的判决。

---

① Case Nos. 2 BvR2115/01, 2 BvR 2132/01, & 2 BvR 348/03. 60 Neue Juristische Wochenschrift 499, 2007。也见 Peter A. Heinlein: The U. S. and German interpretations of the Vienna Convention on consular relations: is any constitutional court really cosmopolitan? *Maryland Journal of International Law*, 2010, Vol. 25.

在2004年美国最高法院审理“麦德林案”时，欧洲理事会的46个成员国就该案发表的“法庭之友”意见也指出：欧洲理事会成员一致认为，《维也纳领事关系公约》第36条规定的外国国民被逮捕或者拘禁后，具有立即被告知通知本国领事的权利。该项权利是个人权利，这不仅是《维也纳领事关系公约》所确定的，也是国际习惯法所承认的。如果当事国侵犯了该项权利的话，就要建立定罪量刑的司法审查机制。拉丁美洲的13个国家以及加拿大、墨西哥等国家都发表了“法庭之友”意见，也一致认为《维也纳领事关系公约》第36条规定的是个人权利，美国应对其侵犯该权利的行为采取救济措施。从该案的意见来看，没有一个国家出面表示支持美国的观点。这表明，多数国家在实践中将领事通知权界定为个人权利。

即便美国在国际法院主张领事通知权不是个人权利，但是美国国内的实践却呈现出不同的做法。美国承认《维也纳领事关系公约》在美国法律体系内属于自动可执行的条约，在美国可以自动适用，因此美国的联邦法律、州法律以及地方条例都应符合公约的规定，并应在美国州和联邦法院执行。当美国联邦和州的法律与《维也纳领事关系公约》冲突时，《维也纳领事关系公约》优先适用。美国长期以来都承认自动执行的条约赋予的个人权利都应在缔约国内得到执行，美国最高法院长久以来都承认在国家之间的协议中可能包含着个人权利。从最早的“Head Money 案”到后期的“麦德林案”，美国最高法院都承认自动执行的条约赋予了个人以可执行的权利。针对违反公约的案件，美国许多法院已经承认公约的自动执行性质决定了公约中包含着可执行的个人权利，但是一些法院也明确表示违反公约不能成为诉由。例如，在1998年“Breard v. Greene 案”① 中，美国最高法院指出：《维也纳领事关系公约》赋予了外国国民在被逮捕后享有得到本国领事协助的权利。2005年9月，美国第七巡回上诉法院在“Jogi 案”② 的判决中也认为，《维也纳领事关系公约》第36条规定的是个人权

① Breard v. Greene，523 U. S 371（1998）.

② Jogi v. Voges，425 F. 3d 367（7th Cir. 2005）.

利，而不是政府权力。该判决还指出，出于对国际法院判决的尊重，而不是基于其拘束力，第七巡回上诉法院认为美国应当尊重国际法院的判决。

三、领事通知权的人权属性之争

就领事通知权的性质而言，其是否也是一项人权，甚至是一项基本人权，依然存在不同的观点，国际实践也有不同的表现，显示出对领事通知权的人权属性尚未达成共识。

（一）实践中的沉默

在“拉格兰德案”和“阿韦纳案”中，德国、墨西哥都主张领事通知权是一项基本人权。在“阿韦纳案”中，墨西哥认为领事会见是一项人权。墨西哥进一步指出，《维也纳领事关系公约》中规定的通知领事的权利和与领事通讯的权利是一项基本人权，其构成了刑事诉讼中正当程序的一部分，应当得到维也纳公约缔约国的遵守。这些权利是基本权利，如果违反这项权利，将导致整个刑事诉讼程序因为违反正当程序而无效。

但是国际法院始终回避了该问题。国际法院认为，《维也纳领事关系公约》规定的权利是不是人权并不是由国际法院来决定的事项。无论是《维也纳领事关系公约》的文本还是宗旨，以及任何准备文件中，都没有支持墨西哥主张的内容。① 国际法院还以这些案件都是以《维也纳领事关系公约》和《关于强制解决争端之任择议定书》（以下简称《任择议定书》）中建立的管辖权为由，表示只能就双方达成的任择强制管辖事项范围进行裁判，而不能就领事通知权是不是《公民权利和政治权利国际公约》中规定的人权做出解释。

国际法院在解决国际争议中司法节制的态度，维护了国际法院裁判的稳定性。然而，领事通知权是否构成人权依然是有待探讨的内容。这是由国际法院管辖权自身局限性所决定的。由于批准《任择议定书》的国家数

① Avena and Other Mexican Nationals, (Mexico v. United Slates of America), Judgment, I. C. J. Reports 2004, at 61.

量没有批准《维也纳领事关系公约》的多，因此这种机制作用的发挥是有限的，仅限于有限的国家实践，故将涉及《维也纳领事关系公约》解释和适用的争端提交国际法院任择强制管辖的数量较少。同时，《维也纳领事关系公约》和《任择议定书》确立的管辖权条款对于管辖事项的约定，也限制了国际法院的争议管辖范围。在“贾达夫案”中，印度就请求国际法院宣布：巴基斯坦违反了国际法和《维也纳领事关系公约》的规定，同时也违反了贾达夫先生根据 1966 年《公民权利和政治权利国际公约》第 14 条规定享有的基本人权。但是国际法院认为，既然管辖权是基于《任择议定书》第 1 条的规定，则管辖权仅限于《维也纳领事关系公约》相关的争议，而不应扩展到确定其他违反国际法义务的行为。尽管这并不妨碍国际法院顾及其他与解释和适用《维也纳领事关系公约》相关的国际法义务，但是国际法院的实践非常谨慎，在该案中并未认可印度提出的诉求。

（二）支持论

一些国家认为领事通知构成了一项基本人权。在“拉格兰德案”中，德国就主张领事通知权是一项个人权利，同时也是一项基本人权。在“阿韦纳案”中，墨西哥也提出，墨西哥国民享有的领事通知权是一项人权。美洲国家组织也多次强调①，领事通知权是一项人权。一些国家的实践也证明，领事会见应得到习惯人权法的保护。领事会见作为习惯法，在其被侵害后得到救济就能证明这是一项习惯人权法。欧盟就“麦德林案”中发表的“法庭之友”意见也认为，如果侵害了外国国民的领事通知权，应为此提供法律救济。

一些人权保护机构也认为领事通知权不仅是个人权利，而且是一项基本人权。例如，当墨西哥得知其在美国境内的一些墨西哥人享有的领事通

① See generally Organization of American States [OAS] General Assembly, The Human Rights of All Migrant Workers and Their Families, OEA/Ser. P, AG/Res. 1717 (XXX-O/00) (June 5, 2000)。OAS General Assembly, The Human Rights of All Migrant Workers and Their Families, AG/Res. 2224 (XXXVI-O/06) (June 6, 2006).

知权被损害后，墨西哥在美洲人权法院提请发表咨询意见，墨西哥主张领事通知权和帮助权以及保证被逮捕公民得到法律正当程序的保护是不可分割的。美洲人权法院是根据《美洲人权公约》建立起来的，对于人权委员会以及当事国提交的有关公约的解释和适用问题的案件具有司法管辖权和咨询管辖权。美洲人权法院在 1999 年 10 月 1 日发表的"在保障正当法律程序的框架内得到领事协助的信息权"的咨询意见中一致认为："美国所主张的公约第 36 条的规定不是个人权利是不成立的。"① 相反，领事通知权是一项个人权利，并构成接受国国内义务的一部分。同时，美洲人权法院还认为，公约第 36 条的规定涉及人权保护，是国际人权法的有机组成部分。美洲人权法院还指出，第 36 条的内容和《公民政治文化权利公约》第 14 条的规定类似，遵守公约第 36 条的内容是保证正当程序的前提。美洲人权法院还指出，第 36 条的内容涉及人权保护，因此无论是联邦国家还是单一制国家都应遵守，剥夺当事人的领事通知权是违法的。该项意见的内容后来被写入美洲国家组织和联合国大会的文件中。根据 1969 年《美洲人权公约》重新组建的美洲人权委员会，有权听取个人申诉者对当事国的控告。美洲人权委员会在一些案件中也认为，那些在违反领事通知权的前提下在美国被判处死刑的外国国民有权要求重新审判。

（三）发展中的实践

事实上，《维也纳领事关系公约》的缔约国实践和国际法院的司法解决争议实践之间存在空隙，这种隔阂的弥补和填充还需要后续的条约实践予以完善，包括多个人权条约内容和实践的完善。在三个核心人权条约中都规定了领事通知或者通知代表的内容。

《禁止酷刑公约》第 6 条明确规定，要保障其享有通知本国代表的权利。该公约第 6 条第 3 款明确要求："按照本条第 1 款，受拘留的任何人应得到协助，以期立即与地理位置最近的其本国适当代表联系，

① Advisory Opinion OC-16, October 1, 1999, Inter-Am. Ct. H. R. (Ser A) No. 16 (1999).

如该人无国籍，则应得到协助，与其通常居住国家的代表联系。”虽然这里并未明确适当代表是谁，但是毫无疑问，适当代表包括领事、外交官员，也包括该国指定的代表人员。第 4 款还具体规定了通知内容，即“任何国家按照本条将某人拘留时，当立即将此人已受拘留及构成扣押理由的情况通知第 5 条第 1 款所指国家。进行本条第 2 款提到的初步调查的国家，应迅速将调查结果告知上述国家，并说明是否打算行使管辖权”。

从《禁止酷刑公约》第 6 条的规定看，该条款的核心内容和《维也纳领事关系公约》第 36 条第 1 款（b）项规定的领事通知内容一致，但是比领事通知的通知范围更广泛。《禁止酷刑公约》第 6 条中规定的通知代表不局限于领事，通知的内容还包括行使管辖权的国家，管辖权一旦确立，又衔接了该公约第 6 条第 3 款的内容，或者衔接了《维也纳领事关系公约》第 36 条的规定（如果各方都是缔约国的话），也就是说，《禁止酷刑公约》规定的通知内容比领事通知的范围更宽。如果说《禁止酷刑公约》里的这项条款是一项人权的话，则领事通知也可以被认为是其不可缺少的一部分。

《移徙公约》第 16 条中也规定了接受国的领事通知和领事探视义务。第 16 条首先明确了移徙工人及其家庭成员应有权享有人身自由和安全①，执法人员对移徙工人或其家庭成员身份的任何核查，均应按照法律规定的程序进行。② 移徙工人及其家庭成员不应遭到个人或集体任意逮捕或拘禁；除根据法律所规定的这种理由并按照法律所规定的这种程序外，他们不得被剥夺自由。③ 第 16.5 条规定了告知义务，被逮捕的移徙工人及其家庭成员应在被逮捕之时尽可能以他们所了解的语言被告知逮捕理由，并应以他们所了解的语言被迅速告知对他们提出的任何指控。因刑事指控被逮捕或拘留的移徙工人及其家庭成员，应迅速由法官或经法律授权行使司法权力

① 见《移徙公约》第 16.1 条。
② 见《移徙公约》第 16.3 条。
③ 见《移徙公约》第 16.4 条。

的其他官员予以传讯，并应有权在合理的时间内受审或获释。候审期间通常不应予以拘押，但其释放可以保证在司法程序的任何其他阶段出庭受审并于必要时出庭接受判决的执行为条件。[①] 第16.7条规定了领事通知和领事探视的内容，第16.8条规定了国际移徙工人及其家庭成员的抗辩权利，第16.9条规定了遭到非法逮捕或拘禁的移徙工人及其家庭成员有权获得赔偿的权利。

《移徙公约》第16.7条对领事通知内容的规定非常详尽[②]，明确了各方的权利义务。具体包括：第一，当某一移徙工人或其一家庭成员遭逮捕或审前关押或拘押或者以任何其他方式拘留时，如当事人要求，应毫不拖延地将其逮捕或拘禁情事及其理由告知其原籍国的领事或外交当局或代表该国利益的领事或外交当局。第二，负有应毫不拖延地告知的义务，即告知当事人享有通知权利，享有有关国家间适用的任何有关条约规定的各种权利，享有领事会见和领事探视的权利。第三，通知应当毫不拖延地进行。第16.7条第三项中明确了领事通知是个人权利，即从公约的规定看，可以认为，公约明确了通知领事的权利是个人的权利，而不是国家的权利。如果缔约国当局没有尽到领事通知的义务，则当事人可以援引第16条第8款主张程序不合法，并根据第16.9条请求损害赔偿。此外，根据公约第81条、第82条、第83条的规定，不能克减当事人依据其他公约或者双边领事条约享有的权利，因此考察第16.7条规定的内容，要结合《维也纳领事关系公约》第36条的规定，以及双边领事条约的实践。

《强迫失踪公约》第17条第1款强调“任何人都不应受到秘密监禁”。为了保障被剥夺自由的个人的权利，该公约第17条明确了领事通知义务，

---

① 见《移徙公约》第16.6条。

② 见《移徙公约》第16.7条：遇某一移徙工人或其一家庭成员遭逮捕或审前关押或拘押或者以任何其他方式拘留时：(a) 如当事人有此要求，应毫不拖延地将其逮捕或拘禁情事及其理由告知其原籍国的领事或外交当局或代表该国利益的领事或外交当局；(b) 当事人应有权与上述当局联系，对当事人给上述当局的任何通信应毫不拖延地予以传递，当事人也应有权在毫不拖延的情况下接到上述当局送出的通信；(c) 应毫不拖延地告知当事人此项权利及按照有关国家间适用的任何有关条约规定的各种权利，与上述当局的代表通信和会面，并同他们安排其法律代理人。

要求公约缔约国应保证任何被剥夺自由的人都能获准与其家属、律师或他或她选择的任何其他人取得联系并接受探视，且仅受法律规定条件的限制，如果此人是外国人，应根据相应的国际法，准许其与本国的领事机构联系。该公约重申了《维也纳领事关系公约》第 36 条规定的领事通知和领事探视的内容，并要求将这一规定纳入本国立法，同时相关规定和实践还要符合国际法的规定。

在其他的一些国际人权条约也有类似规定，并且扩大了领事通知的内容和方式。其中，《关于防止和惩处侵害应受国际保护人员包括外交代表罪行的公约》第 6 条要求缔约国对犯罪嫌疑人采取强制措施时，犯罪嫌疑人有权要求会见其本国领事。这就意味着，领事会见是其个人的权利，为实现犯罪嫌疑人享有的领事会见权利，采取强制措施的国家有义务告知犯罪嫌疑人享有通知领事的权利，也有义务保证毫不迟延地通知犯罪嫌疑人国籍国领事开展领事探视，并为犯罪嫌疑人国籍国开展领事协助和保护提供便利。《制止核恐怖主义行为国际公约》第 10 条第 3 款明确了三点内容，包括：被采取强制措施的人享有领事探视权；被采取强制措施的人享有被告知有权通知本国领事的权利；采取强制措施的国家则负有告知义务和毫不迟延地通知义务，即告知被采取强制措施的人享有的权利。领事会见并不限于被采取强制措施的人的国籍国，还包括有权保护其权利的其他国家，如果是无国籍人，则为其惯常居住地国。两个公约的规定均从保障当事人领事协助权利的实现要求出发，扩大了开展领事协助的主体范围，有权开展领事会见的主体不限于犯罪嫌疑人或者被采取强制措施的人的国籍国，还包括任何有权保护其权利的国家，或如为无国籍人时，经其请求而愿意保护其权利的国家或者其惯常居住地国。这一规定比《维也纳领事关系公约》第 36 条的规定要宽泛，但是并不违反《维也纳领事关系公约》的内容。这些规范既是对国家双边领事实践的总结，也反映出一般国际法对领事通知和领事会见内容的影响，同时，人权法目标的实现也对领事通知和领事协助内容的实施与完善产生了积极推动和影响。

一些国际法文件中也纳入了领事通知的内容。如《保护所有遭受任何形式拘留或监禁的人的原则》第16项原则明确了被拘留人或被监禁人享有领事通知权，“如果被拘留人或被监禁人是外国人，应及时告知其有权循适当途径同其为国民或在其他情形下按照国际法有权与其联络的国家的领事馆或外交使团联络，如其为难民或在其他情形下受国际组织保护，则有权同主管国际组织的代表联络”。第35项原则还规定了补偿原则，“政府官员因违反本原则所载权利的行为或不行为而造成的损害应按照国内法规定的关于赔偿责任的现行规则加以补偿”。此外，《联合国囚犯待遇最低限度标准规则》《关于将预防犯罪和刑事司法纳入更广泛的联合国议程以应对社会和经济挑战并促进国内和国际法治及公众参与的多哈宣言》《全球契约》也都有类似规定，并规定了对领事通知权利损害的救济规则。

有关领事通知是不是一项人权并未形成统一的规则，尽管实践中领事通知权作为一项权利不断被各种国际文件强化，接受国的保障义务被反复提及，但是还不能认为领事通知已经成为一项人权，这反映出领事通知权作为一项个人权利正在迈向人权的过程中。

将领事通知权界定为个人权利具有重要的意义，反映了国际法发展的人本化趋势，体现出领事保护和外交保护的不同，“外交保护和领事保护虽然只有一词之差，但它们在性质、内容和适用的条件和范围等方面有着很大的差异”①。从国际法上讲，国家根据国家主权原则，对于在外国的本国国民可以行使外交保护或者领事保护。外交保护权是一项国家权利，国家所保护的是国家利益，而不是某个个人的利益。对于国家来说，是否对受到迫害的本国人行使外交保护权，以及具体如何进行保护，完全由国家决定，权利受到侵害的个人不能主张外交保护权。

但是领事保护不同，领事保护是由本国公民提出的，在接受国法律的框架内，领事对其提供一定的帮助。领事保护权利的行使是由本国公民决

① 万霞：《海外中国公民安全问题与国籍国的保护》，《外交评论》，2006年12月，总第92期，第103页。

定请求或者放弃。在领事保护中，国家是以帮助者或者协助者的角色出现的，国家并不是法律程序中的当事人，也不是法律权利和义务的承受者。领事通知权作为领事职能的一部分，实际上就是要保护被逮捕或者拘禁的公民的利益，该项权利的享受者是被逮捕或者拘禁的一国国民，领事仅仅是协助该国民的具体执行者。从公约的约文上看，公约第 36 条第 1 款（b）项规定："遇有领馆辖区内有派遣国国民受逮捕或监禁或羁押候审、或受任何其他方式之拘禁之情事，经其本人请求时，接受国主管当局应迅即通知派遣国领馆。"（c）项规定："领事官员有权探访受监禁、羁押或拘禁之派遣国国民，与之交谈或通讯，并代聘其法律代表。领事官员并有权探访其辖区内依判决而受监禁、羁押或拘禁之派遣国国民。但如受监禁、羁押或拘禁之国民明示反对为其采取行动时，领事官员应避免采取此种行动。"也就是说，是否要通知领事，领事是否要采取相应的帮助行动，取决于被逮捕或者拘禁的国民的意愿，而不是领事的意愿。从这个角度看，领事通知权行使的主体是被逮捕或者拘禁的公民。

从法律效果看，将权利赋予个人，更有利于保护身处海外的一国国民的利益，防止其受到不公正的待遇，将领事通知权确认为个人性质，个人有权决定是否要行使与放弃权利。对于接受国来说，为了保证外国国民领事通知权的行使，就要在法律上建立相应的机制，告知当事人其享有的权利，保护被逮捕或者拘禁的国民的利益，在有关当局违反领事通知权时提供法律救济。对于外国国民的国籍国来说，则在本国国民提出请求时，为本国国民提供领事协助，在接受国违反告知义务时，派遣国有权寻求一定的救济方式保护本国国民的利益。

第二节　国际法院的贡献

《维也纳领事关系公约》是对习惯国际法的编纂，公约并未涵盖领事关系中的所有国际法规则和习惯做法。同时，国际法本身也是发展中的国际法，国家的实践逐步丰富和发展了国际法的内容，为国际法的发展贡献了新素材。《维也纳领事关系公约》自身机制也为机构造法提供了现实可能性，因此，“研究国际法院和国内法院，以及国际、国内的争议解决机构就公约的解释和适用作出的裁决具有非常重要的意义”①。

一、涉领事通知权的案件

国际法院受理了多起涉及《维也纳领事关系公约》的案例。国际法院审理的涉及领事保护的第一起案件是发生在 1979 年的“美国诉伊朗案”②，在该案中，美国认为伊朗作为接受国，有义务保障美国驻伊朗领事会见其本国国民。但是由于伊朗关押美国驻伊朗的领事，导致其无法对有需要的美国国民提供保护，因此不仅在伊朗的美国国民会见领事的权利被侵害，而且美国作为派遣国保护其国民的权利也受到了侵害。因此美国主张③，就领事保护的实质而言，其不仅是保护国家的权利，也包括保护个人的权利。迄今为止，国际法院已经审理过五起涉及《维也纳领事关系公约》第 36 条的解释和适用的案例，其中包括：1998 年的“巴拉圭诉美国案”、2001 年的“拉格兰德案”（德国诉美国）、2004 年的“阿韦纳案”（墨西哥诉美国）、2009 年的“墨西哥诉美国执行判决案”、2019 年的“贾达夫案”（印度诉巴基斯坦）。此外，1979 年“美国诉伊朗的德黑兰人质危机案”，以及 1998 年“几内亚诉刚果的迪亚洛案”中也涉及对《维也纳领事关系公约》个别条款的解读。

国际法院依据的是《维也纳领事关系公约》《任择议定书》对管辖权的规定。就涉及领事通知权的案件而言，有七起案件涉及《维也纳领事关系公约》第 36 条的解释和适用（详见表 2-1）。

---

① Chanaka Wichremasinghe：Immunities enjoyed by officials of states and international organizations，in Malcolm D. Evans edited：*International Law*，4th edition，Oxford University Press，2014，P381.

② United States Diplomatic and Consular Staff in Tehran（U. S. v. Iran），1980 I. C. J. 3（May 24）.

③ Memorial of the Government of the United States of America，United States Diplomatic and Consular Staffin Tehran（U. S. v. Iran），1980 I. C. J Pleadings 174（Nov. 29，1979）.

表 2-1　国际法院审理的涉及《维也纳领事关系公约》的案例

裁判年份	案件名称	管辖依据	涉《维也纳领事关系公约》的条款
1980 年	德黑兰案（美国诉伊朗）①	《维也纳外交关系公约》附带《任择议定书》第 1 条、《维也纳领事关系公约》附带《任择议定书》第 1 条	第 5、27、28、31、33、34、35、36、40、72 条
1998 年	Breard 案（巴拉圭诉美国）②	《维也纳领事关系公约》附带《任择议定书》第 1 条	第 36 条
2001 年	拉格兰德案（德国诉美国）③	《维也纳领事关系公约》附带《任择议定书》的第 1 条	第 36 条
2004 年	阿韦纳案（墨西哥诉美国）④	《维也纳领事关系公约》附带《任择议定书》第 1 条	第 36 条
2009 年	申请执行阿韦纳判决案（墨西哥诉美国）⑤	《国际法院规约》第 60 条	第 36 条
2010 年	迪亚洛案（几内亚诉刚果）⑥	几内亚 1998 年 11 月 11 日接受法院强制性管辖权的声明和 1989 年 2 月 8 日刚果民主共和国的声明	第 5、36 条
2019 年	贾达夫案（印度诉巴基斯坦）⑦	《维也纳领事关系公约》附带《任择议定书》第 1 条	第 36 条

资料来源：根据国际法院网站材料整理。

---

① United States Diplomatic and Consular Staff in Tehran, Judgment, I. C. J. Reports 1980, p. 3。

② Vienna Convention on Consular Relations (Paraguay v. United States of America), Order of 9 April 1998, I. C. J. Reports 1998, p. 266。

③ LaGrand (Germany v. United States of American), Judgement, I. C. J. Reports 2001, p. 466。

④ Avena and Other Mexican Nationals (Mexico v. United States of America), Judgment, I. C. J. Reports 2004, p. 12。

⑤ Request for Interpretation of the Judgment of 31 March 2004 in the Case concerning Avena and Other Mexican Nationals (Mexico v. United States of America) (Mexico v. United States of America), Judgment, I. C. J. Reports 2009, p. 3。

⑥ Ahmadou Sadio Diallo (Republic of Guinea v. Democratic Republic of the Congo), Preliminary Objections, Judgment, I. C. J. Reports 2007, p. 582。Ahmadou Sadio Diallo (Republic of Guinea v. Democratic Republic of the Congo), Merits, Judgment, I. C. J. Reports 2010, p. 639。

⑦ Jadhav (India v. Pakistan), Judgment, I. C. J. Reports 2019, p. 418。

二、国际法院管辖范围

《维也纳领事关系公约》的立法机制为国际法院建立管辖权提供了基础。《维也纳领事关系公约》本身并未规定管辖权条款，而是采用附加议定书的方式，允许缔约国分别签署和批准公约及《任择议定书》，给予各缔约国更多的选择权。在《维也纳领事关系公约》缔结的过程中，一些西方国家主张纳入强制性争议解决程序，以保证公约的履行，美国还提出在《维也纳领事关系公约》中纳入一个争议解决条款，以便在出现违反公约的情形时，缔约国可以在国际法院起诉。但是，苏联对美国的立法建议提出了反对意见，认为只有在缔约国双方都同意时才能将争议提交国际法院。考虑到有些国家在国际法院管辖权的选择上存在犹豫，最终缔约文本中采取了分别立法的形式，将实体规则和争议解决规则分别立法，其中《维也纳领事关系公约》规定实体规则，将争议解决选择规定在《任择议定书》中。

《任择议定书》第 1 条明确规定了任择强制管辖条款，即“公约解释或适用上发生之争端均属国际法院强制管辖范围，因此争端之任何一方如系本议定书之当事国，得以请求书将争端提交国际法院”。如果《维也纳领事关系公约》当事国也是《任择议定书》的当事国，则与另一个批准《任择议定书》的《维也纳领事关系公约》缔约国之间，就《维也纳领事关系公约》的解释或适用发生争议时，可以援引《任择议定书》作为强制管辖依据，在国际法院提起诉讼。

关于国际法院建立任择强制管辖权是否存在其他先决条件，国际法院在“贾达夫案”中作出了明确的阐释。在该案中，印度起诉巴基斯坦违反了《维也纳领事关系公约》第 36 条的规定，要求国际法院判决巴基斯坦承担国家责任。巴基斯坦则抗辩国际法院对该案的管辖权，认为应先根据《任择议定书》第 2 条和第 3 条的规定，优先适用其他争端解决机制。国际法院指出，《任择议定书》中的任何条款都未规定国际法院行使管辖权的先决条件，印度和巴基斯坦是《维也纳领事关系公约》和《任择议定书》的缔约国，依据《任择议定书》第 1 条的规定，国际法院对该案享有管辖权。

采用这种分开立法的方式，可以保证更多的国家签署公约并批准公约，扩大公约的适用范围，此外，这也给与缔约各国更大的选择权，选择是否将涉及公约的解释和适用事项提交国际法院。缔约国可以选择同时签署并批准《维也纳领事关系公约》《任择议定书》，也可以选择只批准公约，不参加议定书。这样不产生缔约国对《维也纳领事关系公约》的保留问题，也不产生缔约国退出附加议定书会影响《维也纳领事关系公约》缔约国身份的难题。事实上，这种立法机制在现实社会中也确实发挥了作用。例如，国际法院审理了 5 起涉及《维也纳领事关系公约》第 36 条解释和适用的案例，对比国际法院自建立以来的受案数量，可以看出这种分开立法的形式对于推动司法解决争议提供了基础，为司法机构解释和适用《维也纳领事关系公约》，结合国际法的新实践发展公约内容贡献了管辖权依据。

三、案件争议焦点

《维也纳领事关系公约》第 36 条规定的“领事通知”是多个案件的争议焦点。第 36 条规定，为了便利领馆执行其对派遣国国民之职务，领事有权与派遣国国民通讯及联络，具体包括：“（a）领事官员得自由与派遣国国民通讯及会见。派遣国国民与派遣国领事官员通讯及会见应有同样自由。（b）遇有领馆辖区内有派遣国国民受逮捕或监禁或羁押候审、或受任何其他方式之拘禁之情事，经其本人请求时，接受国主管当局应迅即通知派遣国领馆。受逮捕、监禁、羁押或拘禁之人致领馆之信件亦应由该当局迅予递交。该当局应将本款规定之权利迅即告知当事人。（c）领事官员有权探访受监禁、羁押或拘禁之派遣国，与之交谈或通讯，并代聘其法律代表。领事官员并有权探访其辖区内依判决而受监禁、羁押或拘禁之派遣国国民。但如受监禁、羁押或拘禁之国民明示反对为其采取行动时，领事官员应避免采取此种行动。”尽管派遣国领事开展领事通讯、领事探视，领事都应遵照接受国法律规章，但此项法律规章务须使本条所规定之权利之目的得以充分实现。也就是说，从公约文本上看，公约第36条的规定是为了便利领事执行职务，领事享有与本国国民的通讯、会见及联络的权利，开展领事探视的权利，提供领事协助的权利等。实践中，为了便利领事履行职务，各缔约国都制定了国内立法，例如，我国颁布了《领事特权与豁免条例》，英国通过了《领事关系法》，新加坡颁布了《外交和领事关系令》，澳大利亚制定了《领事特权与豁免法》，新西兰颁布了《领事特权和豁免法》，通过制定国内立法，具体规定了外交人员、领事官员等在接受国享有的特权与豁免，为其履行职责提供了便利。

至于《维也纳领事关系公约》第36条是否也包含了个人权利，该公约并未明示。实践中，围绕着《维也纳领事关系公约》第36条中是否也包含着个人权利发生了多起争议，第36条第1款（b）项的规定中所涉及的内容也成为多个案件的争议焦点，引发了多起国内诉讼和国际诉讼。其中核心问题在于：该条款是否规定了个人有权被告知通知领事、接受国有义务及时告知被逮捕拘禁的个人享有告知本国领事的权利、个人有权通知领事、接受国有义务及时通知本国领事的权利等内容，如果存在个人权利，则如何提供国内、国际救济等内容不仅涉及国内法中的程序规定和执法措施，也涉及国际法中个人权利的救济，国际人权法内容的发展。

从《维也纳领事关系公约》的缔约目的看，公约调整的是国家之间的领事关系，因此公约第36条的规定传统上被认为是规定了派遣国的权利，同时也为派遣国设定了义务。这种权利义务关系包括以下几个层面：

第一，派遣国权利的实现。派遣国享有与本国国民通讯及联络的权利，要实现这项权利，接受国就要允许这项自由也及于派遣国的国民，这样派遣国的会见、联络及与本国国民通讯的权利才有实现的可能，相应地，接受国就有保障这种自由的义务。

第二，特殊情况下的通讯及会见权利的实现。当派遣国国民被强制限制人身自由时，即发生了公约第 36 条第 1 款（b）项中的情况时，“当接受国国民被逮捕、监禁或羁押候审、或受其他方式之拘禁时”，此时，派遣国国民无法自由与其本国领事会见、通讯与联络，所有与本国领事的会见、通讯与联络需要依靠“接受国主管当局应迅即通知”。若要实现迅即通知，公约中规定的是应经其本人请求。如果被逮捕、监禁或羁押候审、或受其他方式之拘禁的外国国民请求，则接受国应迅即通知该国领事；如果被逮捕、监禁或羁押候审、或受其他方式之拘禁的外国国民未提出请求，则接受国是否就无须通知？

公约第 36 条的规定很简洁，但是也模糊了很多重要环节，具体包括：第一，未区分提出请求情形的理由。实践中，被逮捕、监禁或羁押候审、或受其他方式之拘禁的外国国民未提出通知领事的理由有多种：可能是拒绝通知，也有可能是不知道有通知的权利。如果被逮捕、监禁或羁押候审、或受其他方式之拘禁的外国国民本人拒绝通知，则接受国是否就一定无须通知？如果理由是被逮捕、监禁或羁押候审、或受其他方式之拘禁的外国国民本人不知道其享有与领事通讯、会见及联络的自由，接受国当局也没有告知其享有这种自由，此时，接受国是否应当为未尽到通知义务而承担责任？在“拉格兰德案”、“阿韦纳案”、“贾达夫案”中都涉及该内容。第二，《维也纳领事关系公约》第 36 条第 1 款（b）项规定“该当局应将本款规定之权利迅即告知当事人”，此处的“本款规定之权利”是谁的权利？是当事人自己享有的权利还是派遣国享有的权利？

四、国际法院管辖权的有限性

从立法技术看，《维也纳领事关系公约》这种立法形式可以保障该公约的最大适用性。目前，该公约已经成为全球普遍适用的条约之一，公约中规定的内容已经得到了国际社会的普遍接受。另一方面，这种区分立法形式也开启了将传统的领事法争端引入国际法院解决的先河，这被认为是打开了通往司法解决机制的大门。已经批准议定书的缔约国通过将与公约解释和适用相关的争议提交国际法院解决，实现了联合国和平解决国际争端的目标，这也被认为是1963年维也纳领事关系会议的成功之处，即完成了对违反领事法义务的争端的任择强制管辖。国际法院的实践也表明，通过审理与《维也纳领事关系公约》解释和适用相关的案例，进一步发展了领事法的内容，深化了领事法的内涵，为古老的领事法注入了更多现代国际法价值。

围绕《维也纳领事关系公约》第36条的解释和适用相继发生了五起诉讼，这也反映出《维也纳领事关系公约》的内容还存在模糊性和弹性，该公约中的某些内容有待继续补充和发展，在一定程度上反映出一般国际法理论和实际的新发展对国际法传统领域产生了重大影响。国际法院在相关案例中对《维也纳条约法公约》相关条款的解释和适用的阐释，反映出将当前国际法理论应用于国际法传统领域的新实践，从某种意义上说，这也是对《维也纳领事关系公约》相关条款的一种革新。尽管领事法是国际法中最古老的内容之一，但是在新的变局中，领事法也因一般国际法的变化而变化。

但是，《维也纳领事关系公约》和《任择议定书》中都没有对退出机制做出规定，如果缔约国对国际法院的裁决不满意，可以选择退出《任择议定书》，这意味着缔约国将相关争议诉诸国际法院的实践依然充满不确定性。实践中，在“拉格兰德案”、“阿韦纳案”以及“阿韦纳案的执行案”中，国际法院都裁定美国的做法违反了《维也纳领事关系公约》第36条的规定，美国最终选择退出《任择议定书》。美国于2005年3月7日通知联合国秘书长，提出：“美利坚合众国政府于1963年4月24日在维也纳签订《维也纳领事关系公约关于强制解决争端的任择议定书》。本函构成美利坚合众国特此退出上述议定书的通知。由于这一退出，美国将不再承认该议定书所反映的国际法院的管辖权。”① 尽管也有学者对美国这种通知

① https：//treaties. un. org/pages/ViewDetails. aspx？src=TREATY&mtdsg_no=III-8&chapter=3#1。

退出行为的法律效力表示质疑，但是美国确实不再是《任择议定书》缔约方。美国退出《任择议定书》的行为并不影响美国作为《维也纳领事关系公约》缔约国的身份，美国依然是《维也纳领事关系公约》的缔约国，《维也纳领事关系公约》对其依然具有法律拘束力，但是任何有关《维也纳领事关系公约》的解释和适用的争议，美国目前都不再接受国际法院依据《任择议定书》的规定建立任择强制管辖权。“将来遇有类似情形的国家是否也选择单边退出国际法院的管辖权依然是一个开放性问题……很有可能国际法院任择强制管辖权将被进一步缩减。”① 从美国退出《任择议定书》的实践以及国际法院的判决执行效果看，国际法院的管辖权和国际法判决执行不再被视为严格的因果关系。这不仅仅是《维也纳领事关系公约》和《任择议定书》的规定问题，也是司法解决国际争议方式始终会面临的难题。

第三节 国际法院的相关实践

一、巴拉圭诉美国（临时措施）案

1998 年 4 月 4 日，巴拉圭根据《维也纳领事关系公约》附带《任择议定书》第 1 条的规定，在国际法院起诉美国。

（一）巴拉圭的诉求

巴拉圭在请求书指出，美国弗吉尼亚州当局于 1992 年逮捕了巴拉圭国民 Angel Francisco Breard。1993 年，弗吉尼亚州一审法院（阿林顿县巡回法院）以谋杀罪判处 Breard 死刑，但是在这个过程中，弗吉尼亚州有关当局并未根据《维也纳领事关系公约》第 36 条第第 1 款（b）项的规定，告知 Breard 根据该条款应享有的权利。按照规定，Breard 有权要求弗吉尼亚

① A. Lamzon: Jurisdictional and compliance in recent decisions of the International Court of justice, *European Journal of International Law*, 2007, 815（18）.

州当局将其被捕和拘留一事立即通知巴拉圭驻美国领事，并有权与领事馆联系。巴拉圭还指出，弗吉尼亚州当局从未将 Breard 被拘留一事通知巴拉圭领事官员，在巴拉圭政府自行得知 Breard 在美国被关押后，巴拉圭驻美国领事官员自 1996 年起向其提供领事协助。尽管 Breard 之后向美国联邦法院申请了人身保护令状，但未获成功。美国联邦初审法院根据“程序缺失”原则，拒绝给与其在该法院首次援引《维也纳领事关系公约》第 36 条规定的权利。后联邦上诉法院亦维持一审判决，并决定于 1998 年 4 月 14 日对 Breard 执行死刑。

Breard 用尽了其有权采用的所有法律救助办法，包括向美国最高法院申请发出调取案件复审的令状，请其自行斟酌复审下级法院的裁决，并在复审前延缓死刑的执行。巴拉圭在 1996 年也向美国联邦法院提起诉讼，请求废止对 Breard 提出的诉讼，但联邦初审法院和联邦上诉法院均认为它们对该案无管辖权，因为有关联邦各州享有“主权豁免”的原则。巴拉圭另外还向美国政府开展外交工作，请美国国务院进行斡旋。

巴拉圭认为，美国违反了其根据《维也纳领事关系公约》第 36 条第 1 款（b）项规定的义务。由于美国弗吉尼亚州有关当局未告知 Breard 其享有的权利，使得巴拉圭不能行使该公约第 5 条和第 36 条规定的领事职能，尤其是确保巴拉圭及其国民在美国的利益得到保护。正因为如此，巴拉圭驻美国领事也不能同 Breard 取得联系，未能及时开展领事探视，因此未能给予其必要的领事协助。在不了解美国和巴拉圭刑事司法制度根本不同的情况下，在没有翻译的情况下，巴拉圭认为 Breard 在刑事诉讼中做出了客观上不合理的决定。

巴拉圭请求国际法院裁定：第一，美国对 Breard 进行逮捕、拘留、审判、定罪和判刑，违反了其承担的《维也纳领事关系公约》第 5 条和第 36 条规定的法律义务；第二，巴拉圭有权要求恢复原状；第三，美国不得用包括“程序缺失原则”在内的原则或其国内法的其他任何原则来妨碍《维也纳领事关系公约》第 36 条所赋权利的行使；第四，美国有义务纠正其对 Breard 的错误行为，并确保在其境内对任何其他巴拉圭国民进行拘留或提起刑事诉讼时，应保障其承担的《维也纳领事关系公约》第 36 条下的国际法律义务实现，不管采取这些行动的是制宪机构、立法机构、行政机构、司法机构还是其他机构，也无论这一机构在美国体制中是属于最高级地位还是下级地位，也不管该机构的职能是国际性的还是国内性的。因此，美国应恢复原状，即回到在违背美国的国际法律义务情况下对巴拉圭国民进行拘留、起诉、定罪和判刑之前的局面。

（二）该案涉及的临时措施

考虑到 Breard 将被执行死刑这一紧急情况，巴拉圭于同日即 1998 年 4 月 3 日提交了一项紧急请求，请求国际法院指示采取临时措施，要求美国政府采取必要措施，确保 Breard 在本案未处理完之前不被处决；同时，美国政府向国际法院报告执行行动以及这些行动的结果；美国政府应确保不因国际法院对本案案情实质作出的任何裁决而采取任何可能危害巴拉圭权利的行动。

1998 年 4 月 4 日，国际法院在命令中一致指示美国应采取其可以采取的一切措施，以确保 Breard 在本诉讼作出最后裁决前不被处决，并应将其为执行本命令所采取的所有措施通知国际法院。[①] 由于国际法院临时措施命令不具有法律拘束力，美国于 1998 年 4 月 14 日对 Breard 执行死刑。

由于案件利害关系人已经不在，1998 年 11 月 2 日，巴拉圭写信通知国际法院，希望撤销这项诉讼，并请求把案件从清单上消除。在美国通知国际法院其同意巴拉圭的请求后，国际法院于 1998 年 11 月 10 日发布命令撤销该案。[②]

---

① Vienna Convention on Consular Relations（Paraguay v. United States of America），Order of 9 April 1998，I. C. J. Reports 1998，p. 266.

② United States of America，Order of 10 November 1998，I. C. J. Reports 1998，p. 426.

二、拉格兰德案（德国诉美国）

1999年3月2日，德国在国际法院起诉美国。[①] 德国诉称美国对拉格兰德兄弟二人的做法违反了《维也纳领事关系公约》第36条和第5条的规定，并要求美国承担相应的国家责任。案件基本事实是：卡尔·拉格兰德和沃尔特·拉格兰德兄弟二人虽然居住在美国，但是是德国公民。1982年1月7日，拉格兰德兄弟二人因涉嫌抢劫银行和谋杀，被美国亚利桑那州警方逮捕。1984年2月17日，卡尔·拉格兰德和沃尔特·拉格兰德在亚利桑那州法院被起诉，1984年12月14日被亚利桑那州法院判处死刑。从逮捕到审判、判决的全过程中，亚利桑那州有关部门从未告知卡尔·拉格兰德和沃尔特·拉格兰德兄弟二人其有与本国领事联系并获得领事探视的权利，根据《维也纳领事关系公约》第36条的规定，德国驻美领事也有与本国国民通讯的权利，包括开展领事探视；根据《维也纳领事关系公约》第5条的规定，德国驻美领事有保护德国国民的义务，包括进行领事探视、开展领事协助、为其聘请律师、解释美国法律体系等，还包括德国驻美领事监督整个诉讼过程是否合法，以及在羁押期间美国有关当局是否为该兄弟二人尽到了人道主义待遇。但是德国驻美国领事始终不知道该兄弟二人被逮捕、羁押候审甚至被判处死刑，以及执行死刑。1999年2月24日，卡尔·拉格兰德被执行死刑。德国直到1999年6月才得知其本国国民卡尔·拉格兰德和沃尔特·拉格兰德在美国亚利桑那州被逮捕、羁押候审、审判并被判处死刑的情况。德国虽然做出了种种努力，但是亚利桑那州高等法院最终以不得违反“程序缺失原则”为由，维持原判。1999年3月3日，沃尔特·拉格兰德将被执行死刑。

考虑到美国和德国都是《维也纳领事关系公约》和《维也纳领事关系公约关于强制解决争端的任择议定书》的缔约方，都接受国际法院的管辖

---

① LaGrand (Germany v. United States of American), Judgement, I. C. J. Reports 2001, p. 466.

权，1999 年 3 月 2 日，德国在国际法院起诉美国，同时请求国际法院根据《国际法院规约》签发临时措施指示。德国在起诉请求书中诉称，美国亚利桑那州当局于 1982 年拘禁了两名德国国民，即卡尔・拉格兰德和沃尔特・拉格兰德，经审判并判处兄弟二人死刑。但是在整个过程中，美国有关当局并未按照《维也纳领事关系公约》第 36 条第 1 款（b）项的规定告知卡尔・拉格兰德和沃尔特・拉格兰德兄弟二人其依据该项规定享有的权利。此外，德国声称，由于美国未毫不迟延地通知德国领事官员，德国领事官员未能根据《维也纳领事关系公约》第 5 条和第 36 条的规定，在美国法院的审判与上诉阶段保护其国民的利益。

德国诉请国际法院裁决并宣告：第一，美国在逮捕、拘禁、审判、定罪和判决卡尔・拉格兰德和沃尔特・拉格兰德兄弟二人的过程中，未尽到领事通知义务，违反了《维也纳领事关系公约》第 5 条和第 36 条规定的国际法义务；第二，德国有权获得赔偿；第三，美国不得以“程序缺失”为由排除适用《维也纳领事关系公约》中规定的卡尔・拉格兰德和沃尔特・拉格兰德兄弟、德国所享有的各项权利，这是美国的义务；第四，美国应保证履行其国际义务。今后对其境内任何其他德国国民实施拘禁或采取刑事诉讼时，必须符合上述国际法中义务，不论其运用宪法、法律、行政、司法或其他权力，也不论该权力在美国组织中是否具有超然或附属地位，亦不论其权力的功能和性质。

基于此，德国还主张美国亚利桑那州法院对卡尔・拉格兰德和沃尔特・拉格兰德兄弟二人所作出的刑事判决无效。美国应为 1999 年 2 月 24 日处决卡尔・拉格兰德的行为承担国家责任，包括以补偿和赔偿。此外，美国还应对沃尔特・拉格兰德承担国家责任，将沃尔特・拉格兰德案恢复原状，即恢复到其权利未受到损害前的状态。最后，美国还应向德国保证不再发生此种非法行为。在临时措施申请中，德国还主张美国应采取一切可能的措施确保沃尔特・拉格兰德在这场诉讼最后裁决以前不会被处决。

国际法院于1999年3月3日发布紧急临时措施命令①，认为美国未尽到《维也纳领事关系公约》第36条规定的领事通知和领事会见义务构成了宪法规则上的“程序缺失”，因此美国应采取一切可能的措施，确保在最后裁决之前不处决沃尔特·拉格兰德，美国政府应将国际法院的命令转交给亚利桑那州州长。美国认为执行公约第36条就如对国内程序规则的上诉法院，因为一般情况下，国际争议解决机构不会宣布一国国内立法违反国际法。但国际法院驳回了美国的主张，并在历史上第一次确认了临时措施具有法律效力，并要求美国停止执行死刑。但是，该临时措施并没有得到有效的遵守，美国最终将沃尔特·拉格兰德执行死刑。

美国提出，美国的主管当局未能依据《维也纳领事关系公约》第36条的要求，没有毫不迟延地告知卡尔·拉格兰德和沃尔特·拉格兰德有关权利，美国违反了其根据《维也纳领事关系公约》第36条第1款（b）项规定对德国承担的义务，美国已就此违约行为向德国道歉，并正在采取实质性措施来防止此种违约行为再度发生。

2001年6月27日，国际法院作出判决，第一，裁定美国在逮捕卡尔·拉格兰德和沃尔特·拉格兰德后未尽到毫不延迟地告知的义务，告知其根据《维也纳领事关系公约》第36条第1款（b）项规定所拥有的权利，从而剥夺了德国及时向有关个人提供公约所规定的协助的可能性，因此美国违反了其根据《维也纳领事关系公约》第36条第1款对德国以及对卡尔·拉格兰德和沃尔特·拉格兰德兄弟二人承担的义务；第二，国际法院还裁定美国在实施上述违法行为后，也未能允许根据《维也纳领事关系公约》规定的权利来复审和重新考虑对卡尔·拉格兰德和沃尔特·拉格兰德兄弟二人的定罪和判刑，因此美国违反了其根据《维也纳领事关系公约》第36条第2款对德国及对卡尔·拉格兰德和沃尔特·拉格兰德兄弟二人承担的义务。国际法院裁定美国未能采取一切可能的措施确保在国际法

① 拉格兰德案（德国诉美国），1999年3月3日临时措施命令，1999年国际法院判例汇编，第9页。

院作出终局裁判前不处决沃尔特·拉格兰德，因此违反了1999年3月3日国际法院的临时措施命令。

围绕着“拉格兰德案”，在美国国内以及国际社会上引发了一系列争论。在“拉格兰德案”中，主要涉及如下几个问题：公约第36条规定的内容究竟是个人权利还是缔约国的权利？这种权利是否能由个人行使？各个缔约国国内程序法能否以“程序缺失”为由阻止公约第36条规定的内容在国内程序法中适用？如果未能适用，能否以违反正当程序为由主张无效？国际法院的临时措施对于成员国是否有拘束力？虽然拉格兰德案件表面仅涉及对《维也纳领事关系公约》第36条的解释和适用问题，但是仔细考察案件涉及的内容以及各方的诉求，会发现这个问题不仅是对公约条款的解释问题，还涉及公约中的规定在国内适用的问题，以及对违反公约中权利的行为如何开展国内救济问题。

上述问题的讨论并未因该案结束而终止，在美国国内类似的问题还在发生。“近年来有关被逮捕或者拘禁的外国人提起的领事通知权的诉讼在美国呈现爆炸式增长，在最近的十年中，已经差不多有400多起涉及《维也纳领事关系公约》的案件在联邦法院提起，此外，美国在国际法院也三次被诉。”[①] 因此，围绕着《维也纳领事关系公约》第36条的解释和适用并不是一个个案问题，第36条中的权利还未被充分保护。

国际法院在“拉格兰德案”中所作判决被认为至少在两个方面“开辟了新天地”：首先，国际法院此前从未判决，令一个国家因为在刑事程序中未能遵守《维也纳领事关系公约》第36条的规定而被追究责任。其次，国际法院指示主权国家在刑事程序中纳入一个新程序，即审查和重新考虑，但将执行该命令的具体措施留给主权国家灵活处理。[②]

---

① Cindy Galway Buys, Scott D. Pollock & Ioana Navarette Pellicer: Do unto others: the importance of better compliance with consular notification rights, 21 DUKE J. COMP. &INT'l L., (2011), p.461.

② Peter A. Heinlein: The U.S. and German interpretations of the Vienna Convention on consular relations: is any constitutional court really cosmopolitan? *Maryland Journal of International Law*, 2010, Vol. 25.

“拉格兰德案”被认为具有重要的国际法意义：第一，国际法院在该案中重新阐释了《维也纳领事关系公约》第36条的含义，为本来适用于国家之间的领事关系公约的内容赋予了新含义。国际法院认为《维也纳领事关系公约》第36条包含了个人权利，通过对第36条的灵活解释，国际法院为个人赋权，个人权利保护得到彰显。第二，国际法院在该案中签发了临时措施，这是国际法院首次采取临时措施的方式以终止一项国内死刑命令。《联合国国际法院规则》第73至78条规定，国际法院采取临时措施旨在就实质问题作出判决之前保护各方的权利，并保证国际法院的判决效力。正如国际法院在渔业管辖权案中所指出的，“以保全争端方各自的权利为目标，并假定不对司法过程中争议的问题即权利，造成无法弥补的损害”。临时措施的另一个目的是维持原状。在“拉格兰德案”中，德国向国际法院申请采取临时措施以维持原状。尽管当事国并不一定遵守临时措施——在“拉格兰德案”中，美国依然处决了德国国民——但是，采取临时措施以终止国内判决执行的做法被效仿。例如，在“阿韦纳案”中，墨西哥也提出了类似的主张。这种反复的实践一方面引发了国际社会对于国际法院临时措施效力的讨论，另一方面也进一步促使国际社会讨论如何在国内法层面对违反《维也纳领事关系公约》第36条的行为予以救济。在国内法层面，在执法程序和刑事诉讼程序中，如果当事国违反了第36条所规定的义务，是否能援引国内法上的程序救济规则？或者说，国内是否有这样的程序规则？在国际法层面，如果接受国违反了第36条所规定的义务，国际法院能判定当事国采取何种救济措施？能否要求赔偿，还是仅仅是做出判断，救济措施留给当事国。

三、阿韦纳和其他墨西哥国民案（墨西哥诉美国）

墨西哥于2003年1月9日在国际法院起诉美国，指称有54名墨西哥国民在加利福尼亚州、得克萨斯州、伊利诺伊州、亚利桑那州、阿肯色州、佛罗里达州、内华达州、俄亥俄州、俄克拉荷马州和俄勒冈州分别被判处死刑。墨西哥指出，美国有关当局在审理这些案件时，都未尽到《维也纳领事关系公约》第36条规定的毫不迟延地告知的义务，未告知这些被逮捕拘禁的墨西哥国民有权获得墨西哥驻美国领事协助。墨西哥认为，在这些案件中，至少有49起案件可证实，没有证据表明美国主管机关曾经设法先履行《维也纳领事关系公约》第36条规定的义务，然后再审判这些墨西哥国民，加以定罪并判处死刑。虽然在其中的4起案件中，美国有关当局显然已试图遵循第36条的规定，但是仍然未尽到“毫不迟延地”通知的义务；在其中一起案件中，被拘禁的国民已经被告知其有权通知领事和获得领事协助以处理其移民手续，但不涉及未结案的可判死刑的指控。

（一）墨西哥的请求

墨西哥要求国际法院裁定并宣告：①请求书内所述美国逮捕、拘禁和审判54名墨西哥国民并且加以定罪和处以死刑的行为均已违反美国依照《维也纳领事关系公约》第5条和第36条规定对墨西哥所承担的法律义务，侵害了墨西哥本国权利和墨西哥行使对其国民进行领事保护的权利；②墨西哥请求恢复原状；③美国应对其行为进行补救，包括美国不应妨碍《维也纳领事关系公约》第36条所规定权利的行使，不能以国内法中的“程序缺失”为由不履行其承担的国际法义务；④对被拘禁或起诉等待执行死刑的54名墨西哥国民或美国境内任何其他的墨西哥国民，美国应当遵照并履行第36条规定的国际法义务，不论是宪政机关、立法机关、执行机关、司法机关或其他机关，也无论该机关在美国的组织体系中是处于上级的或下级的地位，也不论该机关的职能是国际性的或是国内性的。

在诉求中，墨西哥专门指出《维也纳领事关系公约》所规定的应向领事发出通知的权利是一项人权。据此，墨西哥提出的救济措施包括：①美国必须恢复原状，即恢复到在美国违反其国际义务的情况下拘禁和起诉墨西哥国民和加以定罪和判刑之前所存在的状况；②美国必须采取充分的必要步骤，以确保美国的国内法规定能全面实现第 36 条所维护的权利的原本宗旨；③美国必须采取充分的必要步骤，采取法律上切实的补偿方法以弥补因违反《维也纳领事关系公约》第 36 条规定的法律义务而给墨西哥及其国民的权利受到侵犯所遭受的损失；④美国要保证不再重犯。

墨西哥还于 2003 年 1 月 1 日申请临时措施。2003 年 2 月 5 日，国际法院通过了一项临时措施，裁定美国应采取“一切必要措施”以确保在法院宣布终局判决之前不处决措施中所列明的墨西哥国民。

（二）美国的抗辩

美国称美国的行为符合国际法院对“拉格兰德案”的裁决，不仅是对德国国民而言，而且符合在该案中对所有被拘留的外国国民。故美国请求驳回起诉。

（三）临时措施的适用

鉴于美国违背了其对墨西哥的义务，并将处决一名墨西哥公民，以致构成十分严重和紧迫的危险，墨西哥于 2003 年 1 月 9 日提出要求指示临时措施的紧急请求，请求国际法院在宣布终局判决之前应指示美国采取一切措施，以确保不处决墨西哥国民，而且不对任何墨西哥国民规定任何处决日期；指示美国必须向国际法院报告它在这方面已采取的行动，并且指示美国须确保不会采取可能影响到墨西哥合众国或其国民关于法院可能就本案案件实质作出的任何裁判的权利的任何行动。但美国却要求国际法院拒绝该项请求而且不指示任何此类措施。

2003 年 2 月 5 日，国际法院以一致方式通过了一件命令以指示临时措施，命令美国应当采取“一切必要措施”以确保在国际法院终局判决之前不处决墨西哥国民，裁定美利坚合众国应当告知国际法院为执行该命令所采取的一切措施，并且裁定在国际法院作出其终局判决之前，法院应继续处理作为该命令的主体的本件案件。

（四）国际法院的判决

2004 年 3 月 31 日，国际法院对该案作出判决：①美国拘禁 51 名墨西哥国民时，没有尽到毫不迟延地告知其根据《维也纳领事关系公约》第 36 条第 1 款（b）项所应享有的权利，构成对第 36 条所规定的义务的违反；②美国在拘禁其中的 49 名墨西哥国民时，未及时通知墨西哥领事官员，剥夺了墨西哥根据《维也纳领事关系公约》规定的有权开展领事探视和协助的权利，构成对公约第 36 条第 1 款（b）项和（c）项规定的义务的违反；③美国在知晓其违法行为后，仍未根据《维也纳领事关系公约》的规定，对某些裁决和判决进行审核和重新考虑，违反了《维也纳领事关系公约》第 36 条第 2 款规定的义务；④美国应给与适当赔偿并要承诺不再重犯；⑤如果仍然存在侵害墨西哥国民权利的情况，美国应重新审核和重新考虑定罪和判决。①

该案中，尽管墨西哥请求国际法院确认《维也纳领事关系公约》第 36 条中所规定的告知和通知本国领事的权利是一项人权，但是美国认为公约第 36 条并没有规定个人的权利。国际法院在 2004 年 3 月 31 日作出的判决中确认公约第 36 条赋予外国国民个人以权利，而且这种权利是可以在美国国内法律体系中主张保护的权利。但是，国际法院并没有明确第 36 条规定的告知和通知领事的权利是一项人权。

四、请求解释有关阿韦纳和其他墨西哥国民案的判决

2008 年 6 月 5 日，墨西哥在国际法院起诉美国，诉请国际法院就 2004 年 3 月 31 日作出的阿韦纳和其他墨西哥国民案判决作出解释。墨西哥在提出解释请求的同时，附有一项指示临时措施的请求，理由是“有明显理由［采取这些措施］以便保护墨西哥的最高利益，即其国民的生命，并且确保法院能够就墨西哥所寻求的补救发出命令”。

墨西哥诉称，国际法院在 2004 年 3 月 31 日对阿韦纳和其他墨西哥国民案已经作出了判决，其中明确了美国应当承担的国际义务，“‘阿韦纳

---

① Avena and Other Mexican Nationals（Mexico v. United States of America）, Judgment, I. C. J. Reports 2004, p. 12.

案'判决书的……关键措辞确定了美国应承担的结果义务"，但是"美国显然把判决理解成只构成手段的义务"。墨西哥认为美国必须在国内程序上提供必要的复核和复议程序。美国最高法院在"麦德林案"中判定，虽然美国根据国际法有义务执行国际法院的判决，但是国际法院判决在美国国内法院并没有直接效力，根据美国宪法的规定，美国总统选择的执行手段是不存在的，而应通过美国国会立法或得克萨斯州自愿执行的其他手段来救济。对此，墨西哥认为美国的这个决定是不符合国际法院判决的执行要求的，因为判决中明确了美国可以通过多种方式，包括在联邦或州一级的立法行动，或州法院或州立法机构的行为履行其责任。墨西哥请求国际法院裁定并宣布阿韦纳案件判决第 153（9）段规定的美国承担的义务是一种结果义务，因此美国应采取任何和一切必要步骤，开展阿韦纳案件判决中所提出的复议和重新审核。

2008 年 7 月 16 日，国际法院发出命令，指示采取临时措施，要求美国应采取一切必要措施，确保在就墨西哥合众国提出的解释请求作出判决之前，不对墨西哥国民 José Ernesto Medellín Rojas 等五人执行死刑判决，直到这五位墨西哥国民得到符合 2004 年 3 月 31 日阿韦纳和其他墨西哥国民案所作判决中要求的复核和复议完成之后。

2008 年 8 月 28 日，墨西哥通知国际法院，José Ernesto Medellín Rojas 已于 2008 年 8 月 5 日在美国得克萨斯州被执行死刑判决。

2009 年 1 月 19 日，国际法院判决：①裁定墨西哥所宣称当事双方之间有争议而需要按照《国际法院规约》第 60 条的规定加以解释的事项，不属于法院在其 2004 年 3 月 31 日对阿韦纳和其他墨西哥国民案所作的判决中裁定的事项，因此不存在墨西哥所请求的加以解释的问题；②裁定在"麦德林案"中，美国违反了临时措施命令；③重申美国在阿韦纳案判决书下的义务继续具有约束力；④拒绝墨西哥提出的保证美国不再重犯的请求，也拒绝墨西哥所有进一步要求。

五、贾达夫案

2017年5月8日，印度在国际法院起诉巴基斯坦[①]，诉称巴基斯坦自2016年3月拘留了印度国民贾达夫，并指控其代表印度进行间谍和恐怖主义活动，后被巴基斯坦军事法庭判处死刑。印度主张巴基斯坦的行为违反了1963年4月24日的《维也纳领事关系公约》的规定，包括：第一，违反了第36条第1款的规定，没有将拘留贾达夫的事件立即通知印度；第二，未毫不迟延地告知贾达夫其根据《维也纳领事关系公约》第36条所享有的权利；第三，拒绝印度的领事官员接触贾达夫。

（一）基本案情

2016年3月3日，巴基斯坦以贾达夫在巴基斯坦进行间谍活动和恐怖主义活动为由，逮捕并拘禁了贾达夫。经巴基斯坦军事法庭审判后，最终贾达夫被判处死刑。就具体的事实发生经过，印度和巴基斯坦存在不同的说法。印度提出，贾达夫从印度海军退休后一直生活在伊朗并在伊朗经商，贾达夫是被巴基斯坦从伊朗绑架并随后被移转到巴基斯坦的；而巴基斯坦则提出贾达夫是印度间谍，并从事恐怖主义活动，贾达夫在靠近伊朗和巴基斯坦边界的俾路支省地区非法入境时被巴基斯坦抓捕，据称其被巴基斯坦警方逮捕时，贾达夫先生持有印度护照，护照上的名字是Hussein Mubarak Patel，但是遭到印度否认。

2016年3月25日，巴基斯坦照会印度驻伊斯兰堡高级委员会，并递送了一份有关贾达夫承认其代表印度情报机构——印度调查分析局（Research and Analysis Wing）在巴基斯坦从事间谍和恐怖主义行为的录像。同日，巴基斯坦将该事件通知了联合国安理会常任理事国。印度驻伊斯兰堡高级委员会随即照会巴基斯坦外交部，指出巴基斯坦故意逮捕贾达夫并要求尽早安排印度领事对其进行领事探视。但是直到2017年10月9日，

---

① Jadhav (India v. Pakistan), Judgment, I. C. J. Reports 2019, p. 418.

印度提供了更多的书面文件后才最终确认贾达夫是其国民，并要求巴基斯坦安排印度驻巴基斯坦领事探视。

2016 年 4 月 8 日，巴基斯坦警方签发了“第一次信息通报”。这是一份有关所指称的刑事犯罪的官方文件。依据该文件，巴基斯坦警方启动了刑事调查程序，通报里还详细记录了贾达夫卷入的间谍和恐怖主义行为，以及巴基斯坦军事当局对其进行的交叉询问。2016 年 7 月 22 日，贾达夫先生在治安法官面前作出了认罪声明。

2016 年 9 月 21 日，巴基斯坦的某个军事法庭对贾达夫进行审判。有关审判的具体细节分别在 2017 年 4 月 10 日和 14 日在媒体上披露，从媒体披露的这些信息可以看出，该军事法庭是根据《1952 年军事法》（*Pakistan Army Act of* 1952）第 59 条、《1923 年官方秘密法》（*Official Secrets Act of* 1923）第 3 条的规定对贾达夫进行的审判。在审判开始后，巴基斯坦还专门指定了一名合格的法律专家为其辩护，并给与其额外的三周进行准备，证人也出庭进行了指证。

2017 年 1 月 2 日，巴基斯坦外交部法律顾问向联合国秘书长通报了贾达夫被逮捕和其供认犯罪的情况。巴基斯坦认为，印度卷入了损害巴基斯坦的行为中。2017 年 1 月 23 日，巴基斯坦外交部又向印度驻伊斯兰堡高级委员会递送了信函，请求印度协助调查，包括协助调取证据。信函中提到，根据联合国安全理事会通过的第 1373（2001）号决议《关于防止和制止恐怖主义对国际和平与安全造成威胁的措施》的内容，印度负有“在刑事问题和恐怖主义问题上提供互惠援助的保证”。巴基斯坦还声称，尽管其一再提醒，但直至法院审理之前，巴基斯坦始终没有收到印度关于这一请求的“实质性答复”。印度也提到了 2017 年 6 月 19 日和 12 月 11 日的两份普通照会，其中指出巴基斯坦的请求既没有法律依据，也没有提供可信证据。

2017 年 3 月 21 日，巴基斯坦外交部照会印度驻伊斯兰堡高级委员会，回应了印度要求领事探视的要求，并要求考虑“印方对巴基斯坦请求的刑事调查的回应和早期正义的伸张”。2017 年 3 月 31 日，印度答复说，“对贾达夫先生的领事探视将是首要要求，以便核实贾达夫先生在巴基斯坦的情况”。印巴双方在随后的外交照会中就此多次交换看法。

2017 年 4 月 10 日，巴基斯坦宣布判处贾达夫死刑。2017 年 4 月 14 日，巴基斯坦外交部发表的新闻声明中对此予以确认。该声明中还提到贾达夫可以采取以下补救方法，包括：宣判后被告人可以在 40 日内上诉到军事上诉法院；被告人可以就军事上诉法院的决定在 60 日内向陆军参谋长提交了一份请求；被告人还可以在陆军参谋长决定后 90 日内向巴基斯坦总统提交请愿书。

2017 年 4 月 26 日，印度驻伊斯兰堡高级委员会代表贾达夫先生的母亲向巴基斯坦转交了请求书，该请求是根据《巴基斯坦陆军法》第 133（B）条提出的“上诉”，也根据《巴基斯坦陆军法》第 131 条向巴基斯坦政府提交了请愿书。印度表示，因为巴基斯坦拒绝印度查阅贾达夫的案件档案，两份文件都只能根据在公共领域可获得的信息进行准备。

2017 年 5 月 8 日，印度向国际法院提交了请求书，对巴基斯坦提起诉讼。印度在请求书中称巴基斯坦在逮捕、拘留和审判印度国民库贾达夫的过程中，构成了对 1963 年《维也纳领事关系公约》的严重违反。目前，贾达夫已经被巴基斯坦一个军事法庭判处死刑。印度称，直到贾达夫被逮捕之后很久，印度才被告知贾达夫被拘留一事，并且巴基斯坦未能向被告人贾达夫说明其享有通知本国驻巴基斯坦领事并寻求帮助的权利，印度还称，印度是从新闻中获悉贾达夫被判处死刑的。印度当局于 2016 年 3 月 25 日被告知逮捕一事。印度诉称，该国在 2016 年 3 月 25 日及之后一再寻求对贾达夫先生进行领事探访。巴基斯坦当局不顾印度的一再请求，还剥夺了印度对贾达夫的领事探访权。印度主张，把对调查程序的协助与允许领事探访联系在一起，本身就是严重违反《维也纳领事关系公约》。

印度在其请求书中寻求下列救济：①以立即中止对贾达夫的死刑判决执行的方式提供救济。②请求恢复原状。宣告巴基斯坦军事法庭做出的判决违反国际法和《维也纳领事关系公约》第 36 条的规定，尤其是第 36 条第 1 款（b）项规定的领事通知权的规定，无视被告人享有的个人权利，这违反了《维也纳领事关系公约》的规定。巴基斯坦的行为同时也违反了 1966 年《公民权利和政治权利国际公约》第 14 条的内容。③制止巴基斯坦执行军事法院作出的死刑判决，并指示该国采取巴基斯坦法律规定其可采用的步骤，宣布军事法庭的裁判无效。④如果巴基斯坦无法撤销该决定，则国际法院应宣布巴基斯坦军事法院作出的判决违反了国际法，也违反了其承担的《维也纳领事关系公约》项下的义务。同时，国际法院应指示巴基斯坦立即释放被定罪的印度国民贾达夫。

2017 年 5 月 8 日，印度请求国际法院采取临时措施。印度在请求书中请求国际法院在实体的终局判决作出前采取以下临时措施：巴基斯坦应采取一切必要措施，确保贾达夫不被处决；巴基斯坦向国际法院报告其为遵守国际法下的义务所采取的行动；巴基斯坦确保其不采取任何行动以损害印度的权利，或者损害贾达夫在本案中涉及的任何有关的权利。

2017 年 5 月 9 日，国际法院院长根据《国际法院规则》第 74 条第 4 款的规定，向诉讼双方当事国发出了紧急函件，促请巴基斯坦在国际法院就采取临时措施的请求作出裁判之前，采取适当方式行事，从而使得国际法院将就该请求作出的任何命令都能够取得适当的效果。

2017 年 5 月 15 日，国际法院就印度提出的关于指示采取临时措施的请求进行了公开听审。2017 年 5 月 18 日，国际法院发布了命令，指示诉讼当事国应当采取以下临时措施，即巴基斯坦须采取一切其能够采取的措施，确保在本案诉讼终局判决作出之前不处决贾达夫，并应向国际法院通报巴基斯坦为执行该临时措施命令而采取的全部国内措施。同时，国际法院将继续审理构成本命令之事由的有关事项，直至作出终局判决。在 2017 年 6 月 13 日和 2018 年 1 月 17 日的命令中，国际法院明确了印度和巴基斯坦提交答辩状的时限。这两份书状均在设定的时限内提交。2019 年 2 月 18 日至 21 日举行了关于案件实质的公开听审。

就实体事项，印度政府请求国际法院裁定并宣告，巴基斯坦的下列行为严重违反了1963年《维也纳领事关系公约》第36条的规定：①未及时将拘留印度国民贾达夫一事通知印度；②在拘留贾达夫时，未告知贾达夫其根据1963年《维也纳领事关系公约》第36条享有的通知本国领事的权利；③不允许印度领事官员与贾达夫接触，这侵害了领事官员在贾达夫被逮捕、羁押候审或拘禁时，有权会见并与之交谈、通讯或代聘律师的权利。

据此，印度请求国际法院宣布：①巴基斯坦军事法庭已经作出的判决严重违反了国际法和《维也纳领事关系公约》的规定，包括第36条，特别是该条第1款（b）项规定的个人权利，同时也违反了贾达夫根据1966年《公民权利和政治权利国际公约》第14条的规定享有的基本人权；②巴基斯坦应当恢复原状；③宣布军事法庭的判决无效，阻止巴基斯坦以任何方式执行判决或定罪；④指示巴基斯坦立即释放印度国民贾达夫，并为其安全前往印度提供便利；⑤或者，如果法院裁定不释放贾达夫，那么宣布军事法庭的判决无效，并阻止巴基斯坦执行军事法庭的判决，或者还可以指示该国采取巴基斯坦法律规定其可采用的步骤，宣布军事法庭的裁判无效，无论哪种情况，都应排除贾达夫在未获领事探视的情况下提供的供词，并依据《公民权利和政治权利国际公约》的规定，根据普通法在民事法庭进行审判，并保障其享有的领事探视权，以及印度为其代聘律师的权利。

巴基斯坦请求国际法院根据巴基斯坦在书面诉状和口头陈述中所述的理由，宣布印度的申诉不可受理。同时，巴基斯坦请求国际法院驳回印度的全部诉求。

2019年7月17日，国际法院做出终局判决，该判决对诉讼双方具有约束力且不得上诉。国际法院在判决中指出，根据1963年4月24日《维也纳领事关系公约关于强制解决争端的任择议定书》（以下称《任择议定书》）第1条的规定，国际法院对本案有管辖权，并驳回了巴基斯坦的反对意见。国际法院还判决：①巴基斯坦未立即告知贾达夫其享有《维也纳领事关系公约》第36条第1款（b）项规定的权利，违反了依据该条款应当承担的义务；②巴基斯坦未立即通知印度驻巴基斯坦的领馆官员，这违反了依据《维也纳领事关系公约》第36条第1款（b）项规定所承担的义务；③巴基斯坦剥夺了印度领事会见和与贾达夫通讯的权利，这同时违反了《维也纳领事关系公约》第36条第1款（a）和（c）项规定的义务；④巴基斯坦负有毫不迟延地告知贾达夫的义务；⑤巴基斯坦有义务立即中止执行裁决，以对贾达夫的定罪和判决进行有效的审查和重新考量。

（二）国际法院建立管辖权的基础

国际法院根据1963年4月24日《维也纳领事关系公约关于强制解决争端之任择议定书》第1条的规定，裁定国际法院对该案有管辖权，有权审理印度于2017年5月8日提出的请求书中的诉求；同时驳回了巴基斯坦对印度请求书可受理性的反对意见。国际法院指出，印度在起诉该案时，印度和巴基斯坦都是《维也纳领事关系公约》和《任择议定书》的缔约国，《维也纳领事关系公约》已经于1977年12月28日对印度生效，于1969年5月14日对巴基斯坦生效，两国对《维也纳领事关系公约》和《任择议定书》没有提出过保留和声明。据此，印度主张根据《维也纳领事关系公约》第36条第1款，以及《任择议定书》第1条建立管辖权。其中《任择议定书》第1条规定，"公约解释或适用上发生之争端均属国际法院强制管辖范围，因此争端之任何一造如系本议定书之当事国，得以请求书将争端提交国际法院"。而本案涉及的争端就是有关《维也纳领事关系公约》第36条第1款的解释和适用，涉及印度国民贾达夫被逮捕、羁押候审、拘禁和判刑时所涉及的领事协助问题。巴基斯坦对此未提出异议，因此国际法院对本案具有属人以及属事管辖权。

但是，针对印度提出的要求宣布巴基斯坦侵犯了贾达夫根据1966年《公民权利和政治权利公约》第14条所享有的"基本人权"这一项内容，国际法院并未认可。国际法院认为，考虑到本案中的管辖权是基于《任择议定书》第1条的规定，本案管辖权仅限于《维也纳领事关系公约》相关的内容，而不扩展到确定其他违反国际法义务的行为。但这一结论并不妨碍国际法院顾及其他与解释和适用《维也纳领事关系公约》相关的国际法义务。也就是说，国际法院依据《维也纳领事关系公约》和《任择议定书》建立管辖权，同时这种管辖权建立的基础也局限了国际法院审理范围。

（三）案件的可受理性

关于案件的可受理性，巴基斯坦对案件的可受理性提出了三点异议，具体包括：印度的主张构成滥用程序、权利滥用、非法行为。国际法院对案件的可受理性逐个进行了阐释。

1. 巴基斯坦认为，印度在两个方面构成滥用程序：一是印度于2017年5月8日请求国际法院采取临时措施时，未考虑到存在请求宽大处理的宪法权利请求；二是印度于2017年5月8日在国际法院提起诉讼之前，未根据《任择议定书》第2条和第3条的规定考虑适用其他争端解决机制。

但是国际法院驳回了巴基斯坦的上述异议。就第一点，国际法院认为巴基斯坦为支持其主张而提及的请愿书具有相当大的不确定性；就第二点，国际法院认为《任择议定书》中的任何条款都未规定国际法院行使管辖权的先决条件，因此印度在本案中没有义务在2017年5月8日提起诉讼前运用其他争端解决机制。

2. 巴基斯坦的第二个反对意见认为印度在三个方面构成了权利滥用：第一，印度拒绝提供贾达夫拥有印度国籍的“证据”，即有其真实姓名的真实护照，而其有这样做的义务；第二，印度拒绝就贾达夫的刑事调查和刑事证据取得提供帮助；第三，印度授权贾达夫携带“伪造的真实护照”穿越印度边境，以进行间谍活动和恐怖主义活动。为此，巴基斯坦还援引了联合国安理会第1373号（2001年）决议下的反恐义务。

针对巴基斯坦的异议，国际法院回顾了其在涉及豁免和刑事程序案（厄瓜多尔、肯尼亚诉法国案）判决中的初步意见，国际法院认为如果争议的权利是讼争焦点，则权利滥用不能作为不得受理的理由。国际法院接着指出，如果印度未能提供含贾达夫真实姓名的真实护照，这就说明巴基斯坦意在指印度未能证明贾达夫的国籍。就这点而言，国际法院注意到证据表明贾达夫是印度国民，因此，国际法院认为毫无疑问，贾达夫具有印度国籍。

巴基斯坦还援引了安理会第1373号决议，认为印度没有回应巴基斯坦提出的请求，没有就贾达夫参与间谍和恐怖主义活动提供法律调查协助，违反了印度承担的第1373号决议下的义务。国际法院认为，本质上，巴基斯坦似乎认为印度不能请求给贾达夫提供领事协助，同时还违反了其承担的国际法义务。但是巴基斯坦未能清晰阐明这些主张和印度诉求的关系，在法院看来，这些主张都是法律问题，不能援引作为不可受理性的依据。

因此，国际法院驳回了巴基斯坦对印度申请的可受理性的第二点异议。国际法院将在处理具体案情和实体问题时继续处理上述问题。

3. 巴基斯坦请求国际法院以印度的行为构成非法行为理由驳回印度的起诉。巴基斯坦援引了“净手”原则、“不法行为不产生诉权”原则和“不法行为不产生权利”原则等。巴基斯坦指出，这体现为印度未能回应巴基斯坦提出的协助调查贾达夫的请求，印度为其提供了写有假名字的真护照，并且其应对贾达夫在巴基斯坦进行的间谍活动和恐怖主义活动负责。

印度认为，巴基斯坦的主张缺乏依据。印度认为，作为缔约国，任何时候接受国都有义务履行《维也纳领事关系公约》第36条下的义务。

国际法院并不认为“净手”原则是考虑案件可受理性的标准。国际法院指出，在关于某些伊朗资产的案件（伊朗伊斯兰共和国诉美利坚合众国）中，裁定“即使表明申请人的行为并非无可指责，这本身不足以支持被申请人援引‘净手’原则就可受理性提出反对意见”。因此，法院认为巴基斯坦的主张不能被接受。就巴基斯坦援引的“不法行为不产生诉权”，国际法院指出该原则是常设国际法院在霍茹夫工厂案中提出的，但是在本案中，巴基斯坦未能阐明印度存在不法行为，因此不能以此作为抗辩依据。至于“不法行为不产生权利”，国际法院认为在本案中并不适用。基于以上原因，国际法院认为，巴基斯坦提出的异议都不能成立，并驳回了巴基斯坦对印度的可受理性的第三项异议。

（四）案件争议焦点

1.《维也纳领事关系公约》第36条的适用对象。《维也纳领事关系公约》第36条规定了领事官员得自由与派遣国国民通讯及会见。派遣国国民与派遣国领事官员通讯及会见应有同样自由。遇有领馆辖区内有派遣国国民受逮捕或监禁或羁押候审、或受任何其他方式之拘禁之情事，经其本人请求时，接受国主管当局应迅即通知派遣国领馆。受逮捕、监禁、羁押或拘禁之人致领馆之信件亦应由该当局迅予递交。该当局应将本款规定之权利迅即告知当事人。但是公约中并没有对适用的对象作出具体说明，也没有特别框定对象范围。

在贾达夫案中，印度和巴基斯坦的争议焦点之一就集中于《维也纳领事关系公约》第36条的适用对象有无例外，即领事通知权是否适用于“表面上从事间谍活动的人”。印度从公约的文本出发，认为《维也纳领事关系公约》第36条的规定不允许有任何例外。巴基斯坦则认为“间谍活动和国家安全事项”构成对第36条适用范围的“合理限制”，在这种情形下，《维也纳领事关系公约》第36条就不适用于“表面上从事间谍活动的案件”。巴基斯坦认为各缔约国有权根据习惯国际法对《维也纳领事关系公约》第36条所载的领事通知和领事探视作例外规定，因此，印度和巴基斯坦之间应当适用两国间于2008年签订的《领事会见协定》的规定，而不是依据《维也纳领事关系公约》第36条的规定。

2. 何谓“毫不迟延地通知”。印度和巴基斯坦在本案中的第二个讼争焦点还涉及如何理解公约第36条中的“毫不迟延地通知”。针对印度所声称的巴基斯坦没有立即将逮捕和拘留贾达夫的情况通知印度领事，国际法院再次阐明了“毫不迟延地通知”的含义。

（五）国际法院的裁决结果

1. 第36条的适用对象没有例外。国际法院在“贾达夫案”中明确了公约第36条没有适用例外，即外国国民的行为性质和行为内容不影响其享有的领事通知权。虽然传统上领事在涉及间谍案件中的职能和作用受一定的约束——这也可以从《维也纳领事关系公约》的起草准备工作文件中看出，在公约谈判过程中确实有国家提出了一些与领事关系有关的事项不受公约的管辖——但是，国际法院在“贾达夫案”中并没有讨论1963年是否存在间谍活动例外的习惯国际法规则，而是以公约内容为基础从三个方面进行了考量：

首先，国际法院考察了《维也纳领事关系公约》全文，认为无论是公约第36条的规定，还是公约中的任何其他条款，都没有特别提到间谍案件，从公约的目的和宗旨来看，第36条也无意将涉嫌从事间谍活动的人排除在外。

其次，国际法院考察了公约缔结时的准备文件和缔约过程，认为缔约各方从未将某些类别的人，例如涉嫌从事间谍活动的人排除在第36条的范围之外。虽然国际法院委员会于1960年讨论作为《维也纳领事关系公约》第36条基础的第30 A条草案时提及“间谍案”，但是当时的委员会主席认为“关于一般法律原则的陈述不可能涵盖所有可能的案件。如果委员会要讨论是否应将间谍案件作为例外的问题，则必须重新考虑领事保护和与国民沟通的整个原则”。委员会在随后的会议上没有涉及间谍活动问题。国际法院还指出，委员会在拟议的过程中可能在讨论安全区时也提到了间谍案件。但是，出于国家安全的考虑，没有建议在涉及间谍活动中不准许领事进入。1963年3月4日至4月22日在维也纳举行的联合国领事关系会议期间，有代表对第36条草案中的“毫不拖延”一词提起了间谍活动问题，但是从当时的讨论情况来看，虽然间谍活动被认为与确定接受国应在适当的时间通知派遣国的适当时间有关，但间谍活动并没有被排除在外。

再次，国际法院考察了印度和巴基斯坦的缔约实践，认为印度和巴基斯坦分别自1977年和1969年以来就是《维也纳领事关系公约》的缔约国，而且没有任何一方对公约的规定提出保留或声明。因此应当适用公约第36条来解决当事方之间关系的事项。

最后，国际法院明确《维也纳领事关系公约》第 36 条并未将某些类别的人排除在其范围之外，包括涉嫌从事间谍活动，或者从事恐怖主义活动的人。同时，国际法院还指出，《维也纳领事关系公约》第 36 条的规定是赋予个人的权利，而非约束管辖当事方之间关系的事项。印度和巴基斯坦 2008 年《领事会见协定》中的任何规定均未表明各方有意限制当事方依据《维也纳领事关系公约》第 36 条所保障的权利。此外，法院还认为，印度和巴基斯坦在 2008 年订立的协议属于《维也纳领事关系公约》第 73 条第 2 款所指的后续协定，旨在“确认，补充、扩展或扩大”该公约，而不是取代该公约，也不是缩减该公约的适用范围。

2. 明确了“毫不迟延”的含义。国际法院指出，根据《维也纳领事关系公约》第 36 条第 1 款，当接受国的主管当局逮捕或拘禁了派遣国的国民时，如果该国民提出要求，则接收国的主管当局必须“立即、毫不迟延地”通知派遣国驻该国的领事官员。国际法院认为，接受国的立即通知义务和派遣国领事探视之间存在着直接联系，即接受国负有立即告知被逮捕、拘禁的外国人的义务，如果接受国未告知被逮捕、被拘禁的外国国民其享有该项权利，则该外国国民不可能知道其有权要求将其被逮捕被拘禁情况通知其本国驻接受国的领事官员。国际法院认为，“如果其要求”一语必须与接受国的义务一并考虑，即接受国义务履行情况直接影响被逮捕的外国国民权利保障内容。即使巴基斯坦在逮捕和拘押贾达夫时未告知贾达夫依据《维也纳领事关系公约》第 36 条其应当享有的权利，巴基斯坦仍有义务将贾达夫的逮捕和拘留情况通知印度领事官员。关于是否以及何时发出通知，国际法院注意到，巴基斯坦确实于 2016 年 3 月 25 日曾将贾达夫的逮捕和拘留情况通知印度。对此，国际法院认为，该项通知是在贾达夫被逮捕后三周才作出的，这显然已经违反了《维也纳领事关系公约》第 36 条第 1 款（b）项要求的“毫不迟延地”告知义务。

国际法院还指出，巴基斯坦未能根据《维也纳领事公约》第 36 条第 1 款（a）项要求，就印度领事探视贾达夫提供便利，也没有提供任何印度领事探视贾达夫的通道，巴基斯坦的行为已经违反了《维也纳领事公约》第 36 条第 1 款（a）项和（c）项规定的义务。义务的违反并不解除巴基斯坦给予印度领事探视贾达夫的义务。

3. 第 36 条的无条件适用。针对巴基斯坦提出的印度滥用权利的主张，国际法院指出，根据《维也纳领事关系公约》的规定，履行第 36 条的规定是无条件的，即一国没有理由以另一国遵守其他国际法义务为条件来履行其根据第 36 条承担的义务。本案中，巴基斯坦的行为已经构成对《维也纳领事关系公约》第 36 条应承担的义务的违反，包括：未告知贾达夫享有的领事通知和领事探视权利；未能毫不迟延地将贾达夫被逮捕和被拘留情况通知印度领事；拒绝印度领事官员与贾达夫接触，对此，国际法院认为巴基斯坦的第一次和第三次违反行为已经构成了持续性的国际不法行为。

4. 具体救济措施。国际法院判决巴基斯坦有义务停止这些行为，并充分履行其根据《维也纳领事关系公约》第 36 条承担的义务，包括必须立即通知贾达夫其享有公约第 36 条第 1 款（b）项下的权利，并按照第 36 条第 1 款的规定，准许印度领事官员与贾达夫取得联系并有权为其安排法律代理人。

国际法院还认为，在本案中的适当补救措施是对贾达夫的定罪和判决进行有效审查和重新考量，这一过程必须确保充分考虑到巴基斯坦违反《维也纳领事关系公约》第 36 条第 1 款所规定的权利的后果，并确保对侵害结果和可能造成的损害进行了充分审查。

国际法院在本案中也完全肯定了巴基斯坦所主张的，巴基斯坦宪法保障每个人享有公正审判的权利是一项基本权利；公正审判的权利是“绝对的”并且“不能被剥夺”的；所有的审判都应相应地进行。因此，巴基斯坦在审查贾达夫案的判决时，充分审查并考量违反《维也纳领事关系公约》第 36 条第 1 款所规定的权利及其对公正审判原则的影响。当然，国际法院也认为，只有国内措施才是提供有效审查和重新审议的义务的方式，尽管提供有效审查和复议的义务是必须无条件执行的结果义务。在具体措施上，巴基斯坦应采取一切措施，包括在必要时制定适当的立法以提供有效的审查和重新审议。

在“贾达夫案”中，国际法院面临着如何界定《维也纳领事关系公约》第36条中提及的“毫不迟延地通知”的义务，包括是否以及如何规定具体的时间标准来界定毫不延迟。如果无法界定实践标准，是否要采取合理时间，这在公约以及在各国实践中都没有作出明确的界定。实践中，对于“合理”时间的判定，都是从强调当事人权利保护的及时性的角度出发的，例如，欧洲人权法院就《欧洲人权公约》第6条第1款中的“在决定某人的民事权利和义务……时，任何人有权在合理的时间内受到……审判机构的审讯……”其中的合理时间，“强调了及时司法的重要性，延迟审理可能会损害司法的效率和信用（H. v. France，§58；Katte Klitsche de las Grange v. Italy，§61）。第6条第1款要求缔约国通过其司法体系来确保国内法院符合公约的各项要求”[①]。第6条要求司法程序迅速而有效率，但也制定了更为概括的适当司法行政原则。这项基本要求在不同方面需要保持平衡（Boddaert v. Gelgium，§45）[②]，如果国家多次违反此要求，就构成了对公约的违反（Bottazzi v. Italy［GC］，§22）。就合理时间的审查，欧洲人权法院从以下几个方面进行考量[③]：一是要从整体性衡量；二是要审查案件的复杂性、当事人和有关当局的行为，以及当事人在争议中受到损害的权利等，其中案件的复杂性要考虑指控的数量、案件中涉及的人数，如被告和证人的数量，或者案件的国际化程度等，即便有案件审理时间超过7年，欧洲人权法院从案件的复杂性出发，依然认为符合“合理”标准。可见，关于“合理”时间的判定，从国际或者区域的实践看并无统一的界定，而是需要从个案进行综合考量。虽然欧洲人权法院并未审理涉及

① 陆海娜主编：《欧洲人权法院判例指南（上卷）》，知识产权出版社2019年版，第209页。

② 陆海娜主编：《欧洲人权法院判例指南（上卷）》，知识产权出版社2019年版，第361页。

③ 陆海娜主编：《欧洲人权法院判例指南（上卷）》，知识产权出版社2019年版，第210~214页，第361~363页。

领事通知的案例，但是在程序问题中关于合法性审查标准的考量上，也许能提供可供借鉴的标准。

第四节　领事通知权对领事法的贡献

国际法院的已有实践表明，国际法院认为《维也纳领事关系公约》第36条规定的内容不仅涉及缔约国权利，也涉及个人权利。这些实践具有重要的国际法价值，为领事法的发展注入了新元素，提供了现代活力。传统上都认为外交和领事关系法是国际法中古老的部分，内容稳定而持久。但是，随着国际法治化的推进，伴随着国际法的碎片化，国际法呈现出人本化趋势[①]，程序正义日益凸显，国际法的一般理论正在发生深刻变化，变动中的国际法对外交领事法也产生了影响。

一、推动领事法的现代化

实践中，国际法院为《维也纳领事关系公约》第36条的解释和适用赋予了新内容，明确了《维也纳领事关系公约》第36条不仅仅规定了缔约国的权利，还为个人“赋”权，为传统的领事法赋予了新内容，《维也纳领事关系公约》的内容也被重新解读，为古老的领事法注入了新内容，领事法中领事保护的职能逐步清晰化。但是，国际法院囿于其管辖权条款的局限，实践中依然有问题还未澄清，即《维也纳领事关系公约》第36条是不是一项人权？在“拉格兰德案”中，德国就主张领事通知权是一项基本人权。在“阿韦纳案”中，墨西哥也提出了领事通知权是一项人权，但是国际法院始终回避该问题，以《任择议定书》中关于管辖事项范围为由，并未讨论领事通知权是不是一项人权。在“迪亚洛案”中，国际法院也是分别认定：为驱逐迪亚洛而在1995年至1996年将其逮捕和拘留一事，

① 曾令良：《现代国际法的人本化发展趋势》，《中国社会科学》，2007年第1期，第93~94页。

刚果违反了《公民权利和政治权利国际公约》第9条第1和第2款以及《非洲人权和人民权利宪章》第6条；刚果在1995—1996年拘留迪亚洛时，没有立即告知其根据《维也纳领事关系公约》第36条第1款（b）项享有的权利，因而违反了该国根据该项承担的义务。

与国际法院的立场不同，美洲人权法院1999年“在正当法律程序框架内保障获得领事协助的信息权”发布的咨询意见①中指出，被拘禁的外国国民享有“毫不迟延地”被告知通知本国领事的权利，这是一项人权，是对国际人权条约包括《公民权利和政治权利公约》中的正当程序规定的补充。该咨询意见是墨西哥请求美洲人权法院解释《维也纳领事关系公约》第36条，涉及领事协助尤其是死刑案件中的领事通知问题，即公约某一缔约国的国民在另一缔约国被拘禁时享有的权利。

二、强化程序规则构建

国际法院在解释《维也纳领事关系公约》第36条的适用时，将之与程序规则紧密相关，尽管相关的裁决并未得到有效执行，但是在这些判决和材料中提出了与《维也纳领事关系公约》第36条适用相关的程序正义问题。缔约国国内机构在适用《维也纳领事关系公约》第36条的规定时，无法回避的问题依然是如何保障第36条中个人权利的实现，任何对第36条规定的个人权利的损害都可能引发后续的程序和实体救济问题。这既是“拉格兰德案”、“阿韦纳案”和“贾达夫案”的争议焦点，也是在这些案例中不断被清晰化的内容。有关程序正义的讨论对《维也纳领事关系公约》的国内适用产生了实践影响，围绕着公约的国内适用程序规则正在构建。

将领事通知权界定为个人权利，彰显了程序正义的价值。《维也纳领事关系公约》第36条创设了个人权利，被逮捕、拘留的外国国民有权知道

① The Right to Information on Consular Assistance in the Framework of the guarantees of the Due Process of Law, Advisory Opinion OC-16/99, 1 October 1999, Inter-Am. Ct. H. R. No. 16 (1999).

其享有领事通知的权利，有权与领事保持联系、会见并得到领事协助，这些都是程序法中有权得到公平审理的必要组成部分，被认为构成了正当程序的内容。正如美洲人权法院就“在正当法律程序框架内保障获得领事协助的信息权”所发表的咨询意见中指出的，“毫不迟延地告知”是指在该外国国民被逮捕时，或者至少是在被拘禁的外国国民被要求向接受国政府当局做首次陈述之前，接受国政府当局负有告知其有权请求通知本国领事的义务。美洲人权法院认定“不遵守《维也纳领事关系公约》第36条第1款（a）（b）项承认的被拘留外国人的知情权，有损正当法律程序的保障”。为被拘留的外国人提供领事协助的机会至关重要，可能以各种方式影响刑事诉讼，因此是一项重要的保障措施。法院表示，通知被拘留的外国人与他的国家的领事官员沟通将大大提高辩护的可能性和程序性措施，包括警方采取的措施，将更加关注合法性，更加尊重人的尊严。美洲人权法院认为，领事探视权是被告的一种辩护手段，有时以决定性的方式反映在对其其他程序权利的尊重上。“正当法律程序保障了被告必须能够在与其他被告完全程序平等的情况下有效行使其权利并捍卫自己的利益……为此目的，具有各种不同特征的程序主体通常被归类为正当程序的标题。为了保护个人并保证公正，司法程序的历史发展引入了新的程序权利。”①《美洲人权公约》规定，美洲人权法院具有诉讼管辖权和咨询管辖权，有权审理涉及缔约国违反公约的案件，有权出具咨询意见、解释公约和某些其他的人权条约。《美洲人权公约》第64条规定：“美洲国家组织各成员国可以就本公约的解释或有关美洲国家人权保护的其他条约的解释，咨询法院意见。经《布宜诺斯艾利斯议定书》修订的《美国国家组织宪章》第十章（即现行的第八章）中所列的各机构，在其各自职权范围内，可以通过同样方式的法院进行咨询。应美洲国家组织一成员国的要求，法院可以就该国的任何国内法律同上述国际文书是否一致向该国提供意见。”自

① The Right to Information on Consular Assistance in the Framework of the guarantees of the Due Process of Law, Advisory Opinion OC-16/99, 1 October 1999, Inter-Am. Ct. H. R. No. 16 (1999), para. 117.

1979年以来，美洲人权法院已经出具了相当数量的咨询意见，美洲人权法院的咨询管辖意见不具有法律拘束力，但是该法院的“这些咨询意见都被广泛引用，同时也早就成为法院审理诉讼案件的方式”①。美洲人权法院既是一个以运用和解释《美洲人权公约》为目标宗旨的司法机构，同时也是一个具有处理同公约缔约国履行其所承担义务有关事项的权力机构（《美洲人权公约》第33条），“法院无论是在诉讼案件还是咨询意见中所发表的看法，其作为法律权威的价值来源于法院作为有权解释和适用公约的司法机构的特质……仅仅凭着法院通过咨询意见而不是诉讼案件作出某种表态的事实，并不降低它所阐明的法律原则的合法性和权威性”②。

《维也纳领事关系公约》第36条第1款规定的接受国告知被拘留的外国国民享有领事协助的义务构成一项个人权利，同时构成国际人权法的组成部分，“将该权利纳入《维也纳领事关系公约》以及起草过程中的讨论都表明，各方认为让被告获取领事协助的信息是为被告提供辩护的一种手段，这将对被告其他程序权利的执行产生影响（有时是决定性影响）。换句话说，《维也纳领事关系公约》第36条第1款（b）项赋予的个人知情权，使得享有《公民权利和政治权利国际公约》第14条所规定的正当法律程序权成为可能”③。对该条款的违反构成了对《公民权利和政治权利国际公约》第14条正当程序原则的违反。任何对其的违反都构成对生命的任意剥夺。在死刑案件中，任何对该权利的违反都可能构成国家责任，并应给予有效的救济。该项咨询意见的内容后来又被写入美洲国家组织文件中④，进一步拓宽了影响范围。

---

① 托马斯·伯根索尔、黛娜·谢尔顿、戴维·斯图尔特：《国际人权法精要》（第4版），黎作恒译，法律出版社2010年版，第216页。

② 托马斯·伯根索尔、黛娜·谢尔顿、戴维·斯图尔特：《国际人权法精要》（第4版），黎作恒译，法律出版社2010年版，第215页。

③ The Right to Information on Consular Assistance in the Framework of the Guarantees of the Due Process of Law，Advisory Opinion OC-16/99，1 October 1999，Inter-Am. Ct. H. R. No. 16（1999），para. 123-124.

④ 美洲国家组织大会2000年6月5日通过的1717号决议，2006年6月6日通过的2224号决议等。

三、引发国际法新实践

涉及领事通知权的相关司法实践对诉讼当事国产生了重要的影响，案件所涉及的当事国需要修正国内的做法，从立法、司法、执法等层面履行《维也纳领事关系公约》第36条规定的领事通知权。其他缔约国也参与了包括“法庭之友”意见等的讨论，贡献了对该问题的意见，并在国内实践和双边实践中继续推动保障外国国民的领事通知权。

涉领事通知权的相关国际诉讼同时引发了对诉讼中相关问题的讨论，例如，关于国际法院临时措施效力问题，关于国际法院判决在一国国内法院的执行问题，以及有关缔约国退出《任择议定书》的效力问题等，其中关于领事措施效力的问题依然是国际法中有待研究的内容。1945年《联合国国际法院规约》第41条第1款规定了临时措施，其中明确“法院认为情形有必要时，有权指示当事国应行遵守以保全彼此权利之临时办法”。关于争端解决机构临时措施的性质和来源，还存在不同的认识，有学者认为这是争端解决机构的固有权力，“准予临时措施的权力可以被国际法院作为一种固有权力行使，因为此种权力对它们行使职能是必不可少的”①。但是也有学者认为不存在这样的固有权力。实践中，“准予临时措施作为国际法院固有权力的观点得到许多国家司法实践的支持”②。不仅国际法院，其他争端解决机构，如联合国国际法庭、解决国际投资争议解决中心、美洲人权法院、一些仲裁庭在实践也多次指示临时措施，“准予领事措施的权力，无论它产生于明示权力、一般法律原则还是固有权力，是国际法院相对频繁行使的一项权力，并形成了众多判例”③。即便国际法院有权力指

① 切斯特·布朗：《国际裁决的共同法》，韩秀丽、万盈盈、傅贤珍、代文莎译，法律出版社2015年版，第184页。

② 切斯特·布朗：《国际裁决的共同法》，韩秀丽、万盈盈、傅贤珍、代文莎译，法律出版社2015年版，第184页。

③ 切斯特·布朗：《国际裁决的共同法》韩秀丽、万盈盈、傅贤珍、代文莎译，法律出版社2015年版，第194页。

示临时措施，围绕着临时措施还存在一系列待完善的内容，包括但不限于：在何种情形下国际法院有权指示临时措施，临时措施是否有拘束力，临时措施适用的范围，等等。

在“拉格兰德案”中，国际法院明确了临时措施具有拘束力，国际法院根据任择强制管辖权建立了对该案的表面管辖权。在该案中，国际法院认为存在指示临时措施的情形也符合指示临时措施的标准，即“防止给当事方权利造成无法弥补的损害”和具有现实“紧迫性”，因此国际法院指示临时措施。即便《国际法院规约》和《国际法院规则》中规定了临时措施，但是由于该规定很模糊，《国际法院规约》第41条仅仅规定国际法院有权指示采取，国际法院指示的临时措施是否有法律拘束力，一直是有争议的问题。在“拉格兰德案”中，国际法院依据条约解释的有效性原则解释了第41条，认为临时措施的目的在于防止“因法庭上争端当事方的各自权利未得到保全而阻碍法院职能的实现”。有学者认为，“尽管‘拉格兰德案’的裁决很可能只是联合国国际法院在解释《国际法院规约》第41条时行使司法职能的一个例子，但其仍可能表明另一种理论也在发挥作用。这就是国际裁决中组织间竞争的引入”①。如果机构间管辖权的竞争会为国际争端解决机构的救济程序提供新的发展思路和空间，则国际法院在临时措施指令的效力上、在救济手段的提供上还会有新的发展。与之相关的是，如果缔约国未能准确履行《维也纳领事关系公约》第36条下的义务的话，在将来的诉讼中，国际法院依然可能创新指令措施的效力，创新国际救济的手段与方法。

① 切斯特·布朗：《国际裁决的共同法》，韩秀丽、万盈盈、傅贤珍、代文莎译，法律出版社2015年版，第212页。

第三章　领事通知权的实现

近年来，包括国际法院、美洲人权法院以及一些国家国内法院审理过多起与《维也纳领事关系公约》第 36 条有关的领事通知和领事探视问题案例。其中，美洲人权法院在 1999 年发布的咨询意见中认为第 36 条创建了个人权利。国际法院于 2001 年在“拉格兰德案”（德国诉美国）、2004 年的“阿韦纳案”（墨西哥诉美国）、2019 年的“贾达夫案”（印度诉巴基斯坦）中，都明确了侵犯个人根据第 36 条享有的权利可能导致侵犯派遣国的权利，同时侵犯派遣国的权利也可能导致侵犯个人的权利。实践中，各国为了履行《维也纳领事关系公约》和双边领事条约中规定的领事通知义务，做出了种种国内法上的努力，推动了领事通知权的实现。

第一节　领事通知权的履约标准

就《维也纳领事关系公约》第 36 条中的领事通知义务实现而言，《维也纳领事关系公约》和双边领事条约为领事通知权提供了标准和做法，而各国国内法中关于领事职能的规定、关于领事特权与豁免的规定，则为保障领事履行职责、保障权利实现提供了国内法依据。

一、普遍适用义务

《维也纳领事关系公约》是对习惯国际法的编纂，作为全球最普遍适用的国际条约之一，截至 2022 年 8 月底，《维也纳领事关系公约》共有

182个缔约国，显示出公约所确立的规则已经得到了广泛的承认和认同。缔约国如何履行《维也纳领事关系公约》规定的义务，首先取决于各缔约国有关国际条约在国内适用的具体实践。通过履行《维也纳领事关系公约》的义务，为实现《维也纳领事关系公约》第36条中的领事通知权提供了国内法依据。

实践中，一些国家采取直接适用方式，国内机构可以直接援引适用《维也纳领事关系公约》。例如，根据美国宪法第6条的规定，《维也纳领事关系公约》在美国被认为属于可以直接适用的法律，美国国内法院在裁判时可以直接援引。西班牙也明确了《维也纳领事关系公约》在西班牙具有直接效力，其"内容无须内化"[①]，《维也纳领事关系公约》中的规范已经并入西班牙法律体系。《1984年马拉维特权与豁免法》第21条也明确了《维也纳领事关系公约》在马拉维的法律效力。

一些国家采取转化适用方式，通过制定专门国内立法，将《维也纳领事关系公约》的内容转化为国内法适用。例如，英国于1968年颁布了《领事关系法》[②]，该法以后又经多次修订，其中明确规定，制定该部立法的目的是明确《维也纳领事关系公约》以及英国所签署的双边领事条约等在英国的法律效力，为便利领事在英国履行领事职能，专门就领事关系中的特权与豁免做出专门规定。新加坡于2005年颁布了《外交和领事关系法令》，规定外交官和领事官员的特权与豁免。南非于2001年颁布了《外交特权与豁免法》，2008年又对该法进行了修改。[③] 该法全文共17条，其中第3条明确了《维也纳领事关系公约》在南非境内的法律效力，公约规定的内容包括领事通知权都是南非法律的一部分。我国也制定了《领事特权与豁免条例》，《维也纳领事关系公约》和《领事特权与豁免条例》在我国国内并

① 徐宏主编：《国家豁免国内立法和国际法律文件汇编》，知识产权出版社2019年版，第104页。

② 该法于1991年2月1日、1993年1月1日、1994年9月1日、1996年1月1日、2011年4月22日分别修订。

③ w. e. f. 30 October 2009 - Proc 70 / GG 32655 / 20091030.

行适用。

从各国履行《维也纳领事关系公约》的国内实践来看，无论是采取直接模式还是转化模式，公约缔约国都积极履行《维也纳领事关系公约》，明确给与领事履行其所享有的特权与豁免，以便利其代表派遣国执行领事职务，保护该国国家和国民利益。由于《维也纳领事关系公约》的内容是适用于国家之间的领事关系，因此各国立法中一般都未对《维也纳领事关系公约》第 36 条规定的义务做出明确规定。

《维也纳领事关系公约》被认为是“催生了国内领事立法的标准化和现代化”①。围绕《维也纳领事关系公约》第 36 条的规定，领事通知权的基本内容至少包括以下几个方面：①被逮捕、监禁、羁押候审或者以其他方式被拘禁的派遣国国民享有公约第 36 条第 1 款（b）项赋予的领事通知权，领事通知权属于不可侵犯的个人权利；②接受国负有毫不迟延地告知义务［公约第 36 条第 1 款（b）项］，即告知该派遣国国民享有通知领事的权利；③接受国负有立即、毫不迟延地通知派遣国领事的义务［公约第 36 条第 1 款（b）项］，派遣国领事要监督接受国是否做到了立即、毫不迟延地通知；④派遣国领事享有与被逮捕、拘留的本国国民会见及通讯的权利［公约第 36 条第 1 款（a）项］，并有权给与其一定的领事协助［公约第 36 条第 1 款（c）项］，接受国不得妨碍领事行使其职能；⑤如果被逮捕、拘留的本国国民享有的领事通知权被损害，派遣国领事有权与接受国进行交涉、抗议（公约第 5 条），必要时有权采取外交保护措施；⑥如果接受国违反领事通知义务，在接受国法律框架内寻求国内法律救济；⑦派遣国寻求国际救济，在国际法院提起诉讼，要求接受国承担相应的国际责任。围绕《维也纳领事关系公约》第 36 条的立法目的，同时借鉴和吸收双边领事条约的内容和实践，在明确公约第 36 条规定的领事通知权构成国际法上的个人权利的基础上，国际社会逐步演变发展出保障领事通知权实现

① 李宗周：《领事法和领事实践》，梁宝山、黄屏、潘维煌、夏丽萍译，世界知识出版社 2012 年版，第 646 页。

的相关制度。随着国际实践和国内实践发展，这些制度被逐步发展和固定下来，并正在逐步搭建出领事保护的基本内容。正如外交保护制度的发展也经历了一个长久的时期，领事保护制度也是一个渐进的过程，其最终形成并被编纂还需要更多的国际和国内实践。

二、确立了普遍最低标准

《维也纳领事关系公约》有182个缔约国，公约确立的领事关系内容已经得到了多数国家的认可，因此具有普遍适用性。同时，公约确立的标准也被认为是建立领事关系的最低标准，即便国家之间存在双边领事条约下的特殊实践，但是双边领事条约的内容与实践不能违反《维也纳领事关系公约》所规定的义务。

双边领事条约不能减损《维也纳领事关系公约》的效力，即便是订立在后的双边领事条约，也不能援引后法优于前法、特别法优于一般法的规则减损《维也纳领事关系公约》的效力。在《维也纳领事关系公约》缔结的过程中，双边领事条约的实践并未完全写入《维也纳领事关系公约》中，同时，《维也纳领事关系公约》允许双边领事条约继续存在，并要符合公约第73条的规定，即“本公约之规定不影响当事国间现行有效之其他国际协定”。双边领事条约或者确认公约的规定，或补充、或推广、或引申公约各项规定。在“贾达夫案”中，印度和巴基斯坦的争议焦点之一就在于印巴双方于2008年签订的《领事会见协定》中是否将间谍案件当事人排除在《维也纳领事关系公约》第36条领事通知权的适用之外，换言之，就是《维也纳领事关系公约》第36条领事通知权的规适用是否存在例外?① 其中巴基斯坦主张双边协定优先于《维也纳领事关系公约》的适用，因此《维也纳领事关系公约》第36条的适用存在例外情形，但是这一主张并未得到国际法院的支持。国际法院认为，印度和巴基斯坦作为《维也

① Jadhav case (India v. Pakistan), ICJ, 17 July 2019 Judgment.

纳领事关系公约》的缔约国，两国都受《维也纳领事关系公约》第 73 条的约束，各国有权新订、另订双边领事条约，但是根据第 73 条第 2 款“本公约并不禁止各国间另订国际协定以确认、或补充、或推广、或引申本公约之各项规定”，无论已有的还是新订的双边领事条约，缔约各方都不能对《维也纳领事关系公约》构成损害，“《维也纳领事关系公约》是领事制度的基石，后续条约不能弱化公约的规定，只能提高公约的保护标准”①。

为了便利领事执行职务，很多国家之间还缔结了双边领事条约，以进一步细化领事的职责，扩展领事特权与豁免的内容，提升《维也纳领事关系公约》的标准。

三、双边领事条约对标准的细化

虽然《维也纳领事关系公约》是对习惯国际法的编纂，反映了双边领事关系实践，但是历史上，双边领事条约的内容差异非常大，因此《维也纳领事关系公约》并不是对所有双边领事条约的归纳和总结。实践的差异也使得习惯国际法在建立和维护领事关系方面的作用相对有限②。就《维也纳领事关系公约》的内容而言，公约并未涵盖领事关系中所有的国际法制度，国家的双边领事条约实践进一步发展了《维也纳领事关系公约》领事通知权的内容。双边领事条约并无统一的模板和范本，因此双边领事条约的内容差别很大。就《维也纳领事关系公约》第 36 条涉及的领事通知而言，一些国家在双边领事实践中对《维也纳领事关系公约》第 36 条的规定予以细化，扩大了公约第 36 条的适用范围，强化了领事通知责任，细化了领事通知的内容，明确了领事通知的时间要求。有些双边领事条约实践还搭建了衔接程序，领事保护本国国民的职能被具体化。

（一）引入强制通知义务

《维也纳领事关系公约》第 36 条第 1 款（b）项规定的是应被逮捕拘

---

① Jadhav case（India v. Pakistan），ICJ，17 July 2019 Judgment，para. 96.

② Malcolm D. Evans，*International Law*（4th edition），Oxford University Press，2014.

禁的外国国民请求而通知派遣国领事，即“遇有领馆辖区内有派遣国国民受逮捕或监禁或羁押候审、或受任何其他方式之拘禁之情事，经其本人请求时，接受国主管当局应迅即通知派遣国领馆。受逮捕、监禁、羁押或拘禁之人致领馆之信件亦应由该当局迅予递交。该当局应将本款规定之权利迅即告知当事人”。也就是说，如果外国国民不提出请求，无论是何种方式的不提出，则接受国无须通知派遣国领事。

但是在领事保护实践中，领事通知、领事会见不仅是个人的权利，也是派遣国的权利。因此，实践中，一些国家为了保护本国在海外国民的利益，在双边领事条约中规定了接受国负有毫不迟延地通知的义务，即当派遣国的国民被逮捕、拘禁时，无须当事人请求，接受国就应毫不迟延地、在双边领事条约约定的时间范围内尽速通知，同时，强制通知义务并不免除当事国的告知义务，这被称为“强制通知”义务。例如，美国和57个国家之间的双边领事条约中都规定了强制通知义务，我国和43个国家之间的双边领事条约也规定了适用强制通知义务。

相比较应请求而通知，强制通知义务被认为具有双重作用：一方面保障了派遣国领事履行其保护本国国民和利益的职能；另一方面，这种通知方式也可以最大限度地保障《维也纳领事关系公约》第36条中个人权利的实现，防止被逮捕拘禁的派遣国国民因不知道领事通知这项权利的存在而事实上导致通知领事并获得领事协助权利的丧失。

强制通知义务并不减损被逮捕拘禁的派遣国国民的权利。如果出于某些原因，被逮捕拘禁的派遣国国民不愿意接受国通知本国领事，其可以拒绝接受本国领事的协助，拒绝本国领事会见。

（二）扩大了领事通知权的适用范围

《维也纳领事关系公约》第36条规定的领事通知权的主体是派遣国国民，即接受国以国籍为标准来判定是不是第36条规定的享有领事通知权的个人，派遣国领事以国籍作为标准，决定提供领事协助和领事保护。这种规定标准单一，操作方便。但是，随着经济全球化的深化，人员流动的自由化，全球移徙人数呈增长趋势。就现状而言，国籍和一个人的惯常居住地并不一致，同时，很多国家承认双国籍或者多国籍，因此一个人也不一定只有一国国籍，多国籍、无国籍现象始终存在，并且无法得到完全解决。

在这种背景下，国籍标准逐渐松动。例如，在外交保护中，国籍曾经作为启动外交保护的重要标准，也在发生实质性变化，国籍唯一不再是单一选项，对多国籍和无国籍人的外交保护都有了新的解决办法，正如《2006 年外交保护的条款草案》第 6 条规定，“双重或多重国籍国民的任一国籍国可针对该人不属于其国民的国家，为该国民行使外交保护。两个或多个国籍国可为具有双重或多重国籍的国民共同行使外交保护”。第 8 条规定，“一国可为无国籍人行使外交保护，但该人须在受到损害之日和正式提出求偿之日在该国具有合法的和惯常的居所。一国可为被该国根据国际公认的标准承认为难民的人行使外交保护，但该人须在受到损害之日和正式提出求偿之日在该国具有合法的和惯常的居所”。外交保护实践的变化，对于领事协助和领事保护也有影响，从享有领事通知权的个人来看，扩大其适用以更有利于个人得到相关国家的保护和协助才能真正体现领事法的发展趋势。

（三）细化领事通知的具体规则

《维也纳领事关系公约》第 36 条的规定非常概要，例如，规定的“迅即通知”，实践中各国对该内容的理解和解释不同，也引发了诸多争议。在“拉格兰德案”中，德国主张，由于美国未毫不迟延地通知德国驻美领事，德国领事未能根据《维也纳领事关系公约》第 5 条和第 36 条的规定，在美国法院的审判与上诉阶段保护其国民的利益。

在“贾达夫案”中，印度和巴基斯坦就如何理解“毫不迟延”产生了分歧，印度主张巴基斯坦违反了《维也纳领事关系公约》第 36 条第 1 款的规定，没有将拘留贾达夫的事件立即通知印度；未毫不迟延地告知贾达夫其根据《维也纳领事关系公约》第 36 条享有的权利。国际法院在该案中明确了“毫不迟延”的含义。国际法院认为，根据《维也纳领事关系公约》第36条第1款，如果接受国的主管当局逮捕或拘禁了派遣国的国民，如果该国民提出要求，则接收国的主管当局必须“立即、毫不迟延地”通知派遣国驻该国的领事官员。国际法院认为接受国的立即通知义务和派遣国领事探视之间存在着直接联系，即接受国负有立即告知被逮捕、拘禁的外国人的义务，如果接受国未告知被逮捕、被拘禁的外国国民其享有该项权利，则该外国国民不可能知道其有权要求将其被逮捕、被拘禁的情况通知其本国驻接受国的领事官员。国际法院认为，“如果其要求”一语必须与接受国的义务一并考虑，即接受国义务履行情况直接影响被逮捕的外国国民权利保障内容。即使巴基斯坦在逮捕和拘押贾达夫时未告知贾达夫其依据《维也纳领事关系公约》第36条应当享有的权利，巴基斯坦仍有义务将贾达夫的逮捕和拘留情况通知印度领事官员。关于是否以及何时发出通知，国际法院注意到，巴基斯坦确实于2016年3月25日曾将贾达夫的逮捕和拘留情况通知印度。对此，国际法院认为，该项通知是在贾达夫被逮捕后三周才作出的，这显然已经违反了《维也纳领事关系公约》第36条第1款（b）项要求的“毫不迟延”的告知义务。

针对《维也纳领事关系公约》的模糊性术语，一些国家在双边总结领事实践基础上，将一些操作规则予以具体化，其中包括在双边领事条约中对领事通知时间做出了具体规定，有的规定“七天”通知，有的规定“三日”通知，有的规定“四天”通知。《美俄领事公约议定书》[①] 进一步定义了立即通知的要求，明确了通知领事要在逮捕或者居留发生后1~3日通知，取决于具体情形。议定书中进一步规定了发生在逮捕或者拘押收2~4天内，领事官员有权与被逮捕和拘留的本国国民进行访问和通讯，可见，双边条约中规定的义务比《维也纳领事关系公约》中规定得更具体。例如《中国—新西兰领事协定》第11条规定了“拘留、逮捕通知和探视权”，

---

① Consular Convention and Protocol（U.S. – U.S.S.R.），June 1，1964，T.I.A.S. No. 6503，19U.S.T. 5018.

其中明确“派遣国国民在领区内被接受国主管当局拘留、逮捕或以任何其他方式剥夺自由时，除非与接受国法律相抵触，该当局应不迟延地，在任何情况下，于三日内通知领馆有关该项拘留或逮捕的事实和该国民被拘留、逮捕或以任何其他方式被剥夺自由的原因。如果由于通讯困难无法不迟延地通知派遣国领馆，接受国主管当局也应尽快通知”。尽管各国双边领事实践中对具体时间的规定各不相同，但是无论哪一种安排，都为准确履行领事通知划定了时间表。

（四）明确了领事通知实现的“路线图”

一些国家的双边领事条约具体规定了领事通知告知的内容、告知的方式。例如，美国与阿尔及利亚的双边领事协定中就明确规定了接受国应将派遣国国民被逮捕拘禁的原因告知派遣国领事，且不以派遣国领事官员提出此类要求为前提，这就为当事人提供领事协助提供了便利。相比较《维也纳领事关系公约》第 36 条的规定，双边领事条约的规定更加详尽、具体。

四、强调对等原则的适用

对等原则是外交关系、领事关系中的重要原则，《维也纳领事关系公约》强调对等原则的适用，包括领事关系的建立是双方同意的结果，领馆的设立和领馆人员的派遣与接收以双方同意为前提，各国既是派遣国又是接受国，给与领馆和领事官员的各种特权与豁免都以对等为前提，各方都维持作为接受国和派遣国的适当平衡。就领事通知、领事协助、领事探视等内容而言，接受国、派遣国对等适用规则，因此，一国为在外国的本国国民提供的领事协助和领事保护措施，也对等适用于该外国。对等原则的适用是平衡双方利益的结果，也为双方领事履行职责划定了行为边界，领事协助和领事保护得以始终在理性和平衡中进行。如果这种平衡被打破，出现了长期的、单方面的、不对等的领事协助和领事保护措施，或者一方认定的领事协助和领事保护措施无法得到缔约另一方的认同，双方对于

《维也纳领事关系公约》和双边领事条约的解释和适用出现偏差时，必然会引发国际争议，双方会开展外交磋商，甚至依据《维也纳领事关系公约》以及《任择议定书》提起国际诉讼。正如围绕着《维也纳领事关系公约》第36条的解释和适用，德国、墨西哥分别在国际法院起诉了美国，印度也在国际法院起诉了巴基斯坦。国际法院审理的涉及《维也纳领事关系公约》第36条的案件又进一步发展了领事通知权的内容。

第二节　接受国的通知义务

《维也纳领事关系公约》第36条专门规定了接受国负有通知义务，一些国家在双边条约和双边实践中又将接受国的通知义务具体细化、流程化。

一、双重通知义务

按照《维也纳领事关系公约》第36条第1款（b）项的规定，“遇有领馆辖区内有派遣国国民受逮捕或监禁或羁押候审、或受任何其他方式之拘禁之情事，经其本人请求时，接受国主管当局应迅即通知派遣国领馆。受逮捕、监禁、羁押或拘禁之人致领馆之信件亦应由该当局迅予递交。该当局应将本款规定之权利迅即告知当事人”。也就是说，接受国负有双重义务：一种是对个人的告知义务，即迅即告知被逮捕、监禁或羁押候审、或被拘禁的派遣国国民其享有通知本国领事的义务；另一种是对派遣国的通知义务，接受国负有立即、毫不迟延地通知派遣国领事的义务。

就对个人的义务而言，被限制自由的派遣国国民享有国际法上的领事通知权，这种权利属于不可侵犯的个人权利；就对国家的义务而言，领事通知权是保障派遣国领事与被限制自由的本国国民会见及通讯的权利，领事有权在国际法框架内为本国国民提供领事协助和领事保护，接受国不得妨碍领事行使其职能。接受国对于任何一项义务的违反，都可能构成对《维也纳领事关系公约》的违反。

二、“迅即”通知标准

《维也纳领事关系公约》第 36 条中规定了接受国负有“迅即”通知义务。关于什么是迅即通知，在采取限制自由的措施后多长时间内通知才符合迅即的标准，符合立即或者毫不迟延的要求，《维也纳领事关系公约》第 36 条中并没有做出具体的界定。

实践中，在逮捕、监禁、羁押候审或者采取其他拘禁措施时，接受国当局一旦发现其是外国国民，则应立即通知，此种情形下被认为构成迅即通知。因此，在“拉格兰德案”和“阿韦纳案”之后，从保护外国国民个人权利的角度考虑，一些学者提出应从正当程序要求出发，将领事通知义务与刑事诉讼程序中的“米兰达三规则”同时适用，通过在“米兰达三规则”中增加领事通知义务，将“米兰达三规则”升级为“米兰达四规则”。但是该主张并没有得到广泛的支持，主要原因在于《维也纳领事关系公约》在法律上并没有要求二者同时适用。有学者也指出这是两种完全不同的程序，不具有合并使用的可能性。实践中，“米兰达三规则”和领事通知虽然都被认为是不可缺少的程序，是程序正义的体现，但是它们分属两个不同的程序，有不同的目标和要求，不能相互替代。“米兰达三规则”是法定规则，是保护当事人享有的宪法权利，而领事通知权是《维也纳领事关系公约》赋予个人的权利，为被逮捕拘禁的外国人提供领事便利，以保护其权利。

在“贾达夫案”中，国际法院再次阐明了“迅即通知”的含义，指出告知义务和迅即通知存在内在联系，并认为在该案中，在逮捕后三周才通知就违反了迅即通知义务。在该案中，印度主张巴基斯坦没有立即将逮捕和拘留贾达夫的情况通知印度领事，国际法院认为，根据《维也纳领事关系公约》第 36 条的规定，如果接受国的主管当局逮捕或拘禁了派遣国的国民，如果该国民提出要求，接收国的主管当局必须“立即、毫不迟延地”通知派遣国驻该国的领事馆。国际法院认为，接受国立即告知被逮捕、拘禁的外国人的义务，与被逮捕、拘禁的外国人要求将其被逮捕和拘禁情况通知派遣国的领事馆之间存在着内在的联系。如果接受国未告知被逮捕拘禁的外国国民其享有该项权利，则该外国国民不可能知道其有权要求将其被逮捕情况通知派遣国的领事馆。法院认为，“如果其要求”一语必须与接受国的义务一并考虑，即接受国义务履行情况直接影响被逮捕的外国国民权利保障内容。由于巴基斯坦在逮捕和拘押贾达夫时未能告知贾达夫其应当享有的权利，因此，巴基斯坦有义务将贾达夫的逮捕和拘留通知印度领事馆。关于是否以及何时发出通知，法院注意到，巴基斯坦确实于2016年3月25日将贾达夫的逮捕和拘留通知印度。法院认为，通知是在逮捕后三周才做出的，这已经违反了《维也纳领事关系公约》第36条第1款（b）项要求的“毫不迟延”告知义务。

正是由于《维也纳领事关系公约》规定的原则性较强，一些国家在双边实践中逐步强化了通知程序要件，尤其是明确了双方通知的时间限度、通知方式、首次探视时间等。有些双边领事条约中强化了时间要求，规定：“第12条同派遣国国民联系：①领事官员可同派遣国国民会见和联系，提出建议和给予各种协助，包括采取措施给予法律帮助。领事官员可请求接受国主管当局协助查寻永久居住或临时居住在接受国境内的派遣国国民的下落。接受国不得以任何方式限制派遣国国民同领馆联系和进入领馆。②遇有派遣国国民在领区内被逮捕、被拘留或被以其他方式剥夺自由时，接受国主管当局应在发生上述情况后七天内通知领馆。③领事官员有权探视被逮捕、被拘留、被以任何其他方式剥夺自由或监禁的派遣国国民，同其联系和会见，并为其提供法律帮助。接受国主管当局对领事官员探视该国民的请求应在通知后三日内作出安排，以后根据接受国的法律在合理期限内继续提供探视机会。④接受国主管当局应立即将本条第1、3款规定的权利通知被逮捕、被拘留或被以其他方式剥夺自由的派遣国国民。⑤本条所规定的各项权利应依接受国法律规章行使之。但接受国有关法律规章的适用不应限制本条规定的权利的实施。”[①] 这些双边领事条约通过明确“七天”“三日”等时间要求，将“毫不迟延地”的通知义务细化。

三、从应请求通知到强制通知

（一）应请求而通知

按照《维也纳领事关系公约》第36条第1款（b）项的规定，接受国是应请求而通知派遣国领事的，即“遇有领馆辖区内有派遣国国民受逮捕或监禁或羁押候审、或受任何其他方式之拘禁之情事，经其本人请求时，接受国主管当局应迅即通知派遣国领馆。受逮捕、监禁、羁押或拘禁之人致领馆之信件亦应由该当局迅予递交。该当局应将本款规定之权利迅即告知当事人”。这被认为是“请求通知”义务，即如果当事人不提出请求，则理论上接受国无须通知派遣国。实践中，因当事人未提出请求导致未通知本国领事的原因是多样的，至少可以区分为以下几种类型：①被逮捕拘禁的外国国民知道自己享有通知本国领事的权利，但是由于自身各种原因考虑，选择拒绝通知；②被逮捕拘禁的外国国民知道自己享有通知本国领事的权利，选择请求接受国有关当局通知本国领事，但是接受国未尽到即时通知义务；③被逮捕拘禁的外国国民始终不知道自己享有通知本国领事的权利，无法提出请求。因此，从《维也纳领事关系公约》第5条的缔约目的看，请求通知义务实现的前提在于被逮捕拘禁的外国国民知道其享有通知本国领事的权利。

在国际法院审理的“拉格兰德案”、“阿韦纳案”等案件中，涉及的问题都在于外国国民被逮捕、拘押时，其并不知道自己享有通知本国领事的权利，因此无法向接受国提出请求通知本国领事，接受国也未通知派遣国领事，导致被逮捕、拘押的外国国民丧失了得到领事协助和领事保护的权利。这种潜在机制设计缺陷也剥夺了派遣国领事为本国国民提供领事协助

① 见《中国和乌兹别克斯坦领事条约》。其他双边领事条约义务也有类似的规定。

和领事保护的权利，使得《维也纳领事关系公约》第5条的领事职能实现不能，这与《维也纳领事关系公约》的缔约目的是相悖的。国际法院将《维也纳领事关系公约》第36条规定的领事通知权解释为也是一种个人权利，通过为个人“赋”权以强化接受国的告知义务，为通知派遣国领事提供了实现途径。

通知义务始终是《维也纳领事关系公约》中的争议条款。在公约缔结过程中，参加谈判的缔约国就第36条的理解存在很大争议，其中主要集中于领事通知权到底是强制性规范还是任意性规范。英国特别指出，将其定义为强制性规范不是剥夺了当事人的权利，而是特别指明为了保护该项权利不被滥用。该项权利如果仅仅是应当事人的要求而行使的话，实践中就很有可能因为被羁押人因为不知道这项权利的存在而导致领事通知权利无法行使。因此公约第36条第1款（b）项才规定接受国当局应将本款规定之权利迅即告知当事人。但是英国的建议当时并没有被采纳。随着人权保护理念的深化，针对被逮捕、拘押的外国国民，为保障其依据公约享有的通知本国领事的权利，以保护其个人利益，同时也便利领事履行领事保护职责，《维也纳领事关系公约》所规定的通知义务开始从应请求通知转向接受国自动通知或者强制通知，双边领事条约的实践为自动通知或者强制通知提供了法律依据。

在“贾达夫案”中，国际法院进一步发展了接受国的通知义务，将请求通知义务演变成自动通知义务，这反映出双边领事关系条约实践对领事法发展的影响。在该案中，巴基斯坦于2016年3月3日逮捕贾达夫，于2016年3月25日将逮捕情况通知了印度高级专员，印度认为巴基斯坦的通知违反了第36条的规定。国际法院根据《维也纳条约法公约》分析了条约文本的通常含义，并考察了《维也纳领事关系公约》的准备工作文件，认为第36条项下的通知是隐含义务，不以当事人申请为前提，因为当事人也许不知道其享有这个权利，或者当事人不得不放弃这个权利而没有提出申请。既然领事通知权是个人权利，接受国应当保障人权的事项，因此应当负有通知义务。即当派遣国国民被监禁、逮捕或拘留时，领事馆的权利隐含了接受国当局有义务立即通知派遣国领事，派遣国领事有权按照第36条第1款（c）项的规定探访受监禁、羁押或拘留的本国国民，与之交谈或通讯，并代聘法律代表。

（二）强制通知义务的广泛运用

实践中，在许多国家缔结的双边领事条约中都规定，当派遣国国民被逮捕、拘禁、羁押候或者被采取其他强制措施时，无须当事人提出请求，接受国负有毫不迟延地通知派遣国领事的义务，这被称为“强制通知”义务。例如，美国和57个国家之间的双边领事条约中都规定了强制通知义务，其中《中美领事条约》第35条第（2）款就规定：“领事区内遇有派遣国国民被逮捕或受到任何形式的拘禁，接受国主管当局应立即通知，最迟于该国民被逮捕或受拘禁之日起的4天内通知派遣国领事馆，如果由于通讯设备方面的困难在4天内无法通知派遣国领事馆，也应设法尽快通知。应领事官员要求，应告知该国民被逮捕或受到何种形式拘禁的理由。”中美之间就优先适用双边领事条约规定的强制通知义务而不是适用《维也纳领事关系公约》规定的“应请求通知”。美国1988年5月12日与突尼斯签订的双边领事条约，其中规定了双方基于对等原则，允许领事履行以下职能，包括签发护照和签证、提供公证服务以及代表国民处理在遗产事务中的利益等。针对缔约方国民被逮捕、拘留或人身自由受到任何限制的情形，美国和突尼斯领事条约第39条做出了专门规定，具体内容包括：①当派遣国国民遭到逮捕或人身自由受到任何形式的限制时，接受国主管当局应迅即通知派遣国的领事官员。这里也对“迅即”通知做出了约定，即在限制派遣国国民自由后的3天内发出通知，或在因通信或其他困难而无法在3天内作出通知的情况下，应尽快发出通知。②接受国应允许派遣国领事官员在提出探视请求后24小时内探视其被逮捕或拘留的国民。③接受国主管当局应立即告知该国民，其有权将对其自由的限制通知本国领事。④接收国当局应毫不迟延地将被逮捕、监禁或以任何其他形式限制其自由的人的任何通信传送领事。第39条还具体罗列了派遣国开展领事协助的措施，并明确第39条所载权利应根据接受国法律行使。[①] 美国和突尼斯的双边领事条约中规定的强制通知适用于所有被限制自由的人，这里规定的“被限制自由的人”的范围，貌似比《维也纳领事关系公约》或者一般双边领事条约中规定的逮捕、羁押候审、拘禁或者其他被采取强制措施的情形规定的要更宽，在美国和突尼斯双边领事条约中，强制通知义务适用范围更广。

《维也纳领事关系公约》并不否认强制通知权的效力。实践中，一些国家在双边领事条约中明确了缔约各方相互负有强制性通知义务，从应请求通知到强制通知，其缔约目的在于强化缔约双方相互履行《维也纳领事关系公约》第36条规定的通知义务，因此是对公约规则的细化。我国除了和美国，还和其他50多个国家之间适用双边领事条约，其中与43个国家的双边领事条约义务中包含强制通知义务，即无须被逮捕、拘押、羁押候审或者拘禁的外国国民请求，接受国都应在双边领事条约约定的时间范围内尽速通知，同时，强制通知并不免除我国的告知义务。

（三）引发缔约国国内程序改革

当《维也纳领事关系公约》第36条规定的通知义务被解释为“个人权利”后，如何保障被逮捕、拘禁的外国国民享有的通知本国领事的权利，以及如何建立保障通知权实现的国内程序，就成为许多国家在国内法中关切的现实问题。例如，在“拉格兰德案”后，有学者提出[②]，除了由美国最高法院通过判例的形式确定救济的路径之外，最简单的方式是修改美国《联邦刑事程序规则》第5条的规定，即如果被告根据第5条的规定被指控犯有重罪的话，则法官必须告知被告其已经被起诉，并且其具有领事通知权。这种权利的应用应当与“米兰达规则”类似，“即告知所有的被羁押

① 具体见美国国务院官方网站 https：//travel. state. gov/content/travel/en/legal/travel – legal – considerations/intl–treaties/Bilateral–Consular–Conventions/Tunisian–Treaty. html，访问日期：2023年2月2日。

② Michael Candela：Judicial notification：a simple solution to ensure compliance with the *Vienna Convention on Consular Relations*，*Pace International Law Review*，Vol. 18，2006，p. 370.

的人，无论是本国人还是外国人，具有公约第36条第1款（b）所规定的权利"[①]，这样就满足了“迅速告知”的要求。如果以后再有违反公约第36条规定的情况的话，就可以比照违反“米兰达规则”的案件来处理，这样就从根本上解决了救济途径问题。后来，美国也尝试制定领事通知的规则，但是该规则最终未通过，而是通过软法规则等方式将领事通知的内容程序化。英国、澳大利亚、新西兰、爱尔兰、瑞典、爱沙尼亚、波兰等都以转化的方式，在国内的立法和实践中规定了领事通知权的内容。例如，英国1984年《警察和刑事证据法》第3部分就规定了在讯问被告之前，必须告知其具有领事通知权以及其他法律权利。2004年，美国最高法院审理“麦德林案”时，欧洲理事会的46个成员国就该案发表“法庭之友”意见，明确了欧洲理事会成员一致认为，根据《维也纳领事关系公约》第36条的规定，外国国民被逮捕或者拘禁后，享有立即被告知其享有通知本国领事的权利。该项权利是个人权利，这不仅是公约所确定的，也是国际习惯法所承认的。如果当事国侵犯了该项权利的话，就要建立定罪量刑的司法审查机制。

（四）强制通知中的潜在权利冲突

从强求通知到自动通知义务和强制通知义务，其中也隐藏着权利冲突，即当事人不想与本国领事会见和领事行使保护职能之间冲突，其核心在于如何保护被拘留或逮捕的人的个人信息。在当前的信息社会，个人信息保护的加强成为全球关注的问题。随着欧盟《通用数据保护条例》的生效，个人数据保护的范围和力度都进一步加强，个人信息保护包括个人信息遗忘权的保护成为当前国际社会关注的重要内容。自动通知领事义务和强制通知领事义务也不能以损害被拘留国民的个人隐私权或者个人信息权为代价。有些国家为了保护国民的个人信息或者隐私，当协助事项涉及国民的

---

① Elizabeth Samson: Revisiting Miranda after Avena: the implications of Mexico V. United States of America for the implementation of the *Vienna Convention on Consular Relations* in The United States, *Fordham International Law Journal*, Vol. 29, 2007.

个人信息或者隐私时，会要求当事人必须签署有关放弃隐私权的协议。例如，美国领事馆会依据美国《隐私权保护法案》提供相应的协助。这方面未来还有许多内容值得探讨。

尽管相关的国际实践还不统一，也很难认定强制通知义务已经发展成为习惯国际法规则，但是《维也纳领事关系公约》条约文本的概况性、模糊性为条约权利发展提供了空间和可能，双边领事条约为国家的反复实践提供了依据。随着《维也纳领事关系公约》第36条的内容被不断赋予新含义、新价值，围绕着该条款的国内、国际实践将迎来新的发展。

四、通知形式

无论是《维也纳领事关系公约》还是多数国家的双边领事条约中，都要求毫不迟延地通知，但没有规定具体通知的形式。无论具体何种通知——应请求通知或者强制性通知，具体的通知方式都交由各缔约国自行考量，既可以是口头方式，也可以是书面方式，还可以采用包括电子邮箱甚至区块链等方式。领事通知方式的选择和各缔约国的证据规则有关，从保留证据的角度看，任何告知外国国民享有领事通知的通知，最好都采用书面方式，并应符合程序规则的惯常要求，例如，告知语言的选择、当事人的阅读能力等。如果用口头方式，最好有录像，以证明尽到了通知义务。

接受国通知派遣国领事的方式较为多样，既包括口头、电话、邮箱方式，也可以采取电传等方式，一般与两国之间惯常的外交领事习惯一致。至于采用何种语言通知，《维也纳领事关系公约》以及双边领事条约并没有规定，其核心依然是有效通知的实现，因此最好用其能理解的语言。美国在“拉格兰德案”和“阿韦纳案”后制作了多语言告知范本，以供执法部门使用，甚至增加了手语，以证明尽到了通知义务。当然，通过核查外国国民护照或者其他身份证明的方式查得其国籍，从而了解其语言能力，将有助于通知的实现。

五、通知内容

接受国通知派遣国领事，目的是使派遣国领事得以为其国民提供领事协助，开展领事探视，保护本国国民利益。因此，领事通知的内容一般都包括被逮捕或拘禁的派遣国国民的基本信息。

实践中的问题在于接受国有关当局是否要将被逮捕、拘禁的派遣国国民被逮捕拘禁的原因通知派遣国领事，即所谓的强制通知理由。对此，《维也纳领事关系公约》并没有作出规定，而是留给各缔约国自行处理。

目前还不存在统一的国际实践。各国一般是依据其缔结的双边领事条约的规定，或者依据对等原则决定是否通知逮捕拘禁的原因。实践中存在三种做法：①要求强制通知理由。一些双边领事条约要求告知领事官员逮捕拘禁的原因，即强制通知原因，例如，美国与阿尔及利亚的双边领事协定中就规定了告知被逮捕拘禁原因，且不以领事官员提出此类要求为前提。②经请求才予以通知原因。有些国家采取经派遣国领事请求再通知原因，例如，《中美领事条约》第35条第1款（b）项中就规定“应领事官员要求，应告知该国民被逮捕或受到何种形式拘禁的理由”。其他如保加利亚、捷克、波兰、斯洛伐克等国家和美国的双边协定都规定了应领事官员要求，接受国应告知具体原因。③多数国家采取无须告知的做法。如果两国之间无双边领事条约或者其他条约对此作出特别规定，双方也无惯常做法，则无须通知具体原因。

至于接受国是否有义务告知领事官员被逮捕、拘禁的派遣国国民的基本状态，例如，其已经在接受国申请庇护，双边实践很少，也是实践中待发展的内容。

第三节　派遣国国民的界定

《维也纳领事关系公约》第 36 条第 1 款（b）项规定的是针对“被逮捕、监禁或羁押候审、或因任何其他方式被拘禁的派遣国国民”，接受国当局有义务将其享有的通知本国领事的权利迅即告知派遣国国民。那么，谁是派遣国国民？谁来判断派遣国国民身份？如何判断？无法界定其身份时怎么办？

《维也纳领事关系公约》第 36 条并没有具体规定派遣国国民的含义。从《维也纳领事关系公约》的立法背景和缔结过程来看，最初制定公约的目的是调整派遣国和接受国的领事关系，因此公约第 36 条规定的是派遣国领事有权与派遣国国民通讯及联络，至于如何界定派遣国国民则留给了实践。随着领事法的发展以及国际社会的人本化趋势，《维也纳领事关系公约》第 36 条为个人“赋”权，个人也是享有领事通知权的权利主体，那么，这个权利主体的界定就成为实践中的争议问题。其中涉及的问题可以概况为以下几个方面：①国籍是不是考量外国国民的唯一标准，其惯常居住地是否也可纳入考量范围。②接受国在履行通知义务的过程中，是否仅考察外国国民的国籍，无论其行为性质，即没有行为性质例外，包括任何严重犯罪和恐怖主义犯罪在内。③双国籍和无国籍人的权利如何保障。公约中指的派遣国国民是仅适用于具有派遣国国籍的人，还是也可以包括双国籍的人。④是不是所有的派遣国国民，无论其在接受国因何种原因被逮捕、监禁，都当然享有领事通知的权利？也就是说，领事通知是否存在例外情况，这是印度和巴基斯坦在“贾达夫案”中的分歧所在。

考虑到公约的缔结过程，结合国际和国内司法实践，公约第 36 条的适用主体被逐步勾勒清晰，尽可能保护每个外国国民享有的领事通知权，也使得每个外国国民尽可能得到领事的协助。有关领事通知权的内容既是对习惯国际法的编纂，也是逐步在国际实践中被发展的，使得领事保护这个

“盒子”里有了更丰富、具体的内容，领事通知对象的广泛性也通过实践被进一步明确化。

一、派遣国国民的通常含义

考察《维也纳领事关系公约》第 36 条的规定，以及各国的相关实践，可以认为国籍始终是考量第 36 条适用的首要标准。与国际私法中放松国籍标准不同，国际私法在管辖权确定等方面转而采用惯常居所地标准作为对行使个人管辖权或者适用法律的趋势，但是领事法中始终将国籍标准作为首要标准。领事法的目的是保护本国国民及其利益，而国籍是一个人和国家之间的法律关系，因此，国籍而不是住所始终是适用第 36 条的条件和标准。

国籍是一个人与国家之间的法定联系。根据 1930 年《关于国籍法冲突的海牙公约》第 1 条的规定，每一国家按照本国的法律决定谁是其国民。该法如果符合国际公约、国际习惯以及关于国籍的普遍公认的法律原则，其他国家应予以承认。在“突尼斯和摩洛哥的国籍法令案”（the Nationality Decrees in Tunis and Morocco）中，国际法院认为国籍问题大体上是一国管辖内的事项。因此，判断一个人的国民身份是按照其国籍来确定的，至于其是否派遣国的国民，则由派遣国认定。

在“拉格兰德案”中，尽管拉格兰德两兄弟长期居住在美国，美国是其惯常居所地，但拉格兰德两兄弟依然保有德国国籍，按照国籍标准，对美国来说，拉格兰德两兄弟属于《维也纳领事关系公约》第 36 条中所指的外国国民。因此，当拉格兰德两兄弟在美国因抢劫等罪名逮捕、监禁、羁押候审时，美国有义务按照《维也纳领事关系公约》第 36 条的规定，尽到领事通知义务，既告知德国国民其享有的通知领事的权利，也要将德国国民被逮捕、羁押候审等情况通知德国驻美领事，以保障德国驻美领事为德国国民提供领事保护，包括提供领事协助、开展领事会见等，以保护德国国民的正当权益。

在“阿韦纳案”中，墨西哥在国际法院对美国提起诉讼后，墨西哥又撤回了该案中涉及的一名墨西哥人的请求，原因在于该人具有双重国籍，即同时具有墨西哥国籍和美国国籍。美国也主张该案所涉及的一些墨西哥国民实际具有墨西哥和美国双重国籍，这种情况下，美国认为此时《维也纳领事关系公约》第36条中的领事通知义务不能适用，因为根据第36条的规定，领事通知义务适用的情形是外国国民被逮捕、监禁或羁押候审或者其他任何方式的拘禁，既然该名墨西哥人具有美国国籍，因此对于美国来说，其不是外国国民，不能适用《维也纳领事关系公约》第36条的规定。正是基于这个理由，墨西哥撤回了针对这名双重国籍的墨西哥人的诉求。国际法院似乎也认同这种观点，如果所谓的外国国民同时具有墨西哥国籍和美国国籍，其既是墨西哥国民也是美国国民，那么在这种情况下，《维也纳领事关系公约》第36条中的领事通知权就不能适用，接受国不再负担通知义务，其未告知、未通知都不构成对公约义务的违反。

二、双重国籍下的选择

针对“阿韦纳案”中墨西哥撤回对具有双重国籍的墨西哥国民的请求，学界也存在不同的观点。有学者认为①，墨西哥的做法是不必要的，因为领事通知权不仅属于被逮捕拘禁的墨西哥国民，也属于墨西哥和墨西哥领事，在这种情况下，即便被逮捕、拘禁的墨西哥国民具有双重国籍也应将逮捕、拘禁的情况通知其本国。

就领事通知中涉及外国国民具有双重国籍时的通知问题，在《维也纳领事关系公约》中并没有提及，实践中则形成了不同的做法。从实践发展来看，目前的趋势是借鉴联合国国际法委员会在2006年制定的《外交保护的条款草案》中有关双重国籍人的外交保护的规定的内容，采取了更为宽松的政策，将《维也纳领事关系公约》第36条中规定的外国国民权利保

---

① Mark E. Wojcik：Consular notification for dual nationals，*Southern Illinois University Law Journal*，Vol. 38，2013，p. 73.

护最大化。2006年《外交保护的条款草案》第4条明确了自然人的国籍国，包括“为对自然人行使外交保护的目的，国籍国指该人根据该国法律通过出生、血缘、归化、国家继承或以任何其他方式，在不违反国际法的情况下，获得了其国籍的国家”。在判断所涉及外国国民是否具有外国国籍时，谁负有证明责任？是采取实际标准还是高度怀疑标准？

首先是由接受国自行判断被逮捕、拘禁的人是否具有外国国籍，其次由外国国民所声称的“本国”予以确认。如果对此有疑义，或者无法准确判断其是不是外国国民，或者是不是具有其声称的外国国籍时，接受国是否还要承担毫不迟延的告知义务和领事通知义务，以便利领事进行探视，这是实践中可能会有争议的内容。

从国际法院的实践来看，国际法院在涉及第36条的个人权利方面更倾向于保护个人的权利，例如，在“贾达夫案”中，巴基斯坦抗辩国际法院的管辖权，提出印度已经构成权利滥用，表现在：印度拒绝提供贾达夫拥有印度国籍的“证据”，即有其真实姓名的真实护照，尽管其有义务这样做；印度拒绝就贾达夫刑事调查提供帮助；以及印度授权贾达夫携带“伪造的真实护照”穿越印度边境，以进行间谍活动和恐怖活动。对此，国际法院回顾了其在涉及豁免和刑事程序案（赤道几内亚诉法国案）[①] 判决中的初步意见，并指出如果争议的权利是讼争焦点，则滥用权利不能作为不得受理的理由。国际法院接着指出，如果印度未能提供含贾达夫真实姓名的真实护照，这就说明巴基斯坦意在指印度未能证明贾达夫的国籍。就这点而言，国际法院注意到有证据表明贾达夫是印度国民，因此，国际法院认为毫无疑问贾达夫具有印度国籍。

在判断国籍时，应贯彻国籍持续原则。所谓国籍持续原则，是《外交保护条款草案》中所规定的：“1. 一国有权对从发生损害之日到正式提出求偿之日持续为其国民的人行使外交保护。如果在上述两个日期该人都持

① Equatorial (Guinea v. France), Preliminary Objections, Judgment, I. C. J. Reports 2018 (1).

有该国籍，则推定该国籍是持续的。2. 尽管有第 1 款的规定，一国对在正式提出求偿之日为其国民但在受到损害之日不是其国民的人，可行使外交保护，但条件是该人曾具有被继承国的国籍，或者已丧失原国籍，并且基于与提出求偿无关的原因、以不违反国际法的方式已获得该国的国籍。3. 一人在受到损害时为其原国籍国国民，而不是现国籍国的国民，则现国籍国不得针对原国籍国就该人所受到的损害行使外交保护。4. 一国对于在正式提出求偿之日后获得被求偿国国籍的人不再享有为其行使外交保护的权利。"①

实践中，一些国家还通过双边领事条约将该规定予以细化，例如，加拿大的领事手册中专门规定②，同时具有加拿大和接受国国籍的人，按照双边领事条约规定仍然要尽到通知义务。如果具有双重国籍的人在第三国被逮捕或拘留，有关当局可以根据《维也纳领事关系公约》第 36 条的规定，选择其中一个国籍国通知，至于如何选择则取决于各国实践，通常情况下，负有强制通知义务的国家优先。也有国家，例如南非，则采用"国籍+护照"的方法，即外国国民除了必须要有外国国籍，同时还要持有该国护照入境的才予以保护。

对于不承认双重国籍的国家，如何考虑其身份，仍然是实践中待明确的特殊问题。理论上，考察一个人是否具有外国国籍和是否承认其具有双重国籍没有任何关系，一个国家立法中不承认双重国籍并不等同于该国不存在双重国籍问题，即具有该国国籍的国民可能同时具有他国国籍，这是国籍问题积极冲突的必然表现。例如，我国《国籍法》第 3 条规定，中华人民共和国不承认中国公民具有双重国籍，但是这不等于否认具有中国国籍的人可能同时具有中国和其他国家国籍的状态，例如，根据《中华人民共和国和美利坚合众国领事条约》附件一《中美两国政府关于两国公民团

① 见《外交保护条款草案》第 5 条。

② Consular Affairs Bureau, Manual of Consular Instructions, Chapter 2, Protection and Assistance. §2.4.4 (6).

聚、旅行方便等问题的补充换文》第 2 条规定："两国政府同意给予自称同时具有美利坚合众国国籍和中华人民共和国国籍的人在两国间旅行的便利，但这并不意味着两国政府承认双重国籍。上述人员出境手续和证件将按照居住国的法律处理；入境手续和证件将按照前往国的法律处理。"一方面，国籍法是国内法，国籍问题是一国国内问题，因此，一个人可能因出生、婚姻、入籍等方式取得了两个国家或者两个以上国家的国籍；另一方面，双重国籍的存在对于第三国来说就是一种状态，第三国不会评判该外国国民应该具有哪个国籍，而只是寻找法律适用或者解决问题之路径，因此从实践操作看，就领事通知而言，就是通知哪一国领事官员，以及该国领事官员是否会进行领事探视。至于是否进行领事探视，则由该领事官员根据其本国法律判定该人是不是本国国民，从而决定是否进行领事探视。

实践中，即便是持有所谓"绿卡"等永久居留权的外国人，依然被认为是第 36 条中的外国国民，而不是其永居国国民，除非在双边领事条约中另有规定。例如，美国和波兰的双边领事条约中就规定，波兰和美国之间适用强制通知规定，但是此规定仅适用于非永居居民，即只有波兰国籍的非美国永居居民才适用强制通知条款。对于具有美国永居居留权的波兰国籍国民，美国不适用强制通知条款的规定，当具有永居权的波兰国籍国民在美国被逮捕或拘禁时，除非其提出领事通知的请求，否则美国不适用强制通知条款。

三、外国国籍确定的时间

外国国民身份的确定应当由执法人员在逮捕、拘留、审判和拘禁时通过询问查明。理论上，外国人应当随身携带证明文件，这样就可以根据证明文件确定其身份，告知权利，并通知其本国领事官员。即便其未携带证明，如果其声称具有外国国籍，应首先按照第 36 条的规定，告知其享有的权利，然后再通过查验护照、驾照或者出生证明等方式进一步确定其身份，通知其本国领事官员。例如，我国《出入境管理法》《外国人入境出境管理条例》规定，公安部应当会同国务院有关部门建立外国人入境出境服务和管理信息平台，实现有关信息的共享。在签证签发管理和外国人在中国境内停留、居留管理工作中，外交部、公安部等国务院部门应当在部门门户网站、受理出境入境证件申请的地点等场所，提供外国人入境、出境管理法律法规和其他需要外国人知悉的信息。这些规定为我国尽速确定其身份并通知其本国领事官员提供了技术可行性。

四、针对多国籍人的选择通知义务

如果具有双重国籍的人在第三国被逮捕或拘留，接受国当局可以根据《维也纳领事关系公约》第36条的规定，选择其中一个国籍国通知，至于如何选择则取决于各国的国内立法、外交实践，同时考虑对等规则。这一规定和《外交保护条款草案》（2006）中第6条“多国籍和针对第三国的求偿”的规定类似，都是采用宽松的做法，即任何一个国籍国都可以进行或者共同行使，“（1）双重或多重国籍国民的任一国籍国可针对该人不属于其国民的国家，为该国民行使外交保护。（2）两个或多个国籍国可为具有双重或多重国籍的国民共同行使外交保护”。在领事通知中，有些国家规定，在这种情况下相互负有强制通知义务的国家优先。有些国家，例如南非，采用“国籍+护照”的方法，即同时具有该国国籍并持有该国护照入境南非的，南非才通知该国，由该国为其提供领事协助和领事保护。

五、针对无国籍人的通知义务

在国际法上，通常外国人是指具有他国国籍的人，也包括无国籍人。根据1954年的《关于无国籍人地位的公约》第1条的规定，所谓的无国籍人，是指“任何国家根据它的法律不认为是它的国民的人”。如果接受国查明被逮捕、拘禁的外国国民属于无国籍人，《维也纳领事关系公约》第36条对此并未规定如何履行通知义务。在此种情况下，一种选择是接受国无须履行第36条下的领事通知义务，因为无法通知。但是也有观点认为，这种情况下也可以履行通知义务。这是借鉴了无国籍人和难民的外交保护规则的发展而提出的。

过去，一般规则是，一国可仅为其国民行使外交保护。1931年，美国-墨西哥索赔委员会在“迪克森车轮公司诉墨西哥合众国案”中认为，无国籍人不能享受外交保护。但是，这一规则如今不再反映国际法在无国籍人和难民方面的立场。当代国际法反映出对这两类人地位的关注。这一点体现在诸如1961年《减少无国籍状态公约》和《关于难民地位的公约》。在《2006年外交保护条款草案》中，第8条专门规定了关于无国籍人和难民的外交保护，提出“（1）一国可为无国籍人行使外交保护，但该人须在受到损害之日和正式提出求偿之日在该国具有合法的和惯常的居所。（2）一国可为被该国根据国际公认的标准承认为难民的人行使外交保护，但该人须在受到损害之日和正式提出求偿之日在该国具有合法的和惯常的居所。（3）第2款不适用于该难民的国籍国之国际不法行为造成损害的情况”。也就是说，关于无国籍人和难民的外交保护规则逐渐偏离了只有国民才可享受外交保护的传统规则，而容许一国为属于无国籍人或难民的非国民行使外交保护。其他一些国际公约中也采取了类似的选择，例如，《禁止酷刑公约》第6条规定，接受国也可以通知其惯常居所地所在国领事。在国际法上并未规定领事协助一定是国家的义务，因此惯常居所地领事是否提供领事协助，完全取决于该国国内立法的规定。

六、领事通知的无例外适用

“在《维也纳领事关系公约》生效之前，被指控为间谍的人员通常被剥夺了领事保护权。”① 但是《维也纳领事关系公约》第36条规定的领事通知权并不存在任何适用例外，从公约约文内容看，只要是派遣国国民，在其被接受国逮捕、羁押、监禁或者任何其他方式被限制自由时，就应被

① 李宗周：《领事法和领事实践》，梁宝山、黄屏、潘维煌、夏丽萍译，世界知识出版社2012年版，第145页。

告知享有通知本国领事的权利，派遣国领事有权为其提供领事协助和领事保护，至于外国国民的行为性质和内容，并不影响其享有的领事通知权。接受国在履行领事通知义务时，只需考虑第36条中涉及的外国国民的国籍，而不应考虑其他情况，包括该外国国民的行为性质、该外国国民入境是否合法，或者该外国国民居留是否合法等情况。第36条的规定在国际法院审理的“贾达夫案”中得到了进一步确认，国际法院在该案中明确了外国国民的行为性质和内容不影响其享有的领事通知权，并且缔约国不能通过双边领事条约限制享有领事通知权的派遣国国民范围。

在“贾达夫案”中，印度和巴基斯坦的争议焦点之一就在于《维也纳领事关系公约》第36条的适用对象有无例外，即领事通知权是否适用于“表面上从事间谍活动的人”。印度从公约的文本出发，认为《维也纳领事关系公约》第36条的规定不存在任何例外。巴基斯坦则认为[①]，“间谍活动和国家安全事项”构成对36条的“合理限制”，在这种情形下，《维也纳领事关系公约》第36条就不适用于“表面上从事间谍活动的案件”。传统上，领事在涉及间谍案件中的职能和作用受习惯国际法的约束，属于《维也纳领事关系公约》第36条规定的例外事项，这可以从《维也纳领事关系公约》的起草准备工作文件中看出，其中指出了一些与领事关系有关的事项不受公约的管辖。

在审理“贾达夫案”时，国际法院并没有分析1963年是否存在间谍活动例外的习惯国际法规则，而是以《维也纳领事关系公约》的内容为基础从三个方面进行了分析：首先，国际法院考察了《维也纳领事关系公约》全文，认为无论是公约第36条的规定和还是公约中的任何其他条款，都没有提到间谍案件，从公约的目的和宗旨来看，第36条也无意将涉嫌从事间谍活动的人排除在外。其次，国际法院还考察了公约缔结时的准备文件和缔约过程，认为缔约各方从未将某些类别的人，如涉嫌从事间谍活动的人

① Jadhav case (India v. Pakistan), 17 July 2019 Judgement, para69.

排除在第36条的范围之外。虽然国际法院委员会于1960年在讨论作为《维也纳领事关系公约》第36条基础的第30 A条草案时提及“间谍案”，但是当时的委员会主席认为“关于一般法律原则的陈述不可能涵盖所有可能的案件。如果委员会要讨论是否应将间谍案件作为例外的问题，则必须重新考虑领事保护和与国民沟通的整个原则”。国际法委员会在随后的会议上没有涉及间谍活动问题。国际法院还指出，在委员会关于在拟议的规定中可能提及安全区的讨论中也提到了间谍案件。但是出于国家安全的考虑，没有建议在间谍活动中不准许领事进入。1963年3月4日至4月22日在维也纳举行的联合国领事关系会议期间，有人对第36条草案中的“毫不拖延”一词提起了间谍活动问题，但是从当时的讨论情况看，虽然间谍活动的指控被认为与确定接收国应在适当的时间通知发送国的适当时间有关，但间谍活动并没有被排除在外。最后，法院还考察了印度和巴基斯坦的缔约实践，认为印度和巴基斯坦分别自1977年和1969年以来就是《维也纳领事关系公约》的缔约国，而且没有任何一方对公约的规定给予保留意见或声明。因此应当适用公约第36条管辖当事方之间关系的事项。

“贾达夫案”的意义在于明确了《维也纳领事关系公约》第36条中领事通知权的适用无例外情形，缔约国之间任何双边领事条约的规定都不能取代缔约国在《维也纳领事关系公约》第36条规定的义务，任何双边领事条约都不能限制个人依据《维也纳领事关系公约》第36条取得的权利。国际法院指出①，缔约国在制定和解释双边协定时，应考虑《维也纳领事关系公约》第73条第2款的规定，可以“确认、或补充、或推广、或引申本公约之各项规定”，例如，制定规范公约未涵盖事项的双边协定，以进一步实现对“在另一国被逮捕、拘留的外国国民给予人道待遇”的缔约目标，如果缔约双方打算以某种方式限制第36条所保障的权利，则构成了对《维也纳领事关系公约》第73条的背离。

---

① Jadhav case (India v. Pakistan), 17 July 2019 Judgement, para 96.

第四节　派遣国的权利

根据《维也纳领事关系公约》第 5 条的规定，领事具有保护本国国民利益的职能。根据《维也纳领事关系公约》第36 条的规定，在本国国民被接受国逮捕、拘禁、羁押候审或者以其他任何方式被拘禁时，接受国应及时通知派遣国领事。派遣国领事享有与被逮捕、拘留的本国国民会见及通讯的权利，领事有权探视本国国民，为本国国民提供领事协助。

一、监督接受国履行义务

《维也纳领事关系公约》调整的是缔约国之间的领事关系，派遣国领事作为派遣国的代表，有权要求接受国履行《维也纳领事关系公约》第 36 条所规定的义务，包括将派遣国国民被逮捕、拘禁、羁押候审等情况及时告知派遣国。领事通知触发派遣国开启领事会见，提供领事协助。接受国任何违反及时通知义务的行为，都可能构成接受国违反条约义务的行为，进而引发相关的外交交涉。

同时，根据《维也纳领事关系公约》第 5 条和第 36 条的规定，从履行保护本国国民利益的职能要求来看，派遣国领事有权监督接受国是否尽到了通知义务。一般情况下，条约并不直接为私人创设权利和义务，但是《维也纳领事关系公约》第 36 条被认为为个人创设了国际法上的权利，围绕着保护个人领事通知权，领事的保护职能被唤醒，派遣国、接受国都开始被要求负担更多义务来保护个人享有的领事通知权，保护从可自由处置的政策逐步演变为法律义务。“在国际法开始形成的早期，国际法律秩序中并没有个人的地位，即没有个人的权利。因此，如果要保护在国外受损害的国民，就只能通过假设对国民的损害就是对国家本身的损害。然而，这种假设只不过是达到目的的一种手段，而目的是要保护受损害的国民的权利。如今，情况发生了变化，个人是许多国际法初级规则的主体，这在习惯和条约之下都是如此，使之对内免受本国政府之害，对外免受外国政府之害。这在“拉格兰德案”和“阿韦纳案”中已得到国际法院的承认。这种保护并不限于人身权利。双边投资条约在财产权方面给予法人和自然人以权利和保护。个人获得了国际法之下的权利，但救济办法却不多。国家在国与国之间行使的外交保护仍是对人权在国外受侵害的个人给予保护的重要救济办法之一。”[①] 国际法院在“拉格兰德案”[②]、“阿韦纳案”[③] 等的判决中明确了领事通知权是国际法为个人创设的个人权利，该权利可以被国家援引，对该条款下个人权利的侵犯也是对国家权利的侵犯。在“拉格兰德案”中，德国驻美领事在得知拉格兰德兄弟被逮捕后从未被通知，德国驻美领事也无法为其提供领事协助，进行领事会见，德国驻美领事认为美国的做法违反了《维也纳领事关系公约》，在外交努力无果的情况下，德国在国际法院对美国提起了诉讼。在“阿韦纳案”中，墨西哥驻美领事认为美国的做法构成了对公约义务的违反，为在美墨西哥国民提供领事协助，寻求国内救济手段。针对国内救济无效的情况，墨西哥又寻求国际救济措施，在国际法院对美提起诉讼。

派遣国领事要保护本国国民权利不被侵犯，就要关注几个关键的保护措施：在本国国民被逮捕或拘禁后，接受国是否迅即告知其享有领事通知权；接受国是否立即、毫不迟延地通知了派遣国的领事；领事官员与被逮捕拘禁的本国国民之间的通讯自由、会见自由是否得到保障；领事是否能为被逮捕拘禁的本国国民提供必要的领事协助；监督接受国是否给予被逮捕拘禁的本国国民以人道主义待遇；等等。在本国国民被逮捕、监禁或羁押候审、或受任何其他方式的拘禁期间，派遣国领事始终监督接受国是否给与其人道主义待遇，是否保障了诉讼权利的实现。

---

① A/61/10，国际法委员会报告，第 20 页。

② ICJ Reports 2001，p. 466.

③ Avena and Other Mexican Nationals （Mex. v. U. S. ），2004 ICJ Rep，p. 12.

二、触发领事保护

《维也纳领事关系公约》第 36 条为个人赋权，是指接受国在逮捕、拘押外国人时，有义务告知该当事人享有通知本国领事的权利，如果接受国未尽到该项告知义务，则对被采取强制措施的外国国民的权利构成了侵害。从权利性质来看，这是一项事关当事人正当程序的权利。在被接受国告知享有通知领事的权利后，被逮捕拘禁的外国人可以请求接受国通知其本国驻接受国领事，一旦派遣国领事知晓本国国民被逮捕、拘押或者被采取其他强制措施，派遣国领事就有权开展领事会见，为本国国民提供领事协助等，开展领事保护。如果根据双边领事条约约定，接受国负有强制通知义务时，则自派遣国领事被通知时起，就可以按照条约的约定开展领事保护。

领事通知触发领事保护，并不等于一定能自动启动领事保护，也不等同于派遣国领事就负有为本国国民提供领事协助和领事保护的义务。派遣国领事是否为被逮捕拘禁的本国国民提供领事保护，以及是否有义务为本国国民提供领事保护，都属于各国国内法上的问题，来源于各国国内法的规定或者授权。在每一个具体案例中，领事都是根据本国法律的规定和授权，按照本国政府的指令具体开展工作的。实践中，为了进一步明晰本国领事的职责和权限，一些国家制定了专门的国内立法，具体规定了本国领事的职责，明确了领事履行职责的方式、领事开展领事保护的途径、提供领事协助和领事保护的范围，以及领事履行职责的边界等。

例如，德国在《领事官员及其职责和权限法》的第一节明确了领事官员（职业领事官员或名誉领事官员）的职责包括：为德国籍国民和本国法人提供建议和帮助。德国的立法中明确了领事履行的职责就是领事协助和领事服务，通过为本国提供各种协助来保护本国国民利益。《芬兰领事服务法》第 1 条规定了领事的职责，即“本法所规定的属于芬兰使团的一部分的外交和领事职能，属于《维也纳领事关系公约》（芬兰条约系列 50/1980）第 5 条所指的领事职能，包括向个人或实体提供帮助、监督他们的利益和权利，以及行使属于本法或其他规定的外事行政主管部门的职权范围的立法（领事服务）”。从其规定的内容来看，领事的具体履职内容核心就是提供服务、建议[①]和提供援助。瑞士在《瑞士在外国的个人和机构法》第三篇规定了“对境外人员提供的领事保护和其他领事服务”，其中第一章专门规定了领事保护，并列明了具体的领事保护对象和要求，就具体的领事保护措施而言，其核心在于援助。该法案第三节的标题是“援助”，其中第45条规定了国外一般救助，包括：一般救助特别包括在发生疾病或事故时或对严重犯罪受害者的援助；在国外的法律诉讼中，代表处可以推荐当地的法律援助，而无须承担法律责任；代表处可通过领事和外交渠道与接受国地方和中央当局采取行动。对于在国外被监禁的人，领事在获悉后，“应向接受国当局询问监禁的原因”，并联系或探访相关人员，前提是适当的或相关人员已提出要求；确保有关人员享有体面监禁条件的权利、程序保障和辩护权得到尊重。

三、开展领事协助

按照《维也纳领事关系公约》第5条的规定，领事负有保护本国国民的职能。在本国国民被逮捕拘禁后，在接受国通知派遣国领事后，派遣国领事就有权按照《维也纳领事关系公约》、习惯国际法以及双边领事条约的约定，为本国国民提供领事协助，保护本国国民利益。领事的职责范围包括但不限于：

第一，探视被逮捕、拘留或以任何方式被限制自由的本国国民，与其交谈、通讯，定期探视，这既是领事履行其职能的要求，也是保护其本国国民利益的需要，同时也是对本国国民最重要的抚慰，为本国国民提供人道主义援助。

第二，领事通过领事探视，为本国国民提供所需药品、必要生活用品、

① 见《瑞士在外国的个人和机构法》，第39条至第49条。

书籍等，这种协助措施为本国国民提供了必要的生活所需，体现了领事的协助职能。有些国家之间的双边条约中对于一些协助细节还做出了详细规定。

第三，为本国国民提供所需的辩护协助，包括为本国国民介绍或者解释接受国的法律体系和制度内容，为其推荐或者代为聘请律师，为其保管钱款或者贵重物品，旁听审理或者其他法律诉讼，等等。

第四，领事负责协助被逮捕拘禁的本国国民取得必要的材料，尤其是帮助其从母国获取必要的证明文件，例如，医疗记录和学校记录，获取相关证据材料。

第五，出具领事协助和领事保护的证明。在美国的司法实践中，美国法院采用三叉检验法，正如在“冈萨雷斯（Rangel-Gonzales）案”中，被告需要证明：其不知道享有领事通知的权利；如果其知道享有该项权利，则其将使用该权利；其联系领事就能得到领事协助。该案中，墨西哥驻西雅图总领事馆就为墨西哥国民冈萨雷斯提供了相关证明文件，证明如果冈萨雷斯请求，则墨西哥驻美领事会协助其联系朋友或者律师，甚至派领事参加法律诉讼，美国第九巡回上诉法院最终判决撤销对冈萨雷斯的定罪。

从领事协助的具体内容看，领事的协助职责要依据本国法律的授权和要求，同时也要符合国际法和接受国法律法规的要求。例如，德国法律规定应协助被拘禁者，即领事官员应向其领区内德国籍待审或服刑囚犯，应其要求提供照顾，尤其是应当提供法律保护。但是，这里为其提供法律保护，并不是要出庭为其辩护，而是“领事官员有权去监狱探望被关押的同胞，并与他们协商一致。领事官员有权确认逮捕的理由、法院对案件的处理是否恰当，以及被关押者的营养和卫生条件是否合理。根据关押者的要求，领事官员可以通知被关押者亲属，并转发汇款”。领事仅仅是为本国国民提供法律协助，一般不能作为律师为其提供法律服务。

四、领事通知的程序价值

现代领事法的发展已经认定《维也纳领事关系公约》第36条规定的领事通知也是一项个人权利，领事通知是领事保护本国国民的关键环节。但是，领事通知是一项程序规则，即便领事通知能触发派遣国对等的领事保护，这种保护也是事后补救措施，并受到各种因素的影响，因此，领事通知、领事保护都是有限的，并非具有全能属性。

第一，领事通知并不一定能启动领事提供领事保护，是否开展领事探视、提供领事协助还要依据各国国内法律授权和政府指令进行。实践中，不是所有的领事通知都能自动启动领事保护。

第二，领事保护是有限制的保护。一方面，《维也纳领事关系公约》为便利领事履行职务，规定了领事特权与豁免，同时也规定领事负有尊重接受国法律规章的义务。其中，《维也纳领事关系公约》第55条明确规定，领馆及领馆人员应尊重接受国法律规章，领馆馆舍不得充作任何与执行领事职务不相符合之用途。就执行职务而言，领事也要符合国际法的规定，遵守《维也纳领事关系公约》以及习惯国际法规则，不得干涉接受国的内政。不干涉内政原则是国际法的一项基本原则，这是《联合国宪章》中所确立的，但是一国国民希望本国政府采取各种措施以保护其利益时，并不一定关心是否构成对东道国政府内政的干涉。例如，在R v. Secretary of State ex parte Butt案中[①]，英国国民布特（Butt）在也门被逮捕，布特的家人以布特在也门被施加酷刑为由，要求英国政府采取领事协助和领事保护措施，以干预正在也门进行的审判。英国政府认为这种做法将构成对也门内政的干涉，拒绝采取进一步的领事保护措施和外交保护措施。布特的家人以政府不作为为由在英国对英国政府提起了国内诉讼。英国法院在该案中，认为领事协助和外交保护不得构成对他国内政的干涉，判定驳回当事

① Court of Appeal Civil Division P3 99/6610/4.

人的起诉。

第三，领事保护措施是有限的，必要时需要协调其他保护机制，包括外交保护等，以实现对本国在海外的国民及利益的保护。在国际法领域，国家根据国家主权原则，对于在外国的本国国民可以行使外交保护或者领事保护。外交保护权是一项国家权利，国家所保护的是国家利益，而不是某个个人的利益。对于国家来说，是否对受到迫害的本国人行使外交保护权，具体如何进行保护，完全由国家决定，权利受到侵害的个人不能主张外交保护权。但是领事保护不同，领事保护是由本国公民提出的，在接受国法律的框架内提供一定的帮助。领事保护权利的行使是由本国公民决定请求或者放弃的。在领事保护中，国家是以帮助者或者协助者的角色出现的，国家并不是法律程序中的当事人，也不是法律权利和义务的承受者。

第四章　领事通知权的救济方式

尽管《维也纳领事关系公约》第36条规定了接受国的领事通知义务，明确了派遣国享有领事探视等各项权利，并为被逮捕拘禁的派遣国国民创设了个人权利。但是实践中，围绕个人享有的领事通知权的实现，依然存在不同的认识和做法，并引发了相关的争议。

第一节　国内救济措施

如果接受国违反了《维也纳领事关系公约》第36条规定的领事通知义务的履行，派遣国以及权利被损害的派遣国国民能够在接受国依据接受国的法律，寻求相应的国内救济，包括提起复议、提起上诉或者复审程序，要求接受国纠正领事通知义务履行中存在的程序错误。

一、国内救济措施的提起

各缔约国有义务在国内法中制定相应立法，以实现《维也纳领事关系公约》第36条规定的权利。正如《维也纳领事关系公约》第36条第2款所指出的，“本条第一项所称各项权利应遵照接受国法律规章行使之，但此项法律规章务须使本条所规定之权利之目的得以充分实现”。针对《维也纳领事关系公约》第36条规定的派遣国领事享有的领事通知、领事会见、领事通讯和联络权利，以及被逮捕、拘禁的外国国民享有的领事通知权，接受国有义务通过国内立法予以保障。多数国家都制定了本国的领事特权与豁免条例，保障领事执行其保护职务，包括有权要求领事通知、领事会见、与本国国民自由通讯和联络。

对于《维也纳领事关系公约》第 36 条第 1 款（b）项规定的被逮捕、拘禁的外国国民享有的领事通知权，该权利作为一项个人权利是近些年才得到各缔约国广泛的承认的，对于该权利的保护还缺乏统一的立法和司法实践，各缔约国在实现方式上差异很大。首先，在领事通知权的实现上，《维也纳领事关系公约》缔约国有义务履行第 36 条规定的领事通知义务，具体履行方式由各缔约国自行确定。“约定必守原则”是传统的国际法原则，也是一项习惯国际法义务。《维也纳条约法公约》第 26 条规定，“凡有效之条约对其各当事国有拘束力，必须由各该国善意履行”。《维也纳领事关系公约》缔约国有义务善意履行公约义务，包括第 36 条包含的领事通知义务。其次，具体实现方式和途径取决于各国的规定。在一国国内履行条约义务的方式包括直接适用条约，也包括将条约义务纳入国内法中履行，实践中具体采用直接适用还是转化适用，应依据各国宪法或者国内法惯行规则进行。具体到《维也纳领事关系公约》，美国将该公约定性为自动执行的条约，因此《维也纳领事关系公约》在美国可以直接适用，第 36 条中的领事通知义务理论上可以直接援引。而《维也纳领事关系公约》中的多数缔约国，如英国、澳大利亚、新西兰、爱尔兰、瑞典、爱沙尼亚 、波兰等都以转化的方式，在国内的立法和实践中规定了领事通知权的内容。例如，英国于 1984 年颁布的《警察和刑事证据法》第 3 部分就规定了在讯问被告之前，必须告知其具有领事通知权以及其他法律权利。德国联邦宪法法院在 2006 年的判决中指出[①]，德国将遵守国际法院在“拉格兰德案”和“阿韦纳案”中确立的原则，即公约第 36 条规定的是被拘禁的外国国民的个人权利，这种权利是一种司法上可以执行的权利。根据《德国基本法》第 59 条第 2 款的规定，第 36 条的内容作为联邦法律中条约法的内容，可

① Case Nos. 2 BvR2115/01, 2 BvR 2132/01, & 2 BvR 348/03. 60 NEUE JURISTISCHE WOCHENSCHRIFT 499 (2007), *The American Journal of International Law*, Vol. 101, 2007, p. 627.

以在德国国内法律体系适用。据此，德国联邦宪法法院判决将案件发回联邦最高法院重审。2004 年，美国最高法院在审理“麦德林案”时，欧洲理事会就该案发表的“法庭之友”意见认为，《维也纳领事关系公约》第 36 条规定的权利是个人权利，这不仅是公约所确定的，也是国际习惯法所承认的。如果当事国侵犯了该项权利的话，就要建立定罪量刑的司法审查机制。可见，《维也纳领事关系公约》第 36 条第 2 款要求的保障该权利实现的立法机制取决于国内法的规定，一些国家在立法中缺失该内容引发了诸多争议，产生了领事通知权的损害救济问题。

在领事通知权的损害救济上，国际法院在实践中存在不同的观点，各国内部也存在迥异的实践。在国际法院的实践中，一种观点认为国际法院应当在判决中给予救济，另一种观点则认为还是应交由各国依据国内法判定。例如，在“拉格兰德案”中，德国在美国州法院和联邦法院的各种努力都被美国有关当局以“程序缺失”为由驳回。美国认为，没有将德国国民被逮捕或者羁押候审的情况通知德国驻美领事，并不必然使这些程序归于无效。即使国家依据条约规定，或者根据国际法院规约的规定，寻求在某些国家司法机构或者仲裁机构解决该问题，如果涉及执行问题，则依然是按照国内法执行。在该案中，尽管国际法院签发了中止执行的临时禁令，要求美国采取一切可能的措施以确保在国际法院作出判决之前不对沃尔特·拉格兰德执行死刑，并向国际法院报告所采取的措施，但是美国仍然置该禁令于不顾，以国际法院的临时措施不具有法律强制力为由加以拒绝，对沃尔特·拉格兰德执行了死刑。“理论上，国际法院关于‘拉格兰德案’的判决是领事关系法的一个巨大的转变，但问题是美国法院在实践中是否会遵守这个要求。”① 美国在国际法院主张领事通知权不是个人权利，但是美国国内的实践却呈现出不同的做法。

美国承认《维也纳领事关系公约》在美国法律体系内属于自动执行的

① Cara Drinan: Article 36 on the *Vienna Convention on Consular Relations*: private enforcement in American Courts after LaGrand, *Stanford Law Review*, Vol. 54, p. 1307.

《维也纳领事关系公约》在美国自动适用，美国的联邦法律、州法律以及地方条例都应符合《维也纳领事关系公约》的规定，当联邦和州的法律与《维也纳领事关系公约》冲突时，《维也纳领事关系公约》优先适用。“美国最高法院长久以来都承认在国家之间的协议中可能包含着个人权利。从最早的“Head Money 案”到最近，美国最高法院发现自动执行的条约都赋予了个人以可执行的权利。”① 针对违反《维也纳领事关系公约》的案件，许多美国法院已经承认公约的自动执行性质决定了公约中包含着可执行的个人权利，但是一些法院也明确表示违反不能成为诉由。在 1998 年的“Breard v. Greene 案”中②，美国最高法院指出：《维也纳领事关系公约》赋予了个人在被逮捕后具有得到领事协助的权利。在“Jogi 案”中，美国第七巡回上诉法院件认为，《维也纳领事关系公约》第 36 条规定的是个人权利，而不是政府权力。出于对国际法院判决的尊重，而不是基于其拘束力，第七巡回上诉法院认为美国应当尊重国际法院的判决。③ “目前，在国际上，如美国这样的公约的缔约国和外国国民就公约义务，以及国内平衡这种义务的国内刑法和程序法的适当方式间存在着对立”④，实践中，美国发生的大量案例都体现出这种对立。有些法院认为当事人可以得到救济，有些则以损害作为标准：如果证明侵犯领事通知权给当事人造成了损害，则可以寻求救济，否则不给予救济。国际法院在“拉格兰德案”中就指出，针对侵犯领事通知权的案件，反对使用损害标准。国际法院还指出，当德国国民在被判处严重刑罚时，如果其在《维也纳领事关系公约》第 36 条第 1 款（b）项所规定的权利未得到尊重的话，美国应就定罪量刑提供审查和救济机制。但是美国直至目前仍拒绝对违反第 36 条第 1 款（b）项

---

① Aaron A. Ostrovsky and Brandon E. Reavis：Rebus sic stantibus：notification of consular rights after Medellin，*Michigan Journal of International Law*，Vol. 27，2006，p. 681.

② Breard v Greene，523 U. S 371（1998）.

③ Jogi v. Voges，425 F. 3d 367（7th Cir. 2005）.

④ Joshua E. Carpenter：Medellin v. Dretke and the United States Myopic Failure to Guarantee the Full Effect of the *Vienna Convention on Consular Relations*，*George Mason University Civil Rights Law Journal*. Vol. 17，2007，P. 516.

的案件提供救济。严格讲，国际法院的判决仅仅针对的是未来涉及德国国民的案件，但是其代表的法律原则适用于任何外国国民，并且可以适用于比死刑轻的案件。事实上，即使在“拉格兰德案”后，美国各州法院仍然很少提到或者援引“拉格兰德案”。

在具体的救济实践上，一些国家在国内刑法或者刑事程序法、警察法等国内立法中引入了国内领事通知程序。卡洛斯（Carlos Manuel Vazquez）曾提出一个判断条约是否创设个人权利的机制，其中的第三点就是：如果条约创设了个人权利，则法院应当给予救济。[①] 实践中，澳大利亚、英国、加拿大等都通过判例法肯定了这一点。澳大利亚在 2000 年的“Tan Seng Kiah v. The Queen 案”，2001 年的“Foo v. The Queen 案”，2002 年的“Seng Kian 案”等案件中，英国法院在 1990 年的“Regina v. Bassil and Mouffareg”和 1991 年的“Regina v. Van Axel and Wezer”等案件中都指出，如果当局违反了领事通知权，则应给与当事人以救济。德国联邦宪法法院在 2006 年的判决中认为[②]，第 36 条的内容作为联邦法律中的条约法的内容，可以在德国国内法律体系中适用，将案件发回重审也是一种救济途径。

显然，这种途径和美国最高法院在“桑切斯案”（Sanchez-Llamas v. Oregon）[③] 中确立的判例完全相反，显示出在国际实践中，救济的内容还缺乏统一的认识。一般而言，美国法院不认为或选择不裁定《维也纳领事关系公约》规定了可执行的个人权利，在“桑切斯案”中，美国最高法院认为没有必要解决《维也纳领事关系公约》是否赋予个人可执行权利的问题，最高法院认为请求人无权就其诉求获得救济。尽管最高法院拒绝解决这一问题，但最高法院认为，第 36 条为分析请求人的诉求而创设了个人可

① Carlos Manuel Vazquez: Treaty based rights and remedies of individual, *Columbia Law Review*, Vol. 92, p. 1161.

② Peter A. Heinlein: The U. S. and German interpretations of the *Vienna Convention on Consular Relations*: is any constitutional court really cosmopolitan? *Maryland Journal Of International Law*, 2010, Vol. 25.

③ Sanchez-Llamas v. Oregon, 548 U. S. 331, 343 (2006); Medellin, 552 U. S. at 506 n. 4.

强制执行的权利。大多数联邦上诉法院不承认存在可执行的个人权利，而是像最高法院在“桑切斯案”中所做的那样假定这一权利。少数法院明确表示，《维也纳领事关系公约》没有规定可执行的个人权利。但也有几个地区法院认定，《维也纳领事关系公约》确实赋予了可执行的个人权利。在“桑切斯案”的判决中讨论了一般补救措施：“如果（被告）在审判中提出违反第 36 条的行为，法院可以作出适当的调整，以确保被告尽可能获得领事协助的益处。”该案中的多数意见也认为，“作为执行公约的主要手段，外交途径依然是开放的。”也就是说，通过外交交涉在定罪或不利判决发生之前予以补救。与其他上诉法院和最高法院不同，第七巡回法院与几个地区法院一致承认《维也纳领事关系公约》在“Jogi 案”中赋予的个人可执行权利。

在美国，目前有两种救济途径：一种是司法途径，另一种是行政途径。相比较法律救济而言，通过行政豁免权来救济被认为是更为灵活的一种救济方式。该方式曾经在 2003 年被伊利诺伊州州长运用过，豁免了 164 名死刑犯。

就司法救济方式而言，2006 年 7 月 28 日，美国最高法院就“桑切斯案”作出判决，创建出针对领事通知权救济方式的美国先例，即认为证据排除规则和重新审判都不是对侵犯领事通知权的案件提供的有效救济途径。美国最高法院认为，尽管侵犯第 36 条下的权利本身并不能终止证据的效力，但是在以后的案件中，如果被告能证明由于美国政府未履行告知义务而确实使其受到损害的话，则有可能给与有效的救济。在一审或者二审中，州法院可以以证据缺失为由拒绝被告提出违反领事公约的抗辩。过去，最高法院有时作出的判决内容非常狭窄，仅仅对案件中的特定事实有拘束力；有时作出的判决非常宽泛，目的是引导下级法院就同样的问题作出类似的判决。目前，就《维也纳领事关系公约》的判决就属于后一类。这意味着，美国法院在以后的裁决中，仍然会以损害作为救济的标准，以程序缺失作为拒绝救济的理由。

针对侵犯领事通知权的案件，有学者认为与其采取极端的措施，仅仅是道歉或者不作为，不如按照《美国法典》第 1983 条第 42 款，给与被侵害的当事人获得民事救济的权利。这种救济从长远看不一定理想，但是在当前阶段保证了第36条的有效执行，并表达了对国际法院“拉格兰德案”判决的尊重。[①] 在美国的实践中，有些联邦法院已经判决给与当事人民事救济。例如，在“Jogi案”中，美国第七巡回上诉法院已在考虑联邦法院对违反领事通知义务的民事案件是否具有管辖权，并且在美国首先确立了可以采取金钱赔偿的形式对违反领事统治权的当事人给与救济。在2007年3月的判决意见中，第七巡回上诉法院认为，侵犯领事通知权的行为属于联邦管辖事项，当事人可以根据《美国法典》第1983条第42款的规定进行诉讼。同时，法院也撤回了此前所发表的意见，即根据外国人侵权法案由于未尽到通知义务而起诉。尽管该案第一次采用损害赔偿的方式对违反公约的行为进行救济保护了公众对司法的期望，但是以后是否对于条约的违反都采取这种形式依然是不确定的，除非法院能就国际法和国内法的差异作出解释。与其他上诉法院和最高法院不同，第七巡回上诉法院与几个地区法院一致承认《维也纳领事关系公约》在“Jogi案”中赋予的个人可执行权利。第七巡回上诉法庭肯定了条约中赋予个人的权利：“第36条第1款（b）项明确规定，当局应立即通知有关人员其根据本款享有的权利。法院驳回了序言中的语言表明缺乏个人可执行权利的观点。最后，法院引用了最高法院的声明，条约一般应……自由地解释，以实现其目的，即使条约的条款公平地允许两种解释……也应倾向于更自由的解释。考虑到所有这些因素，法院裁定第36条赋予被拘留国民个人权利。”在Jogi的这一决定将第七巡回法庭与其姊妹巡回法庭和最高法院在《维也纳领事关系公约》规定的个人可执行权利问题上区分开来。作为宪法第六修正案论点的一部分，第七巡回上诉法院在“Osagiede诉美国”一案中的裁决为违反第36条的行为提供了补救措施。[②] 在该案中，2003年3月13日，美国联邦调

① Angela Lee Velez：A vindication of the right to consular assistance：the sixth amendment in Osagiede v. United States，*North Carolina Journal of International Law*，Vol. 35，2009.

② Osagiede v. United States，543 F. 3d 399（7th Cir. 2008）.

查局逮捕了尼日利亚国民乔恩布尔·奥萨吉德，但没有告知其依据《维也纳领事关系公约》第36条享有的领事通知权。显然，对于违反领事通知权的案件的救济，反映出国际法和国内法在救济方式和途径上存在一定差异。

2008年3月25日，美国最高法院就“麦德林案”作出判决，认为国际法院于2004年就墨西哥诉美国案的判决不是有拘束力的联邦法律，因此不是可以执行的立法，不能在联邦法院执行。同时，美国最高法院也认为2005年美国总统布什签署的备忘录也不具有法律拘束力。法院并没有指出，刑事案件的被告人是否可以以未尽到公约规定的通知义务直接诉讼(即使没有程序缺失)？或者当事人能否寻求民事救济？因此，是否能够重新审判，或者是否给予民事救济，在美国以后的实践中还是不确定的。

也有学者提出[①]，除了由美国最高法院通过判例的形式确定救济的路径，最简单的方式是通过修改《联邦刑事程序规则》第5条的规定，即如果被告根据第5条的规定被指控犯有重罪的话，则法官必须告知被告其已经被起诉，并且其具有领事通知权。这种权利的应用应当与“米兰达规则”类似，“即告知所有的被羁押的人，无论是本国人还是外国人，具有公约第36条第1款（b）所规定的权利”[②]，这样就满足了“迅速告知”的要求。如果以后再有违反公约第36条规定的情况，就可以比照违反“米兰达规则”的案件来处理，这样就从根本上解决了救济途径问题。

二、国内救济措施面临的困境

国内救济措施依然是保障当事人领事通知权实现的最重要的方式之一。但是从目前的国家实践来看，这种方式还面临着很多问题，主要表现在：

---

① Michael Candela：Judicial notification：a simple solution to ensure compliance with the *Vienna Convention on Consular Relations*，*Pace International Law Review*，Vol. 18，2006，p. 370.

② Elizabeth Samson：Revisiting Miranda after Avena：the implications of Mexico V. United States of America for the implementation of the *Vienna Convention on Consular Relations* in the United States，*Fordham International Law Journal*，Vol. 29，2007，p. 1119.

第一，《维也纳领事关系公约》作为调整国家领事关系的法律规范，其本身并没有规定如何具体履行领事通知义务，也不可能就具体程序问题作出规定，更无法对未能履行领事通知义务的案件提供有效的救济途径。作为国际争议解决机构的国际法院虽然审理了多起涉及《维也纳领事关系公约》第36条的案件，国际法院也对《维也纳领事关系公约》第36条的内容作出了里程碑式的解释，回应了一般国际法的发展对领事法的影响，强调公约为个人赋权，强调公约对个人权利的保护，但是国际法院的判决并未能提供具体的国内救济路径。从尊重国家主权及不干涉内政原则出发，国际法院在具体案件判决中只区分责任，强调要给与救济，但是将救济的措施留给国内法院解决，这也是国际法院在拉格兰德案、阿韦纳案以及贾达夫案中的立场。

第二，国际法院判决对当事国有拘束力，但是国际法院的判决并不一定能拘束一国国内法院。一国国内法院在直接执行国际法院判决义务方面存在宪法难题，一国国内法院几乎不可能根据国际法院的判决启动国内重审程序。例如，在"麦德林案"中，尽管麦德林主张，根据美国总统2005年2月28日的备忘录，国际法院对"阿韦纳案"的判决对美国州法院具有法律拘束力，但是美国最高法院认为"阿韦纳案"的判决本身不能构成具有拘束力的联邦法律。美国最高法院认为，当事国遵守国际法院判决的义务不是来自《任择议定书》，而是来自《联合国宪章》第94条的规定："联合国每一会员国为任何案件之当事国者，承诺遵行国际法院之判决。"其中，"承诺履行"并非指承认国际法院的判决对联合国会员国的法院具有直接的法律效力，而是应当理解为联合国会员国承诺通过其政治分支采取进一步行动以遵守国际法院的判决。美国最高法院分析了第94条第2款，认为《联合国宪章》第94条的规定显示出国际法院的判决是一种外交救济，不能证明国际法院的判决具有直接在国内法院适用的效力。

国际法院判决的国内效力是一国国内法问题。西班牙在实践中认为：

“国际法院的判例既是豁免权制度的重要组成部分，亦是西班牙司法机构进行审判活动的重要参考。其中比较重要的国际法院有联合国国际法院、国际海事法庭和欧洲人权法院，这些法院的判例对豁免法的发展起着日益显著的作用。”① 因此，国际法院判决中所提出的救济措施依然要留给国内立法解决，从国内立法中寻找和构建救济路径。

第三，国际法院判决国内执行存在困境。国际法院的判决对于案件当事国及本案具有法律拘束力②，按照《国际法院规约》的规定，案件当事国有义务履行国际法院判决。但是一国履行国际法院判决的义务是一个国际法问题，一国如何在国内执行国际法院判决则是一个国内法问题，这取决于当事国国内的立法与实践。

在国际法院分别就“拉格兰德案”和“阿韦纳案”作出判决后，作为案件一方当事国的美国如何在国内执行国际法院的判决就遭遇了执行困境。其中涉及的核心问题在于国际法院的判决对美国国内法院是否产生直接效力？《维也纳领事关系公约》属于在美国法意义上的自动执行的条约，在美国具有自动执行的效果，这是否就等同于国际法院就涉及《维也纳领事关系公约》的案件所作出的判决也能在美国法院直接适用？美国州法院是否具有自动执行国际法院判决的义务？针对那些侵犯了当事人依据《维也纳领事关系公约》第 36 条享有的领事通知权的案件，美国国内法院应当依据何种程序规则执行国际法院的判决，以解决实际中存在的救济难题？尤其是在“阿韦纳案”中，该案所涉及的一些被判处死刑的当事人并未等到程序上的救济措施，国内案件尚未复核就被执行了死刑；也有案件所涉当事人本应该获得国内法上的民事救济，但是因为缺乏国内立法和诉由，使得国际法院判决的国内执行被搁置。

国际法院在“拉格兰德案”中指出，美国要在以后的实践中确保公约第 36 条规定的个人权利得以实现，并保证在涉及死刑的案件中，如果侵犯

① 徐宏主编：《国家豁免国内立法和国际法律文件汇编》，知识产权出版社 2019 年版，第 105 页。
② 见《国际法院规约》第 59 条。

了案件所涉当事人根据《维也纳领事关系公约》第 36 条赋予的个人权利的话，美国应给予有效的重新审查和救济。在该案中，国际法院考虑到一国的国际责任由在该国行事的主管机关和当局的任何行为招致，而不管其是什么机构；鉴于美国应该采取可以利用的一切措施以确保沃尔特·拉格兰德在最后判决以前不致被处死；法院命令中所指措施的执行属于亚利桑那州州长的管辖权范围，美国政府有义务将本院命令转交该州长；亚利桑那州长有义务遵照美国的国际承诺行事。[①] 但是美国亚利桑那州并未执行该判决，该州州长依然签发了死刑执行令。

在“阿韦纳案”中，国际法院指出，美国的程序缺失规则并未被修正，就足够的赔偿而言，法院指出，“针对这些损害的有效救济应当存在于允许美国法院对这些国内案件进行审查和重新考量的义务中……以确定在每一个有管辖权的机构处理的违反第 36 条的国内行政或者刑事案件的程序中是否导致了对被告的实际不公正”[②]。在国际法院判决之后，时任美国总统布什于 2005 年 2 月 28 日向司法部长签署了备忘录，要求法院重新审查 49 名墨西哥人的死刑案件，以履行美国根据“阿韦纳案”判决应承担的国际义务。但是该程序被中止。申请人麦德林是阿韦纳案中列出的 51 名墨西哥国民之一，其因谋杀被定罪和判刑。依据国际法院的判决和美国总统签发的备忘录，麦德林在得克萨斯州法院申请人身保护令。但是得克萨斯州上诉法院驳回了其人身保护令申请。麦德林上诉到美国最高法院。在麦德林诉得克萨斯州案中，争议焦点之一在于国际法院关于“阿韦纳案”的判决是否构成一项有拘束力的国际义务，在美国州法院中可予以强制执行。争议焦点之二在于美国总统签发的备忘录是否可以启动对“阿韦纳案”中列出的 51 名墨西哥国民提出的权利主张进行复审和重新考量？按照美国宪法第

① 拉格兰德案（德国诉美利坚合众国），判决，《2001 年国际法院汇编》，第 466 页，详见第 495 页，第 81 段。

② Avena and Other Mexican Nationals（Mexico v United States of America），Judgment，ICJ Reports 2004，p12，para 121.

6条的规定，“本宪法及依本宪法制定的合众国法律，以及依合众国权力所缔结或将缔结的一切条约，均为美国的最高法院，即使其条文与任何一州的宪法或法律抵触，各州法官仍应遵守”。即使《维也纳领事关系公约》是一个可自动执行的条约，但是这不意味着美国各州法院有义务直接适用该公约。该案中，美国最高法院的绝大多数法官认为国际法院的判决并不构成可执行的美国联邦法律，美国总统没有宪法授权的权限来改变这种做法以推翻程序缺失规则。得克萨斯州最终处决了麦德林。

虽然国际法院的判决对当事国有拘束力，但是能否对国内法院产生直接效力依然取决于国内法的立法与实践。美国承认《维也纳领事关系公约》是自动执行的条约，但是仍然不能产生拘束国内法院的效力，个人在国际法下是否享有本国领事协助的个人权利仍然没有得到法院的一致认可。[①] 在“拉格兰德案”中，程序缺失并不能阻止美国国内法院判决的执行，而“Breard v. Greene 案”[②] 和“拉格兰德案”几乎如出一辙（尽管国际法法院签发了临时命令，要求美国采取一切措施中止执行等待最终决定）[③]。美国最高法院同意暂时中止执行并就涉及的争议问题展开了讨论，其中包括《维也纳领事关系法公约》第36条要求告知被拘留的人有权要求领事探视和领事保护的权利，是否能对国内法院直接产生效力。美国最高法院认为，“无论是从《维也纳领事关系公约》的文本看，还是从公约的缔约过程看，都没有为外国国民在美国法院提供一项私人诉权，以中止违反领事通知条款的刑事裁定和判决”[④]，最终还是执行了美国国内法院的判决。在考虑对于违反公约第36条的案件当事人提供救济时，必须考虑的问题是缔约国能给予何种救济？救济的途径是什么？在美国曾经尝试过两

① Conall Mallory：Abolitionists at home and abroad：a right to consular assistance and the death penalty，*Melbourne Journal of International Law*，2016（17），p. 62.

② Breard v. Greece，523 U. S. 371（1998）.

③ Paraguay v. United States of America ，Provisional Measures，Order of 9 April 198，ICJ Reports 1998，p. 248.

④ 134 F. 3d 615（1998）；1118 ILR 23.

种救济途径：一种是法院途径，但是由于公约本身并没有就救济问题作出规定，因此，法院目前还未建立起有效的救济路径；另一种是行政途径，通过行政豁免权来救济，这是相较法律救济而言更为灵活的一种救济方式。

2006 年 7 月 28 日，美国最高法院就“桑切斯案”作出判决①，认为证据排除规则和重审不是违反领事通知权的救济途径。美国最高法院认为，尽管违反《维也纳领事关系公约》第 36 条下的权利本身并不能终止证据的效力，但是在以后的案件中，如果被告能证明由于美国政府未履行告知义务而确实使其受到损害的话，则有可能给与有效的救济。在一审或者二审中，州法院可以运用证据缺失规则来拒绝被告提出违反《维也纳领事关系公约》的抗辩。“在过去，最高法院有时作出的判决的内容非常狭窄，仅仅就案件中的特定事实有拘束力。有时作出的判决非常宽泛，目的是引导下级法院就同样的问题作出类似的判决。目前，就领事公约的判决就属于后一类。”② 这意味着，美国法院在以后的裁决中，仍然会以损害作为救济的标准，以程序缺失作为拒绝救济的理由。2008 年 3 月 25 日，美国最高法院就“麦德林案”作出判决，认为国际法院于 2004 年就“墨西哥诉美国案”的判决不是有拘束力的联邦法律，因此不是可以执行的立法，不能在联邦法院执行。同时，法院也认为 2005 年美国总统布什签署的备忘录也不具有法律拘束力。美国最高法院进一步指出，国际法院有关“阿韦纳案”的判决在美国并不能创设国内法上直接执行效力。但是美国最高法院始终没有指出，如果没有程序缺失，刑事案件的被告人是否可以以未尽到公约规定的通知义务直接诉讼，或者当事人能否寻求民事救济？因此，是否能够重新审判，或者是否给予民事救济，依然是不确定的。

国际法上的为个人赋权和美国州法的规定之间的冲突一直存在，这在“Leal Garcia v. Texas 案”中被进一步呈现。类似的冲突被认为是一种普遍存在的现实，“对国内法院而言，这不是一项轻而易举的工作，尤其是在刑

① Sanchez-Llamas v. Oregon（2006）548 US 331.

② Frederic L. Kirgis：The supreme court decides a consular convention case，Vol. 10，Issue 16.

事案件中，以防止国际公法对国内法治体系的侵占”①。正如卡塞斯所指出的，个人的权利与国家在实施条约中的自由裁量权还存在着不确定性，“如果某一国际条约缔约方在国内法律秩序中未能实现某些条约规定，条约另一缔约方的国内法律制度中的个人可能无法获得其原本有权获得的基本权利。当一外国侵犯那些向某一缔约方的公民赋予权利的国际规则时，这种情况会经常发生。在此种情况及类似的情况下，如果受到损害的国家不采取任何行动以应对违反条约的行为，尤其对其公民没有采取外交保护或司法保护，个人的权利最终可能受到危害。通常来说，国家在国际交往中拥有自由裁量权，由此个人权利在国内的层面上未获实现的情况经常发生”②。卡塞斯认为，西班牙法院的实践已经说明了这种消极结果。当然，“就最终而言，每个国家应该在国内法律制度中寻求相应的方法，以解决在尊重国内层面上的个人基本权利与国际事务行为中政府的政治裁量权之间可能产生的冲突与紧张关系”③。

尽管围绕着国内救济方式还有许多内容值得研究，但是也应看到一些新的变化在出现。例如，在欧盟、在国际刑法领域都开始要求国内按照国际法的规则履行国际义务。一些国家也修订了国内的立法或者警察规则，无法解决救济问题时先从头保障权利，自拘留外国国民时就开始告知其领事通知权，防止侵犯权利的发生。

三、国家实践的新发展

（一）将领事通知义务纳入国内立法

自“拉格兰德案”之后，一些国家陆续将告知被逮捕拘禁的外国人享有通知本国领事的义务写入国内立法，并不断完善具体内容，包括澳大利

① Carsten Hoppe: Implementation of LaGrand and Avena in Germany and the United States: exploring a transatlantic divide in search of a uniform interpretation of consular rights, *The European Journal of International Law*, vol. 18, no, 2, 2007, p. 318.

② 安东尼奥·卡塞斯:《国际法》，蔡从燕等译，法律出版社2009年版，第308~309页。

③ 安东尼奥·卡塞斯:《国际法》，蔡从燕等译，法律出版社2009年版，第309页。

亚、英国在内的一些国家开始陆续修订国内的诉讼规则。例如，英国《1984 年警察和刑事证据法》《监狱服务法》澳大利亚《刑法》和爱尔兰《刑事正义法专门立法》等对此作出了规定。尽管存在现实的履行困境和各方博弈的张力，但各国事实上已经开始采取行动逐步修正对《维也纳领事关系公约》第 36 条的履行和救济措施。美国曾经于 2011 年推出《领事通知执行法案》草案，以“实现从中央立法到地方执法的一体执行模式”[①]。该草案将授予联邦法院对被判处死刑的外国国民提出的涉及领事通知与探视权受侵犯的请求建立管辖权，前提是该外国国民要能证明该侵权对其定罪量刑造成了实际损害。若有必要，法院可举行听证会，发现存在实际损害时，应责令重新审理或量刑。美国法院和国务院倾向于采取的实际损害证明标准是：外国被告需证明缺乏领事通知与探视权是对无罪而非定罪产生影响。这种证明标准也是一些法院曾经使用的标准，但是该法案并未通过。虽然领事通知义务以及领事访问权还未被编入任何联邦法规中，但是基于国际法和美国宪法第 6 条的规定，所有缔结的条约，或应根据联合国的授权制定国家，应为国家的最高法律；每个州的法官都应受到约束，除非宪法或法律中有相反的规定。正如“Kolovrat v. Oregon 案”中所呈现的，《维也纳领事关系公约》第 36 条规定的领事通知权和领事会见权对美国具有约束力。[②] 尽管制定专门的实施立法被认为没有必要，但是国会也未能颁布《领事通知遵守法案》。与《阿韦纳案例实施法》一样，2011 年 7 月 27 日，该法案被提交到参议院司法委员会听证会，但该法案并没有被提交到参议院。尽管该法案得到了司法部、国务院、国防部和国土安全部的支持，美国司法部[③]和美国国土安全部[④]还通过了实施规定，但最高法院对“加西亚案”的裁决，其依据是国会未能通过任何实施《维也纳领事关

① John B. Quigley: *Vienna Convention on Consular Relations*: in retrospect and into the future, *Southern Illinois University Law Journal*, 2013 (38), p. 7.

② 366 U. S. 187, 190 (1961).

③ 28 C. F. R. § 50. 5.

④ 8 C. F. R. § 236. 1 (e).

系公约》的立法提案，加上该案被告已经在同一月早些时候被公开处决，这已经预示了该法案的消亡。

尽管单独立法并没有通过，但是也有人提出，《维也纳领事关系公约》以及美国缔结的双边领事条约都可以由行政部门执行，执法和司法机关也可以通过现有的立法和程序措施来实施，例如，包括加利福尼亚州、俄勒冈州等几个州陆续修改了立法，其中规定了与领事通知相关的内容。[①] 之后，美国制定了《领事通知和领事会见手册》[②]，为美国相关执法机构和部门提供执法中的领事通知履行建议，并开展培训，将领事通知纳入执法程序。

（二）给与重审的救济可能

针对执法人员违反《维也纳领事关系公约》第 36 条第 1 款（b）项规定的领事通知义务，有国家从保护个人权利出发，明确了将案件发回重申也是一种程序救济途径，典型的国家如德国。从程序正义角度寻求救济也是相关国际争议机构和人权组织等所坚持的，美洲人权法院在 1999 年 10 月 1 日发表的“在保障正当法律程序的框架内得到领事协助的信息权”的咨询意见中就指出，由于《维也纳领事关系公约》第 36 条的规定是国际人权法的组成部分，是正当程序的保证，因此，任何违反该条款的行为都应得到救济。该意见是从刑事案件的程序正义及善治角度出发对违反领事通知和领事协助的当事人予以救济的。

德国联邦宪法法院（Bundesverfassungsgericht）是通过 2006 年的一个判决中确立了发回重申的救济方式[③]，德国将遵守国际法院在“拉格兰德案”和“阿韦纳案”中确立的原则，即《维也纳领事关系公约》第 36 条的规

---

① Cal. Penal Code § 834（C）（West 2004）；Cal. Penal Code § 5028（West 2004）；Or. Rev. Stat. § 181.470（2015）；Or. Rev. Stat. § 426.228（2015）；Nev. Rev. Stat. § 18.228.135（2016）；N. C. Gen. Stat. § 122c-344（West 2017）；Fla. Stat. § 901.26（2017）；Ill. Comp. Stat. 5/103-1（2016）.

② 美国国务院发布的 *Consular Notification and Access*, 5th edition, 2018.

③ Abstract of the Federal Constitutional Court's Order of 19 September 2006, 2 BvR 2115/01, 2 BvR 2132/01, 2 BvR 348/03 [CODICES]，见 https://www.bundesverfassungsgericht.de/SharedDocs/Entscheidungen/EN/2006/09/rk20060919_2bvr211501en.html，2023 年 8 月 14 日访问。案件原文也见该网站。

定，是为被逮捕、拘禁的外国国民赋予的个人权利，这种权利是一种司法上可以执行的权利。在该案中，两名土耳其国民在德国被指控犯有杀人罪，并被判处终身监禁。德国法院根据土耳其被告在被捕后接受警方审讯时所作的陈述等作出有罪判决。在联邦法院上诉程序中，申诉人诉称其被警方逮捕时，并未被告知其依据《维也纳领事关系公约》第36条的规定而享有的领事通知权利，由于违反了《维也纳领事关系公约》第36条的规定，其所做的有罪陈述不能被法庭采纳。但是德国联邦法院驳回了上诉，认为该上诉缺乏法律依据，因为《维也纳领事关系公约》第36条第1款并不适用。在尽各种刑事救济措施后，土耳其被告将案件上诉到德国联邦宪法法院，称联邦法院侵犯了其宪法权利。

德国联邦宪法法院驳回了联邦法院的裁决，认为违反《维也纳领事关系公约》第36条规定的领事通知权就侵犯了申诉人获得公平审判的权利，而这是德国《基本法》第2.1条的规定，也是法治原则的要求。德国联邦宪法法院指出，根据宪法，联邦法院有义务考虑国际法院关于《维也纳领事关系公约》的判例价值，即应遵守国际法院对《维也纳领事关系公约》第36条第1款（b）项的解释。与国际法院的解释不一致。因此，联邦宪法法院将这些事项发回联邦法院。联邦法院必须决定侵犯宪法权利对刑事诉讼的后果。德国联邦宪法法院在对《维也纳领事关系公约》的解释与国际法院在“拉格兰德案”和“阿韦纳案”中的解释相悖，根据德国宪法，未能足够考虑国际法院的判决将构成对原告公平审判的宪法权利的违反，构成对正当程序的违反。法院的解释逻辑是这样的：在德国法律体系中，依据《基本法》第59.2.1条，《维也纳领事关系公约》具有联邦法规的地位，因此，普通法院有义务以与国内刑事诉讼法相同的方式适用和解释《维也纳领事关系公约》第36条，在解释《维也纳领事关系公约》第36条时，必须考虑到国际法院的相关实践。考虑国际法院的相关判例的义务并不局限于涉及德国国民的个别案件。相反，国际法院对条约的解释必须被承认为提供了超出争议个别案件的规范性指导。宪法法院认为德国联邦法院的解释路径与国际法院的不同，有别于国际法院将领事通知视为一项个人权利，以确保其得到公平对待的权利。德国联邦法院认为第36条第1款（b）项规定的义务是为当事人提供必要的信息，使其能够寻求并获得派遣国的领事协助。如果这项权利受到侵犯，刑事定罪可上诉。如果有关个人可能由于缺乏领事协助而无法以无法补救的方式充分行使特定的程序性权利，例如拒绝作证的权利，则必须认定其违反了《维也纳领事关系公约》。然而，这并不意味着，未能满足《维也纳领事关系公约》第36条第1款（b）项所要求的通知义务就必然意味着证据调查结果在司法程序中不可采纳。德国宪法并没有具体规定因违反国际法院判例法的义务而产生的法律后果。

考虑到联邦法院在解释《维也纳领事关系公约》第36条时有悖于国际法院的判例，构成程序错误，因此案件发回重审。显然，德国法院是从条约地位，从国际法院的判决执行，国际法院对《维也纳领事关系公约》第36条的解释以及在德国的一致性适用出发，从程序正义角度补救了违反领事通知义务的实践。

有学者对比了德国联邦宪法法院和美国最高法院的实践，提出将案件发回重审也是一种救济途径。[①] 显然，这种救济途径和美国最高法院在“桑切斯案”中确立的判例完全相反，显示出在国内实践中就法律救济的内容还缺乏统一的规定，违反领事通知的案件能否得到有效救济依然是未知数。

（三）民事赔偿

针对侵犯领事通知权的案件，一些法院和学者都认为，仅仅是道歉或者不作为是不符合正义标准的，与其不作为，还不如按照美国法典第1983条第42款，给与被侵害的当事人获得民事救济的权利。这种救济从长远看

① Peter A. Heinlein, “The U. S. and German Interpretations of the Vienna Convention on Consular Relations: Is Any Constitutional Court Really Cosmopolitan?”, Maryland Journal of International Law, Vol. 25, 2010.

不一定理想，但是在目前阶段保证了有效执行第 36 条，并表达了对国际法院“拉格兰德案”判决的尊重。[①] 在美国的实践中，有些联邦法院已经判决给予当事人民事救济。例如，在“Jogi 案”中，美国第七巡回上诉法院开始考虑联邦法院对违反领事通知义务的民事案件是否具有管辖权，并且在美国首先确立了可以采取金钱赔偿的形式对违反领事统治权的当事人给予救济。在 2007 年 3 月的判决意见中，第七巡回上诉法院认为，侵犯领事通知权的行为属于联邦管辖事项，当事人可以根据美国法典第 1983 条第 42 款的规定进行诉讼。同时，法院也撤回了以前所发表的意见，即根据外国人侵权法案由于未尽到通知义务而起诉。尽管该案第一次采用损害赔偿的方式对违反公约的行为进行救济，保护了公众对司法的期望，但是以后是否对条约的违反都采取这种形式还是不确定的，除非法院能就国际法和国内法的差异作出解释。显然，对于违反领事通知权的案件的救济，反映出国际法和国内法在救济方式和途径上存在一定差异。

（四）强化执法流程，将领事通知纳入执法程序

既然《维也纳领事关系公约》对缔约国具有法律拘束力，在美国还是自动执行的国际条约，联邦和州都负有履约义务，从义务的履行上，有学者提出应将领事通知权纳入警察执法监督流程[②]，除了由美国最高法院通过判例的形式确定救济的路径之外，最简单的方式是通过修改联邦刑事程序规则第 5 条的规定，即如果被告根据第 5 条的规定被指控犯有重罪的话，则法官必须告知被告其已经被起诉，并且其具有领事通知权。这种权利的应用应当与“米兰达规则”类似，“即告知所有的被羁押的人，无论是本国人还是外国人，具有公约第 36 条第 1 款（b）所规定的权利”[③]，这样就

---

① Angela Lee Velez：A vindication of the right to consular assistance：the sixth Amendment in Osagiede v. United States，*North Carolina Journal of International Law*，Vol. 35，2009.

② Michael Candela：Judicial notification：a simple solution to ensure compliance with the *Vienna Convention on Consular Relations*，*Pace International Law Review*，Vol. 18，2006，p. 370.

③ Elizabeth Samson：Revisiting Miranda after Avena：the implications of Mexico V. United States of America for the implementation of the *Vienna Convention on Consular Relations* in the United States，*Fordham International Law Journal*，Vol. 29，2007，p. 1119.

满足了“迅速告知”的要求。如果以后再有违反公约第36条规定的情况的话，就可以比照违反“米兰达规则”的案件来处理，这样就从根本上解决了救济途径问题。

虽然领事通知还没有被广泛纳入，但是一些国家采取了不同的措施来保障该权利的实现。例如，美国虽然没能通过专门立法，但是国务院出版了《领事通知和访问手册》，规定了领事通知的规则，并提供了可请求协助的号码。为了确保执法人员了解并遵守适用的领事通知规则，美国还出台了领事通知的标准范本，并开始对从联邦到州一级的执法人员开展培训。如果说对《维也纳领事关系公约》第36条所规定的领事通知权利的侵害构成对个人权利侵害的话，领事履行保护职责的方式在发生变化，领事通知开展领事协助、领事探视，磋商、监督、保护本国国民利益被具体化，在特定情形下引发就违反第36条的外交保护，并进而督促接受国修订其国内法律，修改其执法程序，将对外国人的权利保障纳入法治的环节中，领事保护开始围绕第36条规定的领事通知权得到构建。

第二节　国际救济措施

派遣国领事在领事保护中要监督接受国是否履行了其应承担的国际法义务。如果派遣国领事发现接受国不能履行，或者未适当履行其所承担的领事通知国际义务，派遣国领事可以与接受国磋商，也可以提请本国开展外交保护。必要时，应按照《任择议定书》的规定启动国际争端解决程序，在国际法院提起相关诉讼。

一、国际救济途径

从国际救济机制来看，在发生损害个人领事通知权的情况下，该外国国民国籍国可以与接受国直接交涉，必要时还可以进行外交保护，要求接受国承担国际责任。《维也纳领事关系公约》的独特立法机构为国际法院建立管辖权提供了基础。根据《联合国宪章》中所明确的和平解决国际争端原则，对于联合国会员国之间关于条约的解释和适用引发的相关争议，国家可以采取协商、斡旋、调停等政治解决方式解决，也可以采用仲裁、诉讼等司法解决方式解决。实践中，围绕《维也纳领事关系公约》的适用，尤其是围绕着领事特权与豁免的内容、领事协助和领事保护的开展等，缔约国间主要采用政治方式协议解决问题。例如，在“萨尔达菲奥案”中，维克多·雨果·萨尔达菲奥在美国被判处死刑，其母亲向美洲人权委员会对阿根廷提出索赔，声称阿根廷没有充分寻求对美国的所有补救措施。[①] 在“拉格兰德案”中，德国就拉格兰德的死刑执行和美国相关部门进行了外交磋商。在“阿韦纳案”中，墨西哥也和美国多次沟通，从外交上进行努力，为在美的墨西哥人提供领事保护。

如果缔约方对于《维也纳领事关系公约》相关条款的理解不同，涉及条约的解释和适用问题时，则可以采取司法方法，激活《维也纳领事关系公约》体系下的司法解决争端机制。争议各方可以援引《任择议定书》，或者根据其他管辖权条款，或者双方协议将违反《维也纳领事关系公约》的争议提交国际法院解决。就个人权利损害，国际法院在“拉格兰德案”中指出，《维也纳领事关系公约》第 36 条创造了个人权利，根据《任择议定书》第 1 条的规定，被羁押人的国籍国可以在国际法院援引该项权利。

二、国际法院管辖权的建立

《维也纳领事关系公约》本身并未规定管辖权条款，而是采用分别立法形式，将领事关系的实体规则和涉领事关系公约的争议解决规则分别立法，其中在《维也纳领事关系公约》规定有关领事特权与豁免的实体规则，而将争议解决条款放到一个单独的条约中，即《关于强制解决争端之任择议定书》（以下简称《任择议定书》）。1963 年 4 月 24 日的联合国大

① Report 38/99, Inter-Am. C. H. R. 289, OEA/ser. L/V/11. 102, doc. 6 rev. (1999).

会通过了《任择议定书》，开放给各缔约国签字、批准和加入。该议定书于1967年3月19日生效，截至2021年8月底，《任择议定书》共有52个缔约国。[①]《任择议定书》序言中明确了缔约目的，即各当事国“表示对于公约因解释或适用发生争端而涉及各当事国之一切问题，除当事各方于合理期间内商定其他解决方法外，愿接受国际法院之强制管辖”。《任择议定书》为国际法院建立管辖权提供了管辖依据。

根据《联合国宪章》第7条和第42条的规定，国际法院是联合国的六个主要机关之一，同时也是其主要的司法机关。国际法院的管辖权分为诉讼管辖权和咨询管辖权两种。就诉讼管辖权而言，国际法院就案件管辖权涉及诉讼主体，也涉及诉讼管辖依据，还涉及管辖的争端性质，只有具备诉讼主体资格、符合管辖依据的法律争端，才能在国际法院提起诉讼。

首先，根据《国际法院规约》第34条第1款的规定，在法院诉讼的仅限于国家，国际组织、个人和其他实体目前都不是国际法院诉讼案件的适格主体。虽然《国际法院规约》第35条还具体规定了诉讼当事国具体包括哪些，但是随着联合国成为全球普遍性国际组织，几乎所有的国家都有在国际法院诉讼的诉讼主体资格。但是仅仅具备主体资格是不够，还要满足一定的诉讼条件。其次，提交国际法院审理的争端必须是一项法律争端，这体现为《国际法院规约》第36条第2款的规定。最后，根据《国际法院规约》第36条和37条的规定，国际法院建立管辖权的基础依然是基于国家同意。在具体的同意方式上，主要包括三种类型：第一种是基于“自愿管辖”原则，即争端当事国商定共同把争端提交国际法院，并为此缔结一项特别协定。第二种是基于“协定管辖”，即当事国在已经缔结的各种条约、协定中包含了特别约定，遇有条约解释或适用方面的争端时，应提交国际法院解决。目前，数百个国际条约中都包含管辖权条款，缔约国根据这些条款事先承诺，如将来发生与其他缔约国关于条约的解释或适用的

---

① https：//treaties. un. org/pages/ViewDetails. aspx? src=TREATY&mtdsg_no=III-8&chapter=3.

争端，承认国际法院的管辖权。第三种是基于“任择强制管辖权”，有73个国家接受了国际法院的任择强制管辖权。根据《国际法院规约》第36条第2款的规定，缔约国可以选择作出单方面声明，承认对于接受同样义务的任何其他国家，国际法院的管辖权是强制性的，不需另外签订特别协定，这包括：条约之解释；国际法之任何问题；任何事实之存在，如经确定即属违反国际义务者；因违反国际义务而应与赔偿之性质及范围条约的解释；国际法上的任何问题。在“尼加拉瓜案”之后，1985年，美国退出了国际法院任择强制管辖权，因此，接受国际法院任择强制管辖权的国家不能依据《国际法院规约》第36条的规定对美国提起相关诉讼，这也被认为是包括阿根廷等一些国家无法在国际法院对美国提起国际诉讼的理由之一。[①] 巴拉圭之所以能提起，是基于《维也纳领事关系公约》以及附加议定书的规定。

《维也纳领事关系公约》本身并未规定管辖权条款，而是采用附加议定书的方式，并且允许缔约国分别签署和批准公约和《任择议定书》，给了各缔约国更多的选择权。在公约缔结的过程中，西方国家主张纳入强制性争议解决程序，以保证公约的履行，美国还提出在《维也纳领事关系公约》中纳入一个争议解决条款，主张在发生违反公约的情况时，缔约国可以在国际法院起诉，但是苏联提出反对，认为只有在缔约国双方同意时，才能将争议提交国际法院。考虑到有些国家在国际法院管辖权的选择上存在犹疑，最终《维也纳领事关系公约》采取了独特的立法形式，即分别立法形式，将实体规则和争议解决规则分别立法，其中《维也纳领事关系公约》规定实体规则，将争议解决选择规定在《关于强制解决争端之任择议定书》中。

议定书序言中指出了缔约目的，并在第1条明确规定了任择强制管辖条款，即“公约解释或适用上发生之争端均属国际法院强制管辖范围，因

① Margaret Mendenhall: A case for consular notification: treaty obligation as a matter of life of death, *Southwestern Journal of Law and Trade in the Americas*, Vol. 8, 2001. p. 5.

此争端之任何一造如系本议定书之当事国，得以请求书将争端提交国际法院”。如果公约当事国也是议定书的当事国，则与另一个批准议定书的国家之间就公约的解释或适用发生争议，则可以援引议定书作为强制管辖依据，在国际法院提起诉讼。在“贾达夫案”中，就巴基斯坦抗辩管辖权，国际法院指出，印度和巴基斯坦是《维也纳领事关系公约》和《任择议定书》两个条约的缔约国，依据《任择议定书》第1条的规定，国际法院对该案有管辖权。

采用这种立法方式，可以保证更多的国家签署公约并批准公约，扩大公约的适用范围，此外，也给与缔约各国更大的选择权，选择是否将涉及公约的解释和适用事项提交国际法院，缔约国可以选择同时签署并批准公约、任择议定书，也可以选择只批准公约，不参加议定书。这样不产生缔约国对公约的保留问题，也不产生缔约国退出附加议定书会影响公约缔约国身份的难题。事实上，这种立法机制在现实社会中也确实发挥了作用，例如国际法院审理的一系列与《维也纳领事关系公约》有关的案例，进一步解释了公约条款的含义和内容，为公约的发展提供了新的思路。

但是，这种做法也会带来不确定性，“将来遇有类似情形的国家是否也选择单边退出国际法院的管辖权依然是一个开放性问题……很有可能国际法院任择强制管辖权将被进一步缩减”，“国际法院的管辖权和判决执行不再被视为严格的因果关系”①。例如在“拉格兰德案”、“阿韦纳案”以及“阿韦纳案的执行案”中，国际法院都裁定美国的做法违反了《维也纳领事关系公约》第36条的规定，美国最终选择退出《任择议定书》，并于2005年3月7日通知了联合国秘书长。由于《维也纳领事关系公约》和《任择议定书》中都没有对退出机制做出规定，尽管也有学者质疑美国通知退出行为的法律效力，但是毫无疑问的现实是美国不再是《任择议定书》的缔约方。虽然美国退出附加议定书的行为并不影响美国作为《维也

① A. Lamzon：Jurisdictional and compliance in recent decisions of the International Court of Justice，18 *European Journal of International Law*，Vol. 18，2007.

纳领事关系公约》缔约国的身份，美国仍然是《维也纳领事关系公约》的缔约国，公约对其依然具有法律拘束力，但是任何有关《维也纳领事关系公约》的解释和适用的争议，美国目前都不再接受国际法院依据《任择议定书》的规定建立任择强制管辖权。

近年来，随着国际社会对个人权利保护的加强，一些案件中，尤其是涉及死刑的案件中所涉及的外国国民领事通知权、领事会见权被忽视而导致的争议频繁被提起，不仅在一些缔约国国内提起了国内诉讼，也在一些区域争端解决机构、国际争端解决机构提起了国际诉讼。《维也纳领事关系公约》的缔约国就公约第 36 条的解释和适用争议被多次提请国际法院解决，国际法院通过对多个相关案例的审理，进一步澄清了《维也纳领事关系公约》第 36 条的含义，同时也发展了《维也纳领事关系公约》第 36 条的内容，不仅解决了个案的纠纷，发展了领事法的相关内容，更重要的是，国际法院判决作为《国际法院规约》第 38 条所包括的重要的国际法渊源辅助材料，也对各国国内立法和实践产生了影响，为各国后续实践提供了标准，“也就是说，只有最严格的公平标准才能严格遵守国际判例的合法性”①。尽管关于《维也纳领事关系公约》第 36 条的实践还在发展中，但是毫无疑问，国际法院的司法解决为该内容的发展提供了基础和空间。

三、国际法院的司法克制

《国际法院规约》以及《国际法院规则》几乎未规定救济条款，国际法院在裁定救济时也十分谨慎，同时也参考其他国际法庭的实践。“获得救济是启动国际诉讼的重要原因，对救济的判决是国际法院审判职能的中

① Catherine M. Amirfar: The Avena case in the international court of justice, *German Law Journal*, No. 4, April, 2004.

心。”[①] 在确定救济的内容时，国际法院也是从国家责任的角度进行考量，判定恢复原状、补偿等救济方式。例如，在“德黑兰人质案”中，国际法院就命令伊朗应当采取一切措施补救因 1979 年 11 月 4 日事件所造成的情势，并详细说明如何补救。这被认为是恢复原状的一种方式。

针对违反《维也纳领事关系公约》的案件，在具体措施上，国际法院判定，如果一国在逮捕、拘禁外国国民时未尽到《维也纳领事关系公约》第 36 条第 1 款规定的领事通知责任，则构成对《维也纳领事关系公约》的违反，可能导致国家责任的产生。针对当事国违反《维也纳领事关系公约》第 36 条的行为，国际法院在相关案例中都判定责任方应当对其不法行为承担国家责任。例如，在“拉格兰德案”和“阿韦纳案”中，国际法院都认定被诉当事国美国存在违反《维也纳领事关系公约》第 36 条的情况，美国应采取补救措施，包括由美国法院对定罪和判决进行复核和重新审议。在《国家对国际不法行为的责任总评注》中，国际法委员会专门指出，“拉格兰德案”中，各方讨论了承诺或保证不重复的义务是不是国际不法行为的法律后果问题。[②] 德国主张，美国要对未来遵守《维也纳领事关系公约》的手段提供一般和具体的承诺和保证。美国辩称，提供这种承诺或保证已经超出了《维也纳领事关系公约》中所载义务范围。无论如何，正式的承诺和保证是空前未有的，因此不应提出要求。德国要求补救的权利最多是要求道歉，而美国已经道歉。此外，鉴于美国已经采取广泛的行动以确保联邦和各州的官员将来遵守《维也纳领事关系公约》，再提供承诺或保证就不合适了。国际法院并不认为美国国内法本身违反国际法，或者说纠正美国国内立法，而是强调“并不是规则本身违反《维也纳领事关系公约》第 36 条。问题在于，当程序缺失规则不允许被拘禁的个人依据《维也纳领事关系公约》第 36 条第 1 款的规定挑战定罪和量刑主张时，这意味

---

① 切斯特·布朗：《国际裁决的共同法》，韩秀丽、万盈盈、傅贤珍、代文莎译，法律出版社 2015 年版，第 269 页。

② A/CN. 4/SER. A/2001/Add. 1 (Part 2)，国际法委员会年鉴，第 103 页。

着国内相关机构未能履行毫不迟延的领事通知义务，因此阻止了被拘禁的个人从派遣国寻求并获得领事协助”。[①] 国际法院认为，对将来违反《维也纳领事关系公约》第36条的行为，仅仅道歉是不够的，因此美国应当允许对违反公约权利案件的定罪和量刑进行审查和重新考量。然而，这项义务可以用多种方式进行，这种选择权都留给美国国内裁量。[②] 一国不可能提供坚定的不重复保证，其能否适当地保证不重复，取决于有关义务的性质。[③] 关于适当性问题，国际法院指出，在没有发出领事通知，致使外国国民“受到长期监禁或被判处严厉刑罚”的任何情况下，仅仅道歉是不够的。但是，从美国针对将来如何采取步骤遵守《维也纳领事关系公约》而提供的资料看来，法院裁断：美国为了确保落实履行第36条第1款（b）项规定义务时所采取的具体措施而做出的承诺，应该视为符合德国关于不重复的一般性保证的要求。对于德国要求提供的特殊保证，法院只限于声明：虽然有上面提到的承诺……如果美国未能遵守发出领事通知的义务而对德国国民造成不利后果，致使有关个人受到长期监禁或被判处严厉刑罚，仅仅道歉是不够的。在上述定罪和判刑的情况下，美国有责任允许复核和重新审理有关定罪和判刑，顾及《维也纳领事关系公约》中所载述的权利受到侵犯的情况。但是，国际法院没有讨论要求保证不重复的法律依据。[④]

在“贾达夫案”中，国际法院裁定巴基斯坦的行为违反了《维也纳领事关系公约》第36条规定的义务，包括：第一，未告知贾达夫享有通知印度驻巴基斯坦领事的权利；第二，未能毫不迟延地将逮捕和拘留贾达夫的情况通知印度驻巴基斯坦领事官员；第三，拒绝印度领事官员探视贾达夫。国际法院认为，巴基斯坦违反《维也纳领事关系公约》的行为已经构成国际不法行为，巴基斯坦有义务终止违法行为，履行其根据《维也纳领事关

① Lagrand (Germany v United States of America), Merits, Judgment, ICJ Reports 2001, p 466, paras 79-91.

② Lagrand (Germany v United States of America), Merits, Judgment, ICJ Reports 2001, para 125.

③ A/CN. 4/SER. A/2001/Add. 1 (Part 2)，国际法委员会年鉴，第104页。

④ A/CN. 4/SER. A/2001/Add. 1 (Part 2)，国际法委员会年鉴，第103页。

系公约》第36条承担的义务，包括必须立即告知贾达夫其享有的第36条第1款（b）项下的权利，并按照第36条第1款的规定，准许印度领事官员探视并为其提供领事协助。国际法院认为，本案的适当补救措施是对贾达夫的定罪和判决进行审查和重新考虑，其间必须确保充分考虑到违反《维也纳领事关系公约》第36条第1款所规定的权利以及可能造成的对公正审判原则的影响。国际法院认为，提供有效审查和复议的义务是必须无条件执行的结果义务。虽然可以通过各种方式进行有效审查和重新审议，但是具体方式的选择权留给巴基斯坦。巴基斯坦应采取一切措施，提供有效的审查和重新审议，包括在必要时制定适当的立法。在“贾达夫案”中，国际法院重申公正审判原则对定罪和判刑的重要性，因此要求巴基斯坦对案件重新审查和复议，并要对《维也纳领事关系公约》第36条第1款所规定的权利的侵害及其对公正审判原则的影响特别予以考量。法院还借鉴了“拉格兰德案”和“阿韦纳案”的救济方式，要求巴基斯坦通过各种方式、采取一切措施履行提供有效审查和重新审议的义务，包括在必要时制定适当的立法。虽然最终手段的选择权留给巴基斯坦，但是这些义务是“必须无条件执行”的“结果义务”。

四、国家责任的承担方式

在具体的救济手段上，国际法院并不一定判定同时适用多种救济手段，目前停止和不重复是广泛采用的责任承担方式。一国承担国际责任的方式有很多种，《国家对国际不法行为的责任条款草案》中列举了国家承担责任的方式，其中包括继续履行、停止和不重复、赔偿（包括物质损害赔偿和精神损害赔偿），包括可以单独或合并采取恢复原状、补偿、抵偿等方式进行赔偿。①

首先，针对违反《维也纳领事关系公约》第36条的行为，国际法院在

① A/56/10.

已有的实践中都重申了当事国的不重复义务。在“拉格兰德案”中，国际法院指出，美国政府承诺过履行第36条第1款（b）项下的义务，必须视为达到了德国所要求的不重复。

其次，国际法院判定责任方应当承担恢复原状的责任。至于如何实现恢复原状的救济方式，国际法院将具体的救济措施和救济方法，包括是否对案件进行重审、如何对案件进行重审或者是否修改国内立法等，留给诉讼当事国依据国内法来处理，以避免对当事国内政的干涉。在“拉格兰德案”中，国际法院承认求偿国的行为对确定赔偿的方式和数额很重要，但是这里的赔偿义务侧重于恢复原状。国际法院指出，在违反《维也纳领事关系公约》第36条规定的权利情况下，要考虑到重审判决的公正性。在“阿韦纳案”中，尽管国际法院驳回了墨西哥的恢复原状请求，即拒绝以指令形式要求美国撤销对墨西哥国民的定罪，因为在该案中，“并不是对墨西哥公民的定罪和量刑构成了对国际法的违反，而仅仅是定罪和量刑前的一些行为违反了条约义务”。但是，国际法院依然裁决，美国可以通过审查和复审来实现恢复原状。

在“阿韦纳案”和“贾达夫案”中，国际法院也将纠正程序性错误，将案件发回重审作为的重要救济手段。这种恢复原状考虑到了所涉权利的有限性质，根据《国家不法行为责任草案》第34条，恢复原状是国际不法行为受害国可利用的第一种赔偿方式。恢复原状指尽量恢复国际不法行为发生之前存在的状况，但条件是此状况发生的任何变化均可追溯到此项行为。简单的恢复原状涉及释放遭不法拘留者或归还遭不法扣押的财产等行为。在“阿韦纳案”中，国际法院认为，美国已经违反了其在《维也纳领事关系公约》下的义务①，案件中所涉及的51位墨西哥国民有权就美国州法院对他们作出的定罪和量刑要求进行复审和复议，也就是说，这种情况下适当的救济方式就是复审和复议。法院认为，程序确实并没有得到修正，

① Avena and Other Mexican Nationals (Mexico v. United Slates of America), Judgment, I. C. J. Reports 2004, p. 12 Para 463, 471.

因为这不能构成有效救济，法院认为，“随之而来的是，对违法行为的有效救济应当符合美国义务，应构成美国有义务允许联合王国法院对这些国民的案件进行审查和重新考虑，正如法院将在各段中进一步解释的那样”①。国际法院强调，这项义务可以以多种方式进行，但是选择权留给美国政府。美国最高法院在“麦德林案”② 中认为，无论是“阿韦纳案”的判决还是当时的美国总统备忘录，都不能构成可直接执行的联邦法，因此不能优先于州法适用。法院认为，对于任何将来违反第 36 条的行为道歉并不能构成足够补偿，因此美国应当根据公约项下义务的违反允许审查并重新考虑定罪和量刑。

在“贾达夫案”中，国际法院重申公正审判原则对定罪和判刑的重要性，因此要求巴基斯坦对案件重新审查和复议，并要对《维也纳领事关系公约》第 36 条第 1 款所规定的权利的侵害及其对公正审判原则的影响特别予以考量。法院还借鉴了“拉格兰德案”和“阿韦纳案”的救济方式，要求巴基斯坦通过各种方式、采取一切措施履行提供有效审查和重新审议的义务，包括在必要时制定适当的立法。虽然最终手段的选择权留给巴基斯坦③，但这是“必须无条件执行”的“结果义务”④。

责任国在本国是否以及如何启动重审依然是实践中的难题。实践中，美国多数的联邦和州法院都拒绝直接讨论该议题，因为即使《维也纳领事关系公约》创设了可执行的个人权利，但是“拉格朗格案”、“阿韦纳案”等的判决中并未提供对损害的适当救济方式。美国在多起案件中依然无法解决违反《维也纳领事关系公约》第 36 条的案件再审问题，正如在“United States v. Flores-Flores 案”、“United Sates v. Minjares-Alvarez 案”、

① Avena and Other Mexican Nationals (Mexico v. United Slates of America), Judgment, I. C. J. Reports 2004, p. 12 , Para121.

② Medellin v. Texas, 551 U. S. 491 (2008).

③ LaGrand (Germany v. United States of America), Judgment, I. C. J. Reports 2001, p. 514, para. 125.

④ Mexico v. United States of America, Judgment, I. C. J. Reports 2009, p. 17, para. 44.

“United Sates v. Emueg-bunam 案”等案件中，也包括“阿韦纳案”等后续实践中，即使一些法院决定对定罪量刑重新审查，救济的标准也很模糊。虽然说恢复原状并不涉及归还受害国的人员、财产或领土，但对所涉国家的有关权利和职权适用恢复到先前状态的概念。例如，如果所涉的是决定行使国家实权的一项程序性义务，可能就得如此。在这类情况下，恢复原状不应使受害国获得的权利多于在履行义务情况下本应获得的权利。问题是，如果恢复原状无法实践，例如“阿韦纳案”判决之后，美国未能履行国际法院的判决，墨西哥是否能继续代表国民索赔？还是这种索赔权利只能留待美国国内法院解决，如果美国国内法院不解决，正如美国最高法院在“麦德林案”中所坚持的，有关的救济措施依然是未解的问题。

最后，是否适用赔偿方式依然有待发展。尽管有些争议解决机构，如欧洲人权法院适用充分赔偿标准，如果恢复原状不可能，则应适用公正抵偿标准。但是，由于当事国未提出抵偿方式，国际法院并未将类似的救济方式运用到“拉格兰德案”、“阿韦纳案”、“贾达夫案”等。在国际法院的实践中，补偿也很少使用。

第五章　我国领事通知实践

《维也纳领事关系公约》是对习惯国际法的编纂，作为在全球得到普遍适用的一个国际公约，《维也纳领事关系公约》为现代领事关系构建了一套广泛接受的规则，同时其规定和实践也催生领事国内立法的标准化和现代化。[①] 我国于1975年加入《维也纳外交关系公约》，1979年加入《维也纳领事关系公约》，作为《维也纳领事关系公约》的缔约国，我国的实践为领事法的发展贡献了中国实践和中国方案，同时，《维也纳领事关系公约》的发展也为我国保护在海外的中国国民和利益提供了新视角。

第一节　我国的国内履约实践

研究《维也纳领事关系公约》在我国国内的适用有多重意义。首先，这是我国法治国家建设的一部分，是加强国际法的研究和运用的具体体现。中共十八大明确了法治国家、法治政府建设；十九届四中全会中提出要推进国家治理体系和治理能力现代化，坚持和完善中国特色社会主义法治体系，提高党依法治国、依法执政的能力，要加强涉外法治工作，建立涉外工作法务制度，加强国际法研究和运用，提高涉外工作法治化水平。2020年11月，在中央全面依法治国工作会议上，习近平总书记强调，要坚持统筹推进国内法治和涉外法治；要加快涉外法治工作战略布局，协调

① 李宗周：《领事法和领事实践》，梁宝山、黄屏、潘维煌、夏丽萍译，世界知识出版社2012年版，第646页。

推进国内治理和国际治理，更好维护国家主权、安全、发展利益；要强化法治思维，运用法治方式，有效应对挑战、防范风险，综合利用立法、执法、司法等手段开展斗争，坚决维护国家主权、尊严和核心利益。要推动全球治理变革，推动构建人类命运共同体。党的十九届六中全会通过了《中共中央关于党的百年奋斗重大成就和历史经验的决议》。该决议指出："全面依法治国是中国特色社会主义的本质要求和重要保障，是国家治理的一场深刻革命。"

围绕《维也纳领事关系公约》第36条在我国国内的适用，我国国内立法和实践在不断调整和变化，体现出对个人权利保护的加强。习近平总书记指出，推进全面依法治国，根本目的是依法保障人民利益。《最高人民法院关于适用〈中华人民共和国刑事诉讼法〉的解释》（简称《新刑诉法解释》）坚持贯彻以人民为中心的理念，将强化诉权保障作为贯穿始终的主线，通过具体制度设计，依法保障被告人的诉讼权利，充分保障辩护律师依法履行辩护职责，切实维护被害人合法权益，把尊重和保障人权落到实处。2020年，我国最高人民法院发布了《关于适用〈中华人民共和国刑事诉讼法〉的解释》（法释〔2021〕1号），其中专门在第20章和第21章中对涉外刑事案件的审理和刑事司法协助中所涉及的领事通知和领事探视作出了明确规定。相比较我国1995年颁布的《外交部、最高人民法院、最高人民检察院、公安部、国家安全部、司法部关于处理涉外案件若干问题的规定》，将相关内容纳入我国国内立法和司法解释中，体现了我国法治化的实践，是我国严格遵守并履行国际条约义务、最大限度保护个人权利的最新实践。

研究《维也纳领事关系公约》第36条的内容与适用，也是为了更好地协助和保护我国在海外的国民。外交领事法的发展很大程度上被认为是一种"自足机制"（self-contained regimes），坚持对等适用，各国既是派遣国又是接受国，派遣国和接受国的权利与义务对等，各种特权豁免和便利都是对等给与，如果一方滥用权利，则对方可以对等采取措施，使缔约各方之间维持作为接受国和派遣国的适当平衡。就《维也纳领事关系公约》第36条的适用而言，涉及的是领事通知和领事保护两个方面的问题，即保障在本国的外国人享有的权利，并协助在国外的本国国民，因此，研究本国义务的履行也是为了研究如何协助和保护在海外的本国国民。

一、《维也纳领事关系公约》在我国的适用

为确定外国驻中国使馆和使馆人员的外交特权与豁免，便于外国驻中国使馆代表其国家有效地执行职务，我国于1986年制定并颁布了《外交特权与豁免条例》。该条例共29条，具体规定了外国驻华使馆及使馆人员所享有的特权与豁免；“为确定外国驻中国领馆和领馆成员的领事特权与豁免，便于外国驻中国领馆在领区内代表其国家有效地执行职务”①，我国于1990年颁布了《领事特权与豁免条例》，该条例共29条，其中具体规定了外国驻华领事馆以及领事官员所享有的特权与豁免。两个条例规定的内容和两个公约的规定基本一致，只是在一些具体内容上作出了限制，例如，《领事特权与豁免条例》对领馆、领事官员作出了界定，并明确了领馆和领事官员享有的特权与豁免。在我国，《维也纳外交关系公约》《维也纳领事关系公约》和我国制定的《外交特权与豁免条例》《领事特权与豁免条约》被认为是并行适用的关系，“我国制定的两个条例总体上与两个公约规定一致，并有所补充”②，如两条例对使领馆及其人员携带自用强制弹药入出境作出了限制。《外交特权与豁免条例》还对来华访问的外国国家元首、政府首脑、外交部长及其他特定官员所享有的特权与豁免作出了规定。

鉴于我国制定两个条例的立法目的是规定使馆和使馆人员、领馆和领事官员的特权与豁免，以便于其代表派遣国有效地执行职务，两个条例分别对外交特权与豁免、领事特权与豁免问题作出了具体的规定。在履行两个公约的具体实践中，“长期以来，有关部门在处理此类问题的过

① 见《中华人民共和国领事特权与豁免条例》第1条。
② 段洁龙主编：《中国国际法实践与案例》，法律出版社2011年版，第20页。

程中，以法律规定为基础，结合外交交涉和协商，形成了一套兼顾原则性和灵活性的实践做法”[①]。例如，我国对于涉及外交领事人员的交通管理、外交邮袋、家属待遇等具体事宜，国内相关部门以两个公约和两个条例的规定为基础，制定了针对使领馆及其人员的法律和规章。就《维也纳领事关系公约》第36条的义务而言，虽然我国《领事特权与豁免条例》并未具体规定，但是我国在其他国内法律法规中对此作出了专门规定，并在行政执法、刑事司法等环节构建了明确的法律规范体系，体现了我国依法治国、依法维护当事人合法权益的要求，有效地履行了《维也纳领事关系公约》第36条规定的领事通知义务。

二、双边领事条约实践

截至2021年12月，我国和49个国家签订了双边领事条约，和50多个国家之间适用双边领事条约（见表5-1）[②]。双边领事条约也是确定领事履行职务的重要依据。在我国和相关国家的实践中，既要适用《维也纳领事关系公约》的规定，也要适用双边领事条约的要求。《维也纳领事关系公约》项下的义务与双边领事条约义务并存，正如《维也纳领事关系公约》第73条中所规定的，“本公约之规定不影响当事国间现行有效之其他国际协定”。因此，无论是在公约批准之前还是之后，缔结的双边领事条约都继续有效，例如，我国和40多个国家之家签订了双边领事条约，这些双边领事条约和《维也纳领事关系公约》以及我国国内法共同构成我国遵守的领事法，“领事官员在执行本条规定的职务时应遵守接受国的有关法律规章。但接受国有关法律规章的适用不应限制本条规定的权利的实施”[③]。

---

① 段洁龙主编：《中国国际法实践与案例》，法律出版社2011年版，第20页。

② 详见中国领事服务网。其中《中南领事条约》在中国与马其顿、斯洛文尼亚、波斯尼亚和黑塞哥维那、塞尔维亚、黑山之间继续有效。中德双方于1991年确认《中国和民主德国领事条约》随德国的统一予以终止。《中捷领事条约》在中国与捷克、与斯洛伐克之间仍然有效。1992年4月，中也双方确认《中也领事条约》适用于也门共和国全境。

③ 《中捷领事条约》第15条第5款。

接受国的法律不能违反其承担的多边和双边领事条约下的义务，要以公约中规定的内容和要求为最低保护标准。在我国缔结的双边领事条约中，一般都约定了双边领事条约或者协定与《维也纳领事关系公约》的关系，例如，我国和澳大利亚《领事协定》第20条专门规定了领事协定与其他国际协定的关系，明确了“一、双方明示同意本协定根据一九六三年四月二十四日订于维也纳的《维也纳领事关系公约》第七十三条第二款订立。本协定的目的为确认并引申对双方有效的《维也纳领事关系公约》的规定。二、双方确认一九六三年四月二十四日订于维也纳的《维也纳领事关系公约》的规定，并同意本协定未明确规定的事项，按《维也纳领事关系公约》处理。三、除另有规定外，本协定中的用语与一九六三年四月二十四日订于维也纳的《维也纳领事关系公约》中的用语含义相同。”其他条约也都有类似的规定[①]，形成了惯常的缔约范本（见表5-1）。

表5-1　中国与外国缔结领事条约（协定）一览表

（以签署日期为序）

序号	条约（协定）名称	签署日期	生效日期
1	中华人民共和国和德意志民主共和国领事条约	1959-01-27	已失效
2	中华人民共和国和苏维埃社会主义共和国联盟领事条约	1959-06-23	已失效
3	中华人民共和国和捷克斯洛伐克社会主义共和国领事条约	1960-05-07	已失效
4	中华人民共和国和美利坚合众国领事条约	1980-09-17	1982-02-18
5*	中华人民共和国和南斯拉夫社会主义联邦共和国领事条约	1982-02-04	1982-11-26
6	中华人民共和国政府和波兰人民共和国政府领事条约	1984-07-14	1985-02-21
7	中华人民共和国和朝鲜民主主义人民共和国领事条约	1985-11-26	1986-07-02

① 例如，《中华人民共和国和日本国领事协议》第12条。

续表

序号	条约（协定）名称	签署日期	生效日期
8 *	中华人民共和国和德意志民主共和国领事条约	1986-05-31（重签）	已终止
9	中华人民共和国和匈牙利人民共和国领事条约	1986-06-03	1986-11-28
10	中华人民共和国和意大利共和国领事条约	1986-06-19	1991-06-19
11	中华人民共和国和蒙古人民共和国领事条约	1986-08-09	1987-02-07
12	中华人民共和国和苏维埃社会主义共和国联盟领事条约	1986-09-10（重签）	已终止
13	中华人民共和国和墨西哥合众国领事条约	1986-12-07	1988-01-14
14	中华人民共和国和保加利亚人民共和国领事条约	1987-05-06	1988-01-02
15 ***	中华人民共和国和捷克斯洛伐克社会主义共和国领事条约	1988-09-05（重签）	1989-07-05
16	中华人民共和国和土耳其共和国领事条约	1989-03-06	1991-08-02
17	中华人民共和国和老挝人民民主共和国领事条约	1989-10-08	1991-04-06
18	中华人民共和国和伊拉克共和国领事条约	1989-10-27	1991-07-03
19 ****	中华人民共和国和阿拉伯也门共和国领事条约	1990-03-04	1998-03-18
20	中华人民共和国和古巴共和国领事条约	1990-08-28	1993-01-03
21	中华人民共和国和阿根廷共和国领事条约	1990-11-15	1993-04-08
22	中华人民共和国和罗马尼亚领事条约	1991-01-16	1992-06-28
23	中华人民共和国和印度共和国领事条约	1991-12-13	1992-10-30
24	中华人民共和国和突尼斯共和国领事条约	1992-03-31	1993-03-12
25	中华人民共和国和哈萨克斯坦共和国领事条约	1992-08-10	1994-04-29
26	中华人民共和国和立陶宛共和国领事条约	1992-08-15	1993-05-10
27	中华人民共和国和巴基斯坦伊斯兰共和国领事条约	1992-10-07	1995-04-06
28	中华人民共和国和乌克兰领事条约	1992-10-31	1994-01-19
29	中华人民共和国和摩尔多瓦共和国领事条约	1992-11-07	1996-09-18
30	中华人民共和国和玻利维亚共和国领事条约	1992-11-18	1994-03-01
31	中华人民共和国和土库曼斯坦领事条约	1992-11-21	1996-05-25
32	中华人民共和国和白俄罗斯共和国领事条约	1993-01-11	1994-03-31
33	中华人民共和国和吉尔吉斯共和国领事条约	1993-08-30	1994-05-23

续表

序号	条约（协定）名称	签署日期	生效日期
34	中华人民共和国和阿塞拜疆共和国领事条约	1994-01-04	1996-04-28
35	中华人民共和国和秘鲁共和国领事条约	1994-06-09	1996-10-31
36	中华人民共和国和乌兹别克斯坦共和国领事条约	1994-10-24	1996-08-02
37	中华人民共和国和亚美尼亚共和国领事条约	1995-12-26	1997-10-29
38	中华人民共和国和格鲁吉亚共和国领事条约	1996-01-23	1998-05-15
39	中华人民共和国和克罗地亚共和国领事条约	1996-02-05	1997-11-08
40	中华人民共和国政府和加拿大政府领事协定	1997-11-28	1999-03-11
41	中华人民共和国和越南社会主义共和国领事条约	1998-10-19	2000-07-26
42	中华人民共和国和澳大利亚领事协定	1999-09-08	2000-09-15
43 *****	中华人民共和国和俄罗斯联邦领事条约	2002-04-25	2003-10-23
44	中华人民共和国政府和尼日利亚联邦共和国政府领事协定	2002-07-02	尚未生效
45	中华人民共和国和新西兰领事协定	2003-10-26	2006-04-23
46	中华人民共和国和日本国领事协定	2008-10-24	2010-02-16
47	中华人民共和国和菲律宾共和国领事协定	2009-10-29	2013-07-13
48	中华人民共和国和柬埔寨王国领事条约	2010-02-25	2011-01-12
49	中华人民共和国和大韩民国领事协定	2014-07-03	2015-04-12

注：* 该条约继续适用于马其顿、斯洛文尼亚、波斯尼亚和黑塞哥维那。

** 中德双方于 1991 年确认该条约随德国的统一予以终止。

*** 该条约已由捷克共和国和斯洛伐克共和国分别继承。

**** 1992 年 4 月，中也双方确认该条约适用于也门共和国全境。

***** 该条约生效后，1986 年《中华人民共和国和苏维埃社会主义共和国联盟领事条约》即告终止。

资料来源：中国领事服务网①。

三、已有双边领事条约对领事通知义务的细化

领事关系最早源于国家之间的实践，在《维也纳领事关系公约》签订之前，国家双边领事实践非常丰富，双边领事条约数量大，内容多样。《维

① John B. Quigley, Vienna Convention on Consular Relations: In Retrospect and into the Future, 38 S. Ill. U. L. J. 1 (2013), p7

也纳领事关系公约》并不排除双边领事条约的适用，相反，公约第 73 条第 2 款明确了“本公约并不禁止各国间另订国际协定以确认、或补充、或推广、或引申本公约之各项规定”。双边领事条约从不同方面进一步发展了《维也纳领事关系公约》的内容，尤其是进一步细化了公约第 36 条中规定的领事通知内容。在我国已经签订的双边领事条约中，其中有 43 个双边领事条约中还规定了强制通知领事的义务，即无须被逮捕、拘押、羁押候审或者拘禁的外国国民请求，接受国都应在双边领事条约约定的时间范围内尽速通知，同时，强制通知并不免除我国的告知义务。

双边领事条约并无统一的模板和范本，我国与不同国家之间签订双边领事条约的内容都不相同。就《维也纳领事关系公约》第 36 条涉及的领事通知而言，我国的双边领事实践中对《维也纳领事关系公约》第 36 条的规定予以细化，扩大了公约第 36 条的适用范围，强化了领事通知责任，细化了领事通知的内容，明确了领事通知的时间要求。有些双边领事条约实践还搭建了衔接程序，领事保护本国国民的职能被具体化。双边领事条约细化了程序规则，弥补了《维也纳领事关系公约》的程序空白。以《维也纳领事关系公约》第 36 条规定的“与派遣国国民通讯及联络”为例，该内容规定在《中美领事条约》的第 35 条“与派遣国国民联系”。相比较公约的规定，双边领事条约的规定更为具体：一是强化了领事与本国国民联系会见的权利，明示了“可为其安排法律协助和译员”，这是公约中没有明确的。二是规定了领事通知的时间，将“立即通知”明确界定为“最迟于该国民被逮捕或受拘禁之日起的四天内通知派遣国领事馆。如果由于通讯设备方面的困难在四天内无法通知派遣国领事馆，也应设法尽快通知”。三是增加了通知内容规定，即“应领事官员要求，应告知该国民被逮捕或受到何种形式拘禁的理由”。四是将领事通知义务流程化、程序化，明确规定接受国负有告知义务，规定了“接受国主管当局应立即告知该派遣国国民本条所给予的同领事官员进行联系的权利”。五是列出了领事探视的时间表和探视的具体措施，强化了领事保护和领事协助的履行。

我国签订的双边领事条约中也引入了强制通知义务。在我国已经签订的双边领事条约中，我国和43个国家之间存在强制通知义务。例如，《中美领事条约》第35条规定了“与派遣国国民联系”，其中明确“1. 领事官员有权在其领事区内与派遣国的国民联系和会见。必要时，可为其安排法律协助和译员。接受国不应以任何方式限制领事官员和派遣国国民的会见。2. 领事区内遇有派遣国国民被逮捕或受到任何形式的拘禁，接受国主管当局应立即通知，最迟于该国民被逮捕或受拘禁之日起的四天内通知派遣国领事馆。如果由于通讯设备方面的困难在四天内无法通知派遣国领事馆，也应设法尽快通知。应领事官员要求，应告知该国民被逮捕或受到何种形式拘禁的理由。3. 接受国主管当局应立即告知该派遣国国民本条所给予的同领事官员进行联系的权利”。就强制通知义务而言，这种义务最大限度地保障了《维也纳领事关系公约》第36条中个人权利的实现，防止因当事人不知道权利存在而导致通知领事并获得领事协助权利的缺失。同时，强制通知义务并不减损当事人个人的权利，如果当事人不同意，可以拒绝接受领事协助，拒绝领事会见。

我国签订的一些双边领事条约还扩大了领事通知权的适用范围。在我国和澳大利亚签订的领事协定以及和新西兰签订的领事协定中都规定了“领事保护和协助”的章节，其中明确了：“（1）双方同意给予自称同时具有中华人民共和国和澳大利亚国籍的人在两国间旅行以便利，但这并不意味着中华人民共和国承认双重国籍。上述人员的出境手续和证件按照其通常居住国的法律办理。入境手续和证件应按照前往国的法律办理。（2）如果司法和行政程序妨碍派遣国国民在其签证和证件有效期内离开接受国，该国民不应失去派遣国领事的会见和保护权。应准许该国民离开接受国，除接受国法律规定的出境证件外，无须取得接受国其他证件。（3）凡持有派遣国有效旅行证件进入接受国的派遣国国民，于签证或合法免签证入境赋予其该身份的有效期限内，将被接受国有关当局视为派遣国国民，以保证其得到派遣国领事的会见和保护。”[①]

我国签订的一些双边领事条约中也细化了领事通知的时间要求。《中国和白俄罗斯领事条约》第12条就专门规定了“关于拘留、逮捕的通知和探视：（1）遇有派遣国国民在领区内被拘留、被逮捕或被以其他方式剥夺自由时，接受国主管当局应在发生上述情况后四天内通知领馆。（2）领事官员有权探视被拘留、被逮捕、被监禁或被以其他方式剥夺自由的派遣国国民，同其联系和会见，并为其提供法律帮助。接受国主管当局对领事官员探视该国民的请求应在通知后三日内作出安排，以后在合理期限内继续提供探视机会。（3）接受国主管当局应立即将本条第一、二款的规定告知被拘留、被逮捕或被以其他方式剥夺自由的派遣国国民。（4）本条所规定的各项权利应依接受国法律规章行使之。但接受国法律规章的适用不应限制本条规定的权利的实施”。其中明确了四天内的通知领馆义务，通知后的三日内领事探视安排，以及立即告知义务。其他的一些双边领事条约[②]也都强化了时间要求，虽然具体时间规定各不相同，有“七天”“三日”“四天”等不同安排，但是无论哪一种安排，都为准确履行领事通知划定了时间表。

我国签订的一些双边领事条约还明确了领事通知实现的“路线图”，有的双边领事条约中明确了领事通知告知的具体内容。《中国和意大利领事条约》第12条就具体规定了“逮捕、拘留或驱逐通知和探视”的具体步骤和安排：“（1）遇有派遣国国民在领区内被逮捕、被拘留或以其他方式被限制人身自由时，接受国主管当局应在发生上述情况后七天内通知领馆，并说明原因。（2）领事官员有权探视被逮捕、拘留、以其他方式限制人身自由或监禁的派遣国国民，用派遣国或接受国语言同其交谈或通讯，并为其提供法律协助。接受国主管当局对领事官员的探视请求应在第一款

① 见《中华人民共和国和澳大利亚领事协定》第10条，《中华人民共和国和新西兰领事协定》第10条。

② 如《中华人民共和国和乌兹别克斯坦共和国领事条约》。其他双边领事条约义务也有类似的规定。

的通知后两日内作出安排，以后每月应提供不少于两次的探视机会。领事官员可旁听任何法律诉讼的公开部分。（3）接受国主管当局应立即将本条第一、二款规定的权利通知被逮捕、拘留、以其他方式限制人身自由或监禁的派遣国国民，并不迟延地转递领馆和该国民间的任何通信。（4）遇有派遣国国民在领区内被接受国当局宣布强迫离境或驱逐时，接受国当局应事先通知领馆。因公共秩序和国家安全的重大理由需要驱逐和离境时，通知可在采取措施的同时进行。（5）领事官员在行使本条所规定的权利时，应遵守接受国的有关法律规章。但此项法律规章务使本条所规定的权利的目的得以充分实现。”相比较《维也纳领事关系公约》第36条的规定，双边领事条约的规定更加详尽具体（见表5-2）。

表5-2　我国双边领事条约中关于领事通知的相关规定

我国双边领事条约中的强制通知义务			
	条约名称	签订时间	强制通知义务条款/具体内容
1	中华人民共和国和美利坚合众国领事条约	1980年9月17日签订，1982年2月18日生效	有强制通知义务。 第35条　与派遣国国民联系 一、领事官员有权在其领事区内与派遣国的国民联系和会见。必要时，可为其安排法律协助和译员。接受国不应以任何方式限制领事官员和派遣国国民的会见。 二、领事区内遇有派遣国国民被逮捕或受到任何形式的拘禁，接受国主管当局应立即通知，最迟于该国民被逮捕或受拘禁之日起的四天内通知派遣国领事馆。如果由于通讯设备方面的困难在四天内无法通知派遣国领事馆，也应设法尽快通知。应领事官员要求，应告知该国民被逮捕或受到何种形式拘禁的理由。 三、接受国主管当局应立即告知该派遣国国民本条所给予的同领事官员进行联系的权利。 四、领事官员有权探视被逮捕或受到任何形式拘禁的派遣国国民，包括根据判决处在狱中的此等国民，以派遣国或接受国语言、文字与之谈话和通信，并可协助安排法律代表和译员。探视应尽快进行，最迟于主管当局通知领事馆该国民受到任何形式拘禁之日起的两天后，不应拒绝探视。探视得按重复方式进行。经领事官员请求，两次探视之间的间隔不应超过一个月。

续表

我国双边领事条约中的强制通知义务

	条约名称	签订时间	强制通知义务条款/具体内容
1	中华人民共和国和美利坚合众国领事条约	1980年9月17日签订，1982年2月18日生效	五、倘遇派遣国国民在接受国受审判或其他法律诉讼，有关当局经领事官员请求应告知对该国民提出的指控，并应允许一位领事官员旁听审判或其他法律诉讼。 六、对于适用本条规定的国民，领事官员有权供给装有食品、衣服、医药用品、读物和书写文具的包裹。 七、领事官员得请接受国当局协助查明派遣国国民的下落。接受国当局应尽可能提供所掌握的一切有关情况。 八、本条所载各项权利的行使，应遵照接受国的法律。但是，此项法律的适用，务使本条所规定的这些权利的目的，得以充分实现
2	中华人民共和国政府和加拿大政府领事协定	1997年11月28日签订，1999年3月11日生效	有强制通知义务。 第8条　拘留、逮捕通知和探视 一、遇有派遣国国民在领区内被接受国主管当局拘留、逮捕或以任何其他方式剥夺自由时，接受国主管当局应不迟延地自拘留、逮捕或被剥夺自由之日起通知领馆。如果由于通讯困难无法不迟延地通知派遣国领馆，接受国主管当局也应尽快通知，并应通知领馆该国民被拘留、逮捕或以任何其他方式剥夺自由的原因。 二、领事官员有权探视被拘留、逮捕或以任何其他方式剥夺自由的派遣国国民，用派遣国或接受国语言与其交谈或联系，并有权为其安排译员和法律协助。接受国主管当局应安排领事官员探视上述国民。探视应尽快进行，最迟于主管当局通知领馆该国民受到任何形式拘禁之日起的两日后，不应拒绝探视。探视可按重复方式进行。经领事官员请求，两次探视之间的间隔不应超过一个月。 三、对于适用本条规定的国民，领事官员有权向其提供装有食品、衣服、医药用品、读物和书写文具的包裹。 四、接受国主管当局应将本条第一、二、三款的规定通知上述派遣国国民。 五、遇有派遣国国民在接受国受审判或其他法律诉讼，有关当局将向领馆提供对该国民提出指控的情况，并应允许领事官员旁听审判或其他法律诉讼。

续表

我国双边领事条约中的强制通知义务			
	条约名称	签订时间	强制通知义务条款/具体内容
2	中国—加拿大领事协定	1997年11月28日签订，1999年3月11日生效	六、遇有派遣国国民受审判或其他法律诉讼，当需要时，接受国主管当局将为其安排适当的翻译。 七、领事官员在执行本条职务时，应遵守接受国的法律，但接受国法律的适用不应限制本条规定的权利的实施
3	中华人民共和国和日本国领事协定	2008年10月24日签订，2010年2月16日起生效	有强制通知义务。其中明确规定了“不论是否请求，都应该通知”；强调了“毫不迟延的通知”义务。 第5条：一、为便于执行与派遣国国民有关的领事职务：(一) 领事官员可自由与派遣国国民通讯和会见。派遣国国民同样可自由与派遣国领事官员通讯和会见。接受国不应限制派遣国国民与领事官员联系及进入领馆馆舍。(二) 遇派遣国国民（含自称派遣国国民者，如查明非派遣国国民则除外）在领区内被逮捕、监禁、羁押候审或受任何其他方式的拘禁时，不论其本人是否请求，接受国主管机关应不延迟地于四日内将该国民被逮捕、监禁、羁押或拘禁的事实和理由通知派遣国领馆。如果由于通讯困难无法通知领馆，接受国主管机关应通知派遣国使馆。(三) 领事官员有权探视领区内被逮捕、监禁、羁押候审或受任何其他方式拘禁的派遣国国民，使用领事官员选择的语言与其交谈或通讯，并为其安排法律代表。如交谈语言非接受国语言，应接受国主管机关的请求，领事官员应将交谈内容翻译成接受国语言后口头告知接受国主管机关。在接到领事官员的请求后，接受国主管机关应不延迟地安排领事官员探视派遣国国民。领事官员并有权探视领区内依判决而被监禁、羁押或拘禁的派遣国国民，与其交谈或通讯。如被逮捕、监禁、羁押或拘禁的国民书面明示反对为其采取行动，接受国主管机关向领事官员出示该书面材料时，领事官员应避免采取此种行动。(四) 被逮捕、监禁、羁押候审或依判决被羁押或因其他事由被拘禁的派遣国国民与领馆之间的任何信件应由接受国主管机关不延迟地予以转交。(五) 接受国主管机关应将本款第（二）、(三)、(四) 项所述的权利不延迟地告知被逮捕、监禁、羁押候审或依判决被羁押或因其他事由被拘禁的派遣国国民。 二、本条第一款所述的权利，应遵照接受国的法律规章行使。但有关法律规章应使本条所规定的权利的目的得以充分实现

续表

我国双边领事条约中的强制通知义务			
	条约名称	签订时间	强制通知义务条款/具体内容
4	中华人民共和国和澳大利亚领事协定	1999 年 9 月 8 日签订，2000 年 9 月 15 日起生效	未明确规定强制通知义务。要求是 3 日内通知，并且要毫不迟延。如果当事人明确反对通知，则可以不通知领馆。 第十一条　与派遣国国民通讯及联系 一、为便利执行与派遣国国民有关的领事职务：（一）领事官员可自由地与派遣国国民通讯及会见。派遣国国民亦可同样自由地与派遣国领事官员通讯及会见；（二）领事官员有权了解派遣国国民在接受国的居留和工作情况，并在任何时候向他们提供必要的协助；（三）领事官员有权请求接受国主管当局查寻派遣国国民的下落，接受国主管当局应以一切合理方法提供有关情况；（四）领事官员有权按照接受国法律规章，接受和临时保管派遣国国民的钱款和贵重物品；（五）遇有领区内派遣国国民被逮捕、监禁、羁押候审或被以其他方式拘留时，除非该国民明示请求不通知派遣国领馆，接受国主管当局应于三日内通知领馆。该当局应通知领馆该国民被逮捕、监禁、羁押候审或以其他方式被拘留的原因。被逮捕、监禁、羁押或拘留的人员致领馆的信件亦应由上述当局不迟延地予以转交。上述当局应将本项规定的权利不迟延地告知被拘留的有关派遣国国民；（六）遇有派遣国国民在接受国受审判或其他法律诉讼，有关当局将向领馆提供对该国民提出指控的情况，并应允许领事官员旁听审判或其他法律诉讼；（七）遇有派遣国国民受审判或其他法律诉讼，当需要时，接受国主管当局将为其安排适当的翻译；（八）领事官员有权探视被监禁、羁押或拘留的派遣国国民，与之交谈或通讯，并为其代聘法律代表。他们有权探视在其领区内依判决而受监禁、羁押或拘留的派遣国国民并与其交谈或通讯。接受国主管当局应确保领事官员按照本条第一款第（五）项所规定的首次通知逮捕或拘留后二日内探视被拘留的派遣国国民，此后的探视不得少于每月一次。但如被监禁、羁押或拘留的国民明示反对为其采取行动时，领事官员应避免采取此种行动。 二、本条第一款所规定的权利和义务的实施应遵守接受国的法律规章，但此项法律规章务须使本条所规定的权利的目的得以充分实现。

续表

我国双边领事条约中的强制通知义务

	条约名称	签订时间	强制通知义务条款/具体内容
4	中华人民共和国和澳大利亚领事协定	1999年9月8日签订，2000年9月15日起生效	三、遇派遣国国民因不在当地或由于其他原因不能及时保护自己的权利和利益时，领事官员可根据接受国的法律规章为保护该国民的权利和利益采取临时性措施，在接受国法院或其他主管当局前代表该国民或为其安排适当的代理人，直至该国民指定了自己的代理人或本人能自行保护其权力和利益时为止
5	中华人民共和国和保加利亚人民共和国领事条约	1987年5月6日签订，1988年1月2日生效	规定了强制通知义务。 第16条　保护和同派遣国国民联系 一、领事官员有权在领区内同派遣国国民自由联系和会见，并提供必要的协助。接受国不应限制派遣国国民同领馆联系及进入领馆。 二、遇有派遣国国民在领区内被拘留、逮捕或被以任何其他方式剥夺自由时，接受国主管当局应尽速通知领馆，最晚不得迟于采取上述措施后的第7天。 三、领事官员有权在通知后3天内探视被拘留、逮捕或以任何其他方式被剥夺自由的派遣国国民，并同其谈话和通讯，其后可在合理期限内继续探视。根据接受国的法律，领事官员也有权探视正在服刑的派遣国国民。 四、在不损害本条所规定权利的条件下，领事官员应遵守接受国的法律规章。 五、接受国主管当局应将本条规定的权利通知当事人
6	中华人民共和国和俄罗斯联邦领事条约	2002年4月25日签订，2003年10月23日生效	有强制通知义务。 第十三条　派遣国国民被拘留或逮捕时的职务 一、遇有派遣国国民在领区内被拘留、逮捕或以任何其他方式剥夺自由时，接受国主管机关应在三个工作日内通知领馆。 二、被拘留、逮捕或以任何其他方式剥夺自由的派遣国国民发给领馆的任何信件，接受国主管机关均应不迟延地转递给该领馆。 三、领事官员有权探视被拘留、逮捕或以任何其他方式剥夺自由的派遣国国民，与其交谈并为其提供法律协助。接受国主管机关应在通知后三个工作日内安排领事官员对上述国民的探视。

续表

我国双边领事条约中的强制通知义务			
	条约名称	签订时间	强制通知义务条款/具体内容
6	中华人民共和国和俄罗斯联邦领事条约	2002年4月25日签订，2003年10月23日生效	四、如该国民书面明示反对，领事官员可放弃代表被剥夺自由的派遣国国民采取任何措施。 五、接受国主管机关应将本条第一、二、三、四款的规定通知上述派遣国国民。 六、领事官员在执行本条规定的职务时，应遵守接受国的有关法律规章。但接受国有关法律规章的适用不应限制本条规定的权利的实施
7	中华人民共和国和菲律宾共和国领事协定	2009年10月29日签订，2013年7月13日生效	有强制通知义务。 第十三条　拘留、逮捕通知和探视 一、遇有派遣国国民在领区内被接受国主管当局拘留、逮捕或以任何其他方式剥夺自由时，不论其本人是否请求，该当局应于四日内通知领馆有关该国民被拘留、逮捕或以任何其他方式剥夺自由的事实并说明原因。 二、领事官员有权探视被拘留、逮捕或以任何其他方式剥夺自由的派遣国国民，使用被拘禁国民熟悉的任何语言或方言就个人状况和案情与其交谈或通信，为其提供法律协助。接受国主管当局应于通知领馆该国民被拘留、逮捕或剥夺自由后三日内尽速安排领事官员探视。经领事官员请求，探视可多次进行。但如被拘留、逮捕或以任何其他方式剥夺自由的派遣国国民书面明确表示反对探视时，领事官员应停止采取行动。 三、领事官员有权探视正在服刑的派遣国国民。 四、派遣国国民的家属同样有权在接受国法律规章允许的范围内探监。 五、接受国主管当局应将本条第一、二、三、四款的规定通知上述派遣国国民。 六、领事官员在执行本条职务时，应遵守接受国的有关法律规章。但接受国有关法律规章的适用不应限制本条规定的权利的实施
8	中华人民共和国和格鲁吉亚共和国领事条约	1996年1月23日签订，1998年5月15日生效	有强制通知义务。 第十二条　同派遣国国民联系 一、领事官员可同派遣国国民会见和联系，提出建议和给予

续表

我国双边领事条约中的强制通知义务

	条约名称	签订时间	强制通知义务条款/具体内容
8	中华人民共和国和格鲁吉亚共和国领事条约	1996年1月23日签订，1998年5月15日生效	各种协助，包括采取措施给予法律帮助。领事官员可请求接受国主管当局协助查寻永久居住或临时居住在接受国境内的派遣国国民的下落。接受国不得以任何方式限制派遣国国民同领馆联系和进入领馆。 二、遇有派遣国国民在领区内被逮捕、被拘留或被以其他方式剥夺自由时，接受国主管当局应在发生上述情况后尽快通知领馆。 三、领事官员有权探视被逮捕、被拘留、被以其他方式剥夺自由或监禁的派遣国国民，同其联系和会见，并为其提供法律帮助。接受国主管当局对领事官员探视该国民的请求应在通知后三日内作出安排。以后在合理期限内继续提供探视机会。 四、接受国主管当局应立即将本条第一、三款规定的权利通知被逮捕、被拘留或被以其他方式剥夺自由的派遣国国民。 五、本条所规定的各项权利应依接受国法律规章行使之。但接受国法律规章的适用不应限制本条规定的权利的实施
9	中华人民共和国和大韩民国领事协定	2014年7月3日签订，2015年4月1日2生效	规定了强制通知义务。 第七条　拘留、逮捕通知和探视 一、遇有派遣国国民，包括自称派遣国国民者（如查明非派遣国国民则除外），被接受国主管当局拘留、逮捕或以任何其他方式剥夺自由时，无论该国民是否要求，接受国主管当局应不延迟地通知领馆，最迟于该国民被拘留、逮捕或以任何其他方式剥夺自由之日起四日内，将该国民的姓名，身份证件情况，被拘留、逮捕或以任何其他方式剥夺自由的原因、日期和地点以及可与其联系的准确地点通知领馆。如派遣国国民因违反接受国有关出入境管理的法律法规被接受国主管当局关押，接受国主管当局应通知领馆，除非当事人书面表示反对通知。 二、领事官员有权探视被拘留、逮捕或以任何其他方式剥夺自由的派遣国国民，与其交谈或联系，为其提供法律协助。如果领事官员提出会见要求，接受国主管当局应自收到要求之日起4日内，不延迟地安排领事官员探视上述国民。如果该派遣国国民书面明示反对，并且接受国主管当局向领事官员提交了该国民的书面声明，领事官员应避免代表被拘留、逮捕或以任何其他方式剥夺自由的派遣国国民采取行动。

续表

我国双边领事条约中的强制通知义务			
	条约名称	签订时间	强制通知义务条款/具体内容
9	中华人民共和国和大韩民国领事协定	2014年7月3日签订，2015年4月1日2生效	三、接受国主管当局应不延迟地转递领馆与上述派遣国国民之间的信件。 四、领事官员有权探视正在接受国服刑的派遣国国民。 五、接受国主管当局应将本条第一款、第二款、第三款、第四款规定的权利告知上述派遣国国民。 六、遇有派遣国国民被接受国主管当局拘留、逮捕或以任何其他方式剥夺自由，或因刑事案件在接受国受审时，除非接受国法律法规禁止，接受国主管当局应根据领事官员的要求向领馆提供关于该国民被指控的信息，包括该国民的姓名、性别、出生日期、护照号码或其他身份证件情况，以及被采取强制措施的具体时间、地点、原因、法律依据、涉案情况、主管机关及联系方式。如该国民因刑事案件在接受国受审，还需向领馆提供开庭时间、地点和所受指控情况。在不违背接受国法律法规的情况下，除非该国民明示反对，接受国有关当局应根据领事官员的要求，允许其旁听审判。 七、遇有派遣国国民被接受国主管当局拘留、逮捕或以任何其他方式剥夺自由，或在接受国因刑事案件受审时，接受国主管当局应根据接受国法律法规为其提供合乎需要的翻译。 八、遇接受国对派遣国国民处以死刑，接受国主管当局在判处死刑后和执行死刑前应不延迟地通知领馆并使领馆知悉。如死刑执行因故延期或变更，接受国主管当局应不延迟地通知领馆
10	中华人民共和国和柬埔寨王国领事条约	2010年2月25日签订，2011年1月12日生效	规定了强制通知。 第十三条　拘留、逮捕通知和探视 一、遇有派遣国国民在领区内被拘留、逮捕或以任何其他方式剥夺自由时，接受国主管当局应尽速通知领馆。 二、领事官员有权探视被拘留、逮捕或以任何其他方式剥夺自由的派遣国国民，与其交谈或通信，为其提供法律协助。接受国主管当局应尽速安排领事官员对上述国民的探视。 三、领事官员有权探视正在服刑的派遣国国民。

续表

我国双边领事条约中的强制通知义务			
	条约名称	签订时间	强制通知义务条款/具体内容
10	中华人民共和国和柬埔寨王国领事条约	2010年2月25日签订，2011年1月12日生效	四、接受国主管当局应将本条第一、二、三款的规定通知上述派遣国国民。 五、遇有派遣国国民在接受国受审判或其他诉讼时，应该国民请求，接受国主管当局应通知派遣国领事官员对该国民的指控及进行审判或其他诉讼的时间、日期和地点。领事官员有权依照接受国法律规章旁听对该国民的审判或其他诉讼。 六、领事官员在执行本条职务时，应遵守接受国的有关法律规章。但接受国有关法律规章的适用不应限制本条规定的权利的实施
11	中华人民共和国和蒙古人民共和国领事条约	1986年8月9日签订，1987年2月7日生效	规定了强制通知。 第三十一条　同派遣国国民联系 一、领事官员可与本国国民会见和联系，为其提供建议，其中包括尊重接受国法律以及一切协助，必要时采取措施提供法律协助。 二、接受国主管当局逮捕或以其他方式拘留派遣国国民，应在逮捕或拘留后七天内通知派遣国领事官员。 三、如接受国主管当局逮捕或以其他方式拘留或监禁派遣国国民，派遣国领事官员有权在通知该国民被逮捕或拘留后的三天内与其会见和联系，并为其提供法律协助。领事官员在合理期限内可继续探视。 四、领事官员寻找在接受国境内失踪的派遣国国民时，可请求接受国主管当局协助。接受国主管当局应尽可能提供有关该国民的情况。 五、接受国不得以任何方式阻碍派遣国国民前往本国领馆或同领馆进行联系
12	中华人民共和国政府和尼日利亚联邦共和国政府领事协定	2000年7月2日签订，尚未生效	规定了强制通知义务。 第十四条　拘留、逮捕通知和探视 一、遇有派遣国国民在领区内被拘留、逮捕或以任何其他方式剥夺自由时，接受国主管当局应尽速通知领馆。 二、领事官员有权探视被拘留、逮捕或以任何其他方式剥夺自由的派遣国国民，与其交谈或通讯，为其提供法律协助。接受国主管当局应尽快安排领事官员对上述国民的探视。

续表

我国双边领事条约中的强制通知义务			
	条约名称	签订时间	强制通知义务条款/具体内容
12	中华人民共和国政府和尼日利亚联邦共和国政府领事协定	2000年7月2日签订，尚未生效	三、领事官员有权探视正在服刑的派遣国国民。 四、接受国主管当局应将本条第一、二、三款的规定通知上述派遣国国民。 五、领事官员在执行本条职务时，应遵守接受国的有关法律规章。但接受国有关法律规章的适用不应限制本条规定的权利的实施
13	中华人民共和国和新西兰领事协定	2003年10月26日签订，2006年4月23日起生效	规定强制通知义务。 第十一条　拘留、逮捕通知和探视权 一、派遣国国民在领区内被接受国主管当局拘留、逮捕或以任何其他方式剥夺自由时，除非与接受国法律相抵触，该当局应不迟延地，在任何情况下，于三日内通知领馆有关该项拘留或逮捕的事实和该国民被拘留、逮捕或以任何其他方式被剥夺自由的原因。如果由于通讯困难无法不迟延地通知派遣国领馆，接受国主管当局也应尽快通知。 二、领事官员有权探视被拘留、逮捕或被判处监禁或以任何其他方式剥夺自由的派遣国国民，与其交谈或联系，为其提供法律协助。接受国主管当局应尽快允许领事官员对上述国民进行探视，并最迟于，根据本条第一款，通知领馆该国民被逮捕或拘留后二日内，允许领事官员探视被逮捕或拘留的派遣国国民。探视可多次进行。领事官员所要求的探视之间的间隔不得超过一个月。但是，如被拘留、逮捕或被判处监禁或以任何其他方式被剥夺自由的国民明确表示反对探视时，领事官员应停止采取行动。 三、出现派遣国国民在接受国受审或接受其他法律诉讼的情况时，除非该国民书面明确要求不通知领馆，否则有关当局应根据领馆的要求向领馆提供有关对该国民提出指控的情况。应允许领事官员在不违反接受国法律的情况下，旁听审理或其他法律诉讼。 四、接受国主管当局应将领馆与上述人员之间的任何信件或电话留言不迟延地传递给对方。 五、出现派遣国国民在接受国受审或接受其他法律诉讼的情况时，如有需要，接受国有关当局应为其提供充分的翻译。

续表

我国双边领事条约中的强制通知义务

	条约名称	签订时间	强制通知义务条款/具体内容
13	中华人民共和国和新西兰领事协定	2003 年 10 月 26 日签订，2006 年 4 月 23 日起生效	六、接受国主管当局应将本条规定的权利不迟延地告知被拘留、逮捕、监禁或以任何其他方式剥夺自由的派遣国国民。 七、行使本条所述的权利时，应遵守接受国的法律，但接受国法律应使本条所给予的各项权利的目的得以充分实现。 第十二条　协助派遣国国民 一、领事官员有权： （一）在领区内同派遣国国民联系和会见，接受国不得限制派遣国国民和领馆之间的联系，不得限制派遣国国民进入领馆； （二）了解派遣国国民在接受国的生活和工作情况，并向他们提供必要的协助； （三）请求接受国主管当局查明派遣国国民的下落，接受国主管当局应以一切合法与合理的方式尽力提供有关情况； （四）根据接受国法律，接受并临时保管派遣国国民的钱款或贵重物品。 二、出现派遣国国民不能及时保护自己权益的情况时，领事官员可根据接受国法律在接受国法院或其他主管当局前代表该国民或为其安排适当代理人，直至该国民指定了自己的代理人或本人能自行保护其权益时为止
14	中华人民共和国和伊拉克共和国领事条约	1989 年 10 月 27 日签订，1991 年 7 月 3 日生效	规定强制通知义务。 第十二条　同派遣国国民联系 一、领事官员有权在领区内同派遣国国民联系和会见。接受国不应限制派遣国国民同领馆联系及进入领馆。 二、遇有派遣国国民在领区内被逮捕、拘留或以任何方式限制自由时，接受国主管当局应自该国民被逮捕、拘留或以任何方式限制自由之日起七天内通知领馆。 三、领事官员有权探视被逮捕、拘留、监禁或以任何方式限制自由的派遣国国民，同其交谈或通讯，并为其提供法律协助。接受国主管当局对领事官员的探视请求应尽快做出必要的安排，以后每月应通过正式途径提供不少于一次的探视机会。 四、被逮捕、拘留、监禁或以任何方式限制自由的派遣国国民有权通过接受国主管当局与领馆进行通讯。

续表

我国双边领事条约中的强制通知义务			
	条约名称	签订时间	强制通知义务条款/具体内容
14	中华人民共和国和伊拉克共和国领事条约	1989 年 10 月 27 日签订，1991 年 7 月 3 日生效	五、接受国主管当局应立即将本条第二、三、四款规定的权利通知被逮捕、拘留、监禁或以任何方式限制自由的派遣国国民。 六、行使本条所规定的权利，应遵守接受国的法律规章
15	中华人民共和国和意大利共和国领事条约	1986 年 6 月 19 日签订，1991 年 6 月 19 日生效	规定强制通知义务。 第十二条　逮捕、拘留或驱逐通知和探视 一、遇有派遣国国民在领区内被逮捕、被拘留或以其他方式被限制人身自由时，接受国主管当局应在发生上述情况后七天内通知领馆，并说明原因。 二、领事官员有权探视被逮捕、拘留、以其他方式限制人身自由或监禁的派遣国国民，用派遣国或接受国语言同其交谈或通讯，并为其提供法律协助。接受国主管当局对领事官员的探视请求应在第一款的通知后两日内作出安排，以后每月应提供不少于两次的探视机会。领事官员可旁听任何法律诉讼的公开部分。 三、接受国主管当局应立即将本条第一、二款规定的权利通知被逮捕、拘留、以其他方式限制人身自由或监禁的派遣国国民，并不迟延地转递领馆和该国民间的任何通信。 四、遇有派遣国国民在领区内被接受国当局宣布强迫离境或驱逐时，接受国当局应事先通知领馆。因公共秩序和国家安全的重大理由需要驱逐和离境时，通知可在采取措施的同时进行。 五、领事官员在行使本条所规定的权利时，应遵守接受国的有关法律规章。但此项法律规章务使本条所规定的权利的目的得以充分实现
16	中华人民共和国和越南社会主义共和国领事条约	1998 年 10 月 19 日签订，2000 年 7 月 26 日生效	规定强制通知义务。 第三十八条　与派遣国国民联系和协助派遣国国民 一、领事官员有权： （一）同派遣国国民联系和会见。接受国不应限制派遣国国民同领馆联系及进入领馆； （二）了解派遣国国民在接受国的居留和工作情况，并向他们提供必要的协助；

续表

我国双边领事条约中的强制通知义务

	条约名称	签订时间	强制通知义务条款/具体内容
16	中华人民共和国和越南社会主义共和国领事条约	1998年10月19日签订，2000年7月26日生效	（三）请求接受国主管当局查寻派遣国国民的下落，接受国主管当局应尽可能提供有关情况。 二、遇有派遣国国民不在当地或由于其他原因不能于适当期间自行保护其权力和利益时，领事官员有权在接受国法院及其他机关之前担任其代表或为其安排适当的代表，以便依照接受国的法律规章取得保全此等国民的权力和利益的临时措施，但以不抵触接受国施行的办法和程序为限。 第三十九条　有关拘留和审判的领事职务 一、遇有派遣国国民在领区内被拘留，接受国主管当局应尽速通知派遣国领馆。 二、被拘留的派遣国国民致领馆的信件应由接受国当局不迟延地转递至该领馆。 三、领事官员有权探视被拘留的派遣国国民，与之通讯，并为其安排法律代表。接受国主管当局应尽快安排领馆探视上述国民。 四、在接受国法律规章规定的范围内，被拘留的派遣国国民有权收发信件和其他通信及接收装有私人用品的包裹。 五、遇有派遣国国民在接受国受审判或其他诉讼时，应该国民或领事官员请求，接受国主管当局应通知派遣国领事官员对该国民的指控及进行审判或其他诉讼的时间、日期和地点。领事官员有权旁听对该国民的审判或其他诉讼。 六、接受国主管当局应将本条规定的权利告知被拘留、候审或受其他诉讼的派遣国国民。 七、本条规定同样适用于在接受国被拘留、逮捕，包括正在服刑，或以任何其他形式被限制人身自由的派遣国国民。 八、本条所述权利应依照接受国的法律规章行使，但这些法律规章不应取消上述权利
17	中华人民共和国和老挝人民民主共和国领事条约	1989年10月8日签订，1991年4月7日生效	规定强制通知内容。 第十三条　拘留、逮捕通知和探视 一、遇有派遣国国民在领区内被拘留、逮捕或以任何其他方式剥夺自由时，接受国主管当局应尽速通知领馆。

续表

我国双边领事条约中的强制通知义务

	条约名称	签订时间	强制通知义务条款/具体内容
17	中华人民共和国和老挝人民民主共和国领事条约	1989年10月8日签订，1991年4月7日生效	二、领事官员有权探视被拘留、逮捕或以任何其他方式剥夺自由的派遣国国民，与其交谈或通讯，为其提供法律协助。接受国主管当局应尽速安排领事官员对上述国民的探视。 三、领事官员有权探视正在服刑的派遣国国民。 四、接受国主管当局应将本条第一、二、三款的规定通知有关派遣国国民。 五、领事官员在执行本条职务时，应遵守接受国的有关法律规章。但接受国有关法律规章的适用不应限制本条规定的权利的实施。 第十五条　协助派遣国国民 一、领事官员有权： （一）在领区内同派遣国国民联系和会见。接受国不应限制派遣国国民同领馆联系及进入领馆； （二）了解派遣国国民在接受国的居留和工作情况，并向他们提供必要的协助； （三）在必要时请求接受国主管当局查寻派遣国国民的下落，接受国主管当局应尽可能提供； （四）在接受国法律规章许可的范围内，接受和临时保管派遣国国民的现金和贵重物品。 二、遇有派遣国国民不在当地或由于其他原因不能及时保护自己的权利和利益时，领事官员可根据接受国法律规章在接受国法院或其他主管当局之前代表该国民或为其安排适当代理人，直至该国民指定了自己的代理人或本人能自行保护其权力和利益时为止
18	中华人民共和国和阿拉伯也门共和国领事条约	1990年3月4日签订，1998年3月18日生效	规定强制通知内容。 第十三条　拘留、逮捕通知和探视 一、遇有派遣国国民在领区内被拘留、逮捕或以任何其他方式剥夺自由时，接受国主管当局应尽速，最迟于采取上述措施之日起的七天内通知领馆。通知应包括决定采取上述措施的原因、时间、地点以及当事人在接受国的住址。 二、领事官员有权探视被拘留。逮捕或以任何其他方式剥夺自由的派遣国国民，与其交谈或联系，为其提供法律协助。接受国主管当局应尽速，最迟于对该国民采取上述措施之

续表

我国双边领事条约中的强制通知义务

	条约名称	签订时间	强制通知义务条款/具体内容
18	中华人民共和国和阿拉伯也门共和国领事条约	1990年3月4日签订，1998年3月18日生效	日起的十四天内安排领事官员对上述国民的探视。接受国主管当局在安排领事官员第一次探视后，每月应提供不少于两次的探视机会。 三、接受国有关当局应将上述派遣国国民致领馆的信件迅速转交领馆。 四、领事官员有权探视正在服刑的派遣国国民。 五、接受国主管当局应将本条第一、二、三、四款的规定通知上述派遣国国民。 六、接受国主管当局应将对派遣国国民的司法判决和释放日期通知领馆。 七、领事官员在执行本条职务时，应遵守接受国的有关法律规章。但接受国有关法律规章的适用，不应限制本条规定的权利的实施
19	中华人民共和国和玻利维亚共和国领事条约	1992年11月18日签订，1994年3月1日生效	规定强制通知内容。 第十三条　拘留、逮捕通知和探视 一、遇有派遣国国民在领区内被拘留、逮捕或以其他方式剥夺自由时，接受国主管当局应尽速通知领馆。 二、领事官员有权探视被拘留、逮捕或以其他方式剥夺自由的派遣国国民，与其交谈或通讯，为其提供法律协助。接受国主管当局应为领事官员尽速探视上述国民提供方便。 三、领事官员有权探视正在服刑的派遣国国民。 四、接受国主管当局应将本条第一、二、三款的规定通知上述人员。 五、领事官员在执行本条职务时，应遵守接受国的有关法律规章。但接受国有关法律规章的适用不应限制本条规定的权利的实施
20	中华人民共和国和墨西哥合众国领事条约	1986年12月7日签订，1988年1月14日生效	规定强制通知内容。 第十三条 一、遇有派遣国国民在领区内被逮捕、拘留或以任何其他方式剥夺自由时，接受国主管当局应尽速通知有关领馆。

续表

我国双边领事条约中的强制通知义务			
	条约名称	签订时间	强制通知义务条款/具体内容
20	中华人民共和国和墨西哥合众国领事条约	1986 年 12 月 7 日签订，1988 年 1 月 14 日生效	二、领事官员有权探视被逮捕、拘留、监禁或以任何其他方式剥夺自由的派遣国国民，与其交谈，为其提供法律协助并与其通讯。接受国主管当局应毫不迟延地为领事官员探视上述国民提供便利。 三、领事官员在执行本条第二款所规定的权利时，应遵守接受国的有关法律规章
21	中华人民共和国和土耳其共和国领事条约	1989 年 3 月 6 日签订，1991 年 8 月 2 日生效	规定强制通知内容。 第十三条　拘留、逮捕通知和探视 一、遇有派遣国国民在领区内被接受国主管当局拘留、逮捕或以任何其他方式剥夺自由时，该主管当局应尽速、最迟在五天之内通知领馆。 二、领事官员有权探视被拘留、逮捕或以任何其他方式剥夺自由的派遣国国民，与其交谈或通讯，为其提供法律协助。接受国主管当局应尽速，最迟在对该国民采取上述措施后的七天内安排领事官员对上述国民的探视，在此后的合理期限内领事官员可继续探视。为此，接受国主管当局应毫不拖延地转递当事人致领馆的信件。该当局应毫不拖延地告知当事人根据本条规定其所应享有的权利。 三、领事官员有权探视正在服刑的派遣国国民。 四、领事官员在执行本条规定的职务时，应遵守接受国的有关法律规章。但接受国有关法律规章的适用不应限制本条规定的权利的实施
22	中华人民共和国政府和波兰人民共和国政府领事条约	1984 年 7 月 14 日签订，1985 年 2 月 21 日生效	规定强制通知内容。 第十七条　拘捕通知和探视 一、遇有派遣国国民被拘禁、逮捕或以任何其他方式剥夺自由，接受国主管机关应尽速通知领事官员，通知不得迟于采取该措施后的第七天。 二、领事官员有权探视被拘禁、逮捕或以任何其他方式剥夺自由的派遣国国民，以便同其交谈，为其提供协助，包括法律辩护并与其通讯。探视应尽速进行，但自通知之日起三天后接受国主管机关不应拒绝探视，以后在合理期限内可继续再行探视。 三、领事官员有权探视在接受国被监禁的派遣国国民。

续表

我国双边领事条约中的强制通知义务			
	条约名称	签订时间	强制通知义务条款/具体内容
22	中华人民共和国政府和波兰人民共和国政府领事条约	1984 年 7 月 14 日签订，1985 年 2 月 21 日生效	四、接受国主管当局应将本条规定的各项权利告知有权享受此权利的当事人。 五、本条所规定的各项权利应依接受国法律规章行使之。但接受国法律规章的适用应不限制这些权利的实施
23	中华人民共和国和匈牙利人民共和国领事条约	1986 年 6 月 3 日签订，1986 年 11 月 28 日生效	规定强制通知内容。 第三十九条 一、遇有派遣国国民在领区内被拘留、被逮捕或被以任何其他方式剥夺自由时，接受国主管当局应不迟延地、最迟不超过七天就此通知领馆。 二、领事官员有权探视被拘留、被逮捕或被监禁的派遣国国民，同其联系和谈话，并为其提供法律协助。接受国主管当局对领事官员探视该国民的请求应在通知后不迟延地、最迟不超过三天作出安排，以后在合理期限内继续提供探视机会。 三、接受国主管当局应立即将本条第一、二款规定的权利通知被拘留或被逮捕的派遣国国民。 四、领事官员在行使本条第二款权利时应符合接受国的法律规章。但接受国法律规章的适用不应限制本条规定的权利的实现
24	中华人民共和国和捷克斯洛伐克社会主义共和国领事条约	1988 年 9 月 5 日（重签），1989 年 7 月 5 日生效。1994 年 11 月 22 日，中国与斯洛伐克通过换文达成协议，该条约在中国与斯洛伐克之间继续有效。	规定强制通知内容。 第十五条　同派遣国国民联系 一、领事官员有权在领区内同派遣国国民联系和会见。派遣国国民与派遣国领事官员联系和会见时，享有同样的权利。 二、遇有派遣国国民在领区内被接受国主管当局拘留、逮捕或以任何其他方式剥夺自由时，该当局应尽速通知领馆，最迟不得超过七天。上述国民给领馆的信件，有关当局应尽速转递。上述当局应立即通知该国民本条规定所给予他的权利。 三、领事官员有权探视被拘留、逮捕或以任何其他方式剥夺自由的派遣国国民，与其交谈或通讯，为其提供法律协助。接受国主管当局应于领事官员提出探视要求之日起尽速安排领事官员对上述国民的探视，最迟不得超过十五天。

续表

我国双边领事条约中的强制通知义务

	条约名称	签订时间	强制通知义务条款/具体内容
24	中华人民共和国和捷克斯洛伐克社会主义共和国领事条约	1991年12月27日，中国与捷克通过换文达成协议，该条约在中国与捷克之间继续有效	四、领事官员有权探视正在服刑的派遣国国民。 五、领事官员在执行本条规定的职务时应遵守接受国的有关法律规章。但接受国有关法律规章的适用不应限制本条规定的权利的实施
25	中华人民共和国和阿根廷共和国领事条约	1990年11月15日签订；1993年4月8日生效	规定强制通知内容。 第十二条　拘留、逮捕通知和探视 一、遇有派遣国国民的人身自由受到任何形式的剥夺或限制，接受国主管当局最迟应于四天内通知领馆，并告知采取上述措施的原因。与此同时，接受国主管当局也应告知该国民其有与领事官员联系及获得协助的权利。 二、领事官员有权采取适当措施保证人身自由被剥夺或限制的派遣国国民得到协助，并在接受国司法机构面前为其申辩，除非该国民明确表示反对。 三、对于上述国民与领事官员之间的书面联系，接受国主管当局应尽速转交。 四、领事官员有权探视人身自由被剥夺或限制的派遣国国民，并用适当的语言与其交谈。 五、领事官员在执行本条职务时，应遵守接受国的有关法律规章，但接受国有关法律规章的适用不应限制本条规定的权利的充分实施
26	中华人民共和国和古巴共和国领事条约	1990年8月28签订，1993年1月31日生效	规定强制通知内容。 第十三条　拘留、逮捕通知和探视 一、遇有接受国主管当局在领区内拘留、逮捕派遣国国民或以任何其他方式剥夺其自由时，接受国主管当局应尽速通知领馆，最晚不得迟于采取上述措施后的第四天。 二、领事官员有权探视被拘留、逮捕或以任何其他方式被剥夺自由的派遣国国民，与其交谈或通讯，为其提供法律协助。接受国主管当局应安排领事官员对上述国民的探视，最晚不得迟于通知后的第三天，其后接受国主管当局每月应提供一次探视机会。但如该国民明示反对为其采取行动时，领事官员应避免采取此种行动。 三、领事官员有权探视正在服刑的派遣国国民。

续表

我国双边领事条约中的强制通知义务			
	条约名称	签订时间	强制通知义务条款/具体内容
26	中华人民共和国和古巴共和国领事条约	1990年8月28签订，1993年1月31日生效	四、接受国主管当局应将本条第一款、第二款和第三款的规定通知上述派遣国国民。 五、领事官员在执行本条职务时，应遵守接受国的有关法律规章。但接受国有关法律规章的适用不应限制本条规定的权利的实施
27	中华人民共和国和哈萨克斯坦共和国领事条约	1992年8月1日签订，1994年4月29日生效	规定强制通知内容。 第十二条　同派遣国国民联系 一、领事官员可同派遣国国民会见和联系，提出建议和给予各种协助，包括采取措施给予法律帮助。领事官员可请求接受国主管当局协助查寻永久居住或临时居住在接受国境内的派遣国国民的下落。接受国不得以任何方式限制派遣国国民同领馆联系和进入领馆。 二、遇有派遣国国民在领区内被逮捕、被拘留或被以其他方式剥夺自由时，接受国主管当局应在发生上述情况后七天内通知领馆。 三、领事官员有权探视被逮捕、被拘留、被以其他方式剥夺自由和监禁的派遣国国民，同其联系和会见，并为其提供法律帮助。接受国主管当局对领事官员探视该国民的请求应在通知后三日内作出安排。以后在合理期限内继续提供探视机会。 四、接受国主管当局应立即将本条第一、三款规定的权利通知被逮捕、被拘留或被以其他方式剥夺自由的派遣国国民。 五、本条所规定的各项权利应依接受国法律规章行使之。但接受国法律规章的适用不应限制本条规定的权利的实施
28	中华人民共和国和巴基斯坦伊斯兰共和国领事条约	1992年10月7日签订，1995年4月6日生效	规定强制通知内容。 第十三条　拘留、逮捕通知和探视 一、遇有派遣国国民在领区内被拘留、逮捕或以任何其他方式剥夺自由时，接受国主管当局应尽速通知领馆。 二、领事官员有权探视被拘留、逮捕或以任何其他方式剥夺自由的派遣国国民，与其交谈或通讯，为其提供法律协助。接受国主管当局应尽速安排领事官员对上述国民的探视。 三、领事官员有权探视正在服刑的派遣国国民。

续表

我国双边领事条约中的强制通知义务			
	条约名称	签订时间	强制通知义务条款/具体内容
28	中华人民共和国和巴基斯坦伊斯兰共和国领事条约	1992年10月7日签订，1995年4月6日生效	四、接受国主管当局应将本条第一、二、三款的规定通知上述派遣国国民。 五、领事官员在执行本条职务时，应遵守接受国的有关法律规章。但接受国有关法律规章的适用不应限制本条规定的权利的实施
29	中华人民共和国和土库曼斯坦领事条约	1992年11月21日签订，1996年5月25日生效	规定了强制通知内容。 第十二条　同派遣国国民联系 一、领事官员可同派遣国国民会见和联系，提出建议和给予各种协助，包括采取措施给予法律帮助。领事官员可请求接受国主管当局协助查寻永久居住或临时居住在接受国境内的派遣国国民的下落。接受国不得以任何方式限制派遣国国民同领馆联系和进入领馆。 二、遇有派遣国国民在领区内被逮捕、被拘留或被以其他方式剥夺自由时，接受国主管当局应在发生上述情况后四天内通知领馆。 三、领事官员有权探视被逮捕、被拘留、被以其他方式剥夺自由或监禁的派遣国国民，同其联系和会见，并为其提供法律帮助。接受国主管当局对领事官员探视该国民的请求应在通知后三日内作出安排，以后在合理期限内继续提供探视机会。 四、接受国主管当局应立即将本条第一、三款规定的权利通知被逮捕、被拘留或被以其他方式剥夺自由的派遣国国民。 五、本条所规定的各项权利应依接受国法律规章行使之。但接受国法律规章的适用不应限制本条规定的权利的实施
30	中华人民共和国和罗马尼亚领事条约	1991年1月16日签订，1992年6月28日生效	规定了强制通知内容。 第十三条　拘留、逮捕通知和探视 一、遇有派遣国国民在领区内被拘留、逮捕或以任何其他方式剥夺自由时，接受国主管当局应尽速通知领馆，最晚不得迟于采取上述措施后的第四天。 二、领事官员有权探视被拘留、逮捕或以任何其他方式剥夺自由的派遣国国民，与其交谈或通讯，为其提供法律协助。接受国主管当局应尽速安排领事官员对上述国民的探视，最晚不得迟于提出要求后的第三天。在合理的期限内领事官员可再次探视。

续表

我国双边领事条约中的强制通知义务			
	条约名称	签订时间	强制通知义务条款/具体内容
30	中华人民共和国和罗马尼亚领事条约	1991年1月16日签订，1992年6月28日生效	三、领事官员有权探视正在服刑的派遣国国民。 四、接受国主管当局应将本条第一、二、三款的规定通知上述派遣国国民。 五、本条所称各项权利应遵照接受国法律规章行使之，但接受国法律规章务须使本条规定的权利的目的得以充分实现
31	中华人民共和国和印度共和国领事条约	1991年12月13日签订；1992年10月30日生效	规定了强制通知内容。 第十三条　拘留、逮捕通知和探视 一、遇有派遣国国民在领区内被拘留、逮捕或以任何其他方式剥夺自由时，接受国主管当局应尽速通知领馆。 二、领事官员有权探视被拘留、逮捕或以任何其他方式剥夺自由的派遣国国民，与其交谈或通讯，为其提供法律协助。接受国主管当局应尽速安排领事官员对上述国民的探视。 三、领事官员有权探视正在服刑的派遣国国民。 四、接受国主管当局应将本条第一、二、三款的规定告知上述派遣国国民。 五、领事官员在执行本条职务时，应遵守接受国的有关法律规章。但接受国有关法律规章的适用不应限制本条规定的权利的实施
32	中华人民共和国和摩尔多瓦共和国领事条约	1992年11月7日签订，1996年9月18日生效	第十二条　关于拘留、逮捕的通知和探视 一、遇有派遣国国民在领区内被逮捕、被拘留或被以其他方式剥夺自由时，接受国主管当局应在发生上述情况后四天内通知领馆。 二、领事官员有权探视被逮捕、被拘留或被以其他方式剥夺自由或监禁的派遣国国民，同其联系和会见，并为其提供法律帮助。接受国主管当局对领事官员的请求应在通知后三日内安排探视该国民，以后在合理期限内继续提供探视机会。 三、接受国主管当局应立即将本条第一、二款的规定通知被逮捕、被拘留或被以其他方式剥夺自由的派遣国国民。 四、本条所规定的各项权利应依接受国法律规章行使之。但接受国法律规章的适用不应限制本条规定的权力的实施

续表

我国双边领事条约中的强制通知义务			
	条约名称	签订时间	强制通知义务条款/具体内容
33	中华人民共和国和立陶宛共和国领事条约	1992年8月15日签订，1993年5月10日生效	规定了强制通知内容。 第十三条 拘留、逮捕通知和探视 一、遇有派遣国国民在领区内被拘留、逮捕或以任何其他方式剥夺自由时，接受国主管当局应尽速通知领馆。 二、领事官员有权探视被拘留、逮捕或以任何其他方式剥夺自由的派遣国国民，与其交谈或通讯，为其提供法律协助。接受国主管当局应尽速安排领事官员对上述国民的探视。 三、领事官员有权探视正在服刑的派遣国国民。 四、接受国主管当局应将本条第一、二、三款的规定通知上述派遣国国民。 五、领事官员在执行本条职务时，应遵守接受国的有关法律规章。但接受国有关法律规章的适用不应限制本条规定的权利的实施
34	中华人民共和国和乌克兰领事条约	1992年10月31日签订，1994年1月19日生效	规定了强制通知内容。 第十二条 关于拘留、逮捕、监禁的通知和探视 一、遇有派遣国国民在领区内被逮捕、被拘留或被以其他方式剥夺自由时，接受国主管当局应在发生上述情况后四天内通知领馆。 二、领事官员有权探视被逮捕、被拘留、被以其他方式剥夺自由或监禁的派遣国国民，同其联系和会见，并为其提供法律帮助。接受国主管当局对领事官员的请求应在通知后三日内安排探视该国民，以后在合理期限内继续提供探视机会。 三、接受国主管当局应立即将本条第一、二款的规定通知被逮捕、被拘留或被以其他方式剥夺自由的派遣国国民。 四、本条所规定的各项权利应依接受国法律规章行使之。但接受国法律规章的适用不应限制本条规定的权利的实施
35	中华人民共和国和突尼斯共和国领事条约	1992年3月31日签订，1993年3月12日生效	规定了强制通知内容。 第三十四条 拘留、逮捕、监禁的通知和探视 一、遇有派遣国国民在领区内被拘留、逮捕、监禁或以任何其他方式剥夺自由时，接受国主管当局应尽速，最迟于采取上述任何一项措施之日起的六天内通知领馆。

续表

我国双边领事条约中的强制通知义务			
	条约名称	签订时间	强制通知义务条款/具体内容
35	中华人民共和国和突尼斯共和国领事条约	1992年3月31日签订，1993年3月12日生效	二、领事官员有权探视被拘留、逮捕、监禁或以任何其他方式剥夺自由的派遣国国民，与其交谈或联系，为其提供法律协助。除非当事人反对，接受国主管当局应尽速，最迟于对该国民采取上述任何一项措施之日起的十二天内安排领事官员对该国民的探视，以后应要求继续提供探视机会。 三、领事官员有权探视正在服刑的派遣国国民。 四、接受国主管当局应将本条第一、二、三款的规定通知上述派遣国国民。 五、领事官员在执行本职务时，应遵守接受国的有关法律、法规，但此项法律、法规务须使本条所规定的权利的目的得以充分实现
36	中华人民共和国和阿塞拜疆共和国领事条约	1994年1月4日签订，1996年4月28日生效	规定了强制通知内容。 第十二条　关于拘留、逮捕的通知和探视 一、遇有派遣国国民在领区内被逮捕、被拘留或被以其他方式剥夺自由时，接受国主管当局应在发生上述情况后四天内通知领馆。 二、领事官员有权探视被逮捕、被拘留或被以其他方式剥夺自由或监禁的派遣国国民，同其联系和会见，并为其提供法律帮助。接受国主管当局对领事官员的请求应在通知后三日内安排探视该国民。以后在合理的期限内继续提供探视机会。 三、接受国主管当局应立即将本条第一、二款的规定通知被逮捕、被拘留或被以其他方式剥夺自由的派遣国国民。 四、本条所规定的各项权利应依接受国法律规章行使之。但接受国法律规章的适用不应限制本条规定的权利的实施
37	中华人民共和国和白俄罗斯共和国领事条约	1993年1月11日签订，1994年3月31日生效	规定了强制通知内容。 第十二条　关于拘留、逮捕的通知和探视 一、遇有派遣国国民在领区内被拘留、被逮捕或被以其他方式剥夺自由时，接受国主管当局应在发生上述情况后四天内通知领馆。 二、领事官员有权探视被拘留、被逮捕、被监禁或被以其他方式剥夺自由的派遣国国民，同其联系和会见，并为其提供法律帮助。接受国主管当局对领事官员探视该国民的请求应

续表

我国双边领事条约中的强制通知义务			
	条约名称	签订时间	强制通知义务条款/具体内容
37	中华人民共和国和白俄罗斯共和国领事条约	1993年1月11日签订，1994年3月31日生效	在通知后三日内作出安排，以后在合理期限内继续提供探视机会。 三、接受国主管当局应立即将本条第一、二款的规定告知被拘留、被逮捕或被以其他方式剥夺自由的派遣国国民。 四、本条所规定的各项权利应依接受国法律规章行使之。但接受国法律规章的适用不应限制本条规定的权利的实施。 第十三条　帮助派遣国国民 领事官员有权： （一）同派遣国国民会见和联系，并给予他们各种协助，包括采取措施给予法律帮助。接受国不得以任何方式限制派遣国国民同领馆联系和进入领馆。 （二）请求接受国主管当局协助查寻永久居留或临时居留在接受国境内的派遣国国民的下落。 （三）在与接受国法律规章不相抵触的情况下，接受和临时保管任何派遣国国民的现金和贵重物品。 （四）请求接受国主管当局尽快提供任何造成涉及派遣国国民的物质损失和人员伤亡的事故以及不幸事件的情况。 （五）遇有派遣国国民不在接受国或由于其他原因不能及时保护自己在接受国内的权益时，领事官员无须受专门委托即可在接受国法院或其他机构面前代表该国民或为其安排适当代表，直至该国民指定了自己的代表或本人能自行保护其权益时为止
38	中华人民共和国和乌兹别克斯坦共和国领事条约	1994年10月24日签订，1996年8月2日生效	规定了强制通知内容。 第十二条　同派遣国国民联系 一、领事官员可同派遣国国民会见和联系，提出建议和给予各种协助，包括采取措施给予法律帮助。领事官员可请求接受国主管当局协助查寻永久居住或临时居住在接受国境内的派遣国国民的下落。接受国不得以任何方式限制派遣国国民同领馆联系和进入领馆。 二、遇有派遣国国民在领区内被逮捕、被拘留或被以其他方式剥夺自由时，接受国主管当局应在发生上述情况后七天内通知领馆。

续表

我国双边领事条约中的强制通知义务			
	条约名称	签订时间	强制通知义务条款/具体内容
38	中华人民共和国和乌兹别克斯坦共和国领事条约	1994年10月24日签订，1996年8月2日生效	三、领事官员有权探视被逮捕、被拘留、被以任何其他方式剥夺自由或监禁的派遣国国民，同其联系和会见，并为其提供法律帮助。接受国主管当局对领事官员探视该国民的请求应在通知后三日内作出安排，以后根据接受国的法律在合理期限内继续提供探视机会。 四、接受国主管当局应立即将本条第一、三款规定的权利通知被逮捕、被拘留或被以其他方式剥夺自由的派遣国国民。 五、本条所规定的各项权利应依接受国法律规章行使之。但接受国有关法律规章的适用不应限制本条规定的权利的实施
39	中华人民共和国和吉尔吉斯斯坦共和国领事条约	1993年8月30日签订，1994年5月23日生效	规定了强制通知内容。 第十二条　同派遣国国民联系 一、领事官员可同派遣国国民会见和联系，提出建议和给予各种协助，包括采取措施给予法律帮助。领事官员可请求接受国主管当局协助查寻永久居住或临时居住在接受国境内的派遣国国民的下落。 接受国不得以任何方式限制派遣国国民同领馆联系和进入领馆。 二、遇有派遣国国民在领区内被逮捕、被拘留或被以其他方式剥夺自由时，接受国主管当局应在发生上述情况后四个工作日内通知领馆。 三、领事官员有权探视被逮捕、被拘留、被以其他方式剥夺自由或法院判决服刑的派遣国国民，同其联系和会见，并为其提供法律帮助。接受国主管当局对领事官员探视该国民的请求应在通知后三个工作日内作出安排，以后在规定的期限可继续提供探视，但不得少于两个月一次。 四、接受国主管当局应立即将本条第一、三款规定的权利通知被逮捕、被拘留或被以其他方式剥夺自由的派遣国国民。 五、本条所规定的各项权利应依接受国法律规章行使之。但接受国法律规章的适用不应限制本条规定的权利的实施

续表

我国双边领事条约中的强制通知义务

	条约名称	签订时间	强制通知义务条款/具体内容
40	中华人民共和国和亚美尼亚共和国领事条约	1995 年 12 月 26 日签订，1997 年 10 月 29 日生效	规定了强制通知内容。 第三十四条　同派遣国国民联系 一、领事官员可同派遣国国民会见和联系，提出建议和给予各种协助，包括采取措施给予法律帮助。 领事官员可请求接受国主管当局协助查寻永久居住或临时居住在接受国境内的派遣国国民的下落。接受国不得以任何方式限制派遣国国民同领馆联系和进入领馆。 二、遇有派遣国国民在领区内被逮捕、被拘留或被以其他方式剥夺自由时，接受国主管当局应在发生上述情况后四天内通知领馆。 三、领事官员有权探视被逮捕、被拘留、被以其他方式剥夺自由或监禁的派遣国国民，同其联系和会见，并为其提供法律帮助。接受国主管当局对领事官员探视该国民的请求应在通知后三日内作出安排，以后在合理期限内继续提供探视机会。 四、被逮捕的派遣国国民致领馆的信件接受国当局应立即转交该领馆。 五、接受国主管当局应立即将本条第一、三款规定的权利通知被逮捕、被拘留或被以其他方式剥夺自由的派遣国国民。 六、本条所规定的各项权利应依接受国法律规章行使之。但接受国法律规章的适用不应限制本条规定的权利的实施
41	中华人民共和国和秘鲁共和国领事条约	1994 年 6 月 9 日签订，1996 年 10 月 31 日	规定了强制通知内容。 第十三条　拘留、逮捕通知和探视 一、遇有派遣国国民在领区内被拘留、逮捕或以其他方式剥夺自由时，接受国主管当局应尽速通知领馆。 二、领事官员有权探视被拘留、逮捕或以任何其他方式剥夺自由的派遣国国民，与其交谈或通讯，为其提供法律协助。接受国主管当局应尽速安排领事官员对上述国民的探视。 三、领事官员有权探视正在服刑的派遣国国民。 四、接受国主管当局应将本条第一、二、三款的规定通知上述派遣国国民。 五、领事官员在执行本条职务时，应遵守接受国的有关法律规章。但接受国有关法律规章的适用不应限制本条规定的权利的实施

续表

我国双边领事条约中的强制通知义务			
	条约名称	签订时间	强制通知义务条款/具体内容
42	中华人民共和国和克罗地亚共和国领事条约	1996年2月5日签订，1997年11月8日生效	规定了强制通知内容。 第十三条　拘留、逮捕通知和探视 一、遇有派遣国国民在领区内被拘留、逮捕或以任何其他方式剥夺自由时，接受国主管当局应尽速通知领馆。 二、领事官员有权探视被拘留、逮捕或以任何其他方式剥夺自由的派遣国国民，与其交谈或通讯，为其提供法律协助。接受国主管当局应尽速安排领事官员对上述国民的探视。 三、领事官员有权探视正在服刑的派遣国国民。 四、接受国主管当局应将本条第一、二、三款的规定通知上述派遣国国民。 五、本条第一、二、三款的规定如遇派遣国国民明示反对，则不予适用。 六、领事官员在执行本条职务时，应遵守接受国的有关法律规章。但接受国有关法律规章的适用不应限制本条规定的权利的实施
43	中华人民共和国和南斯拉夫社会主义联邦共和国领事条约	1982年2月4日签订，1982年11月26日生效	规定了强制通知内容。 第十八条　剥夺自由和会见 接受国主管当局应： （一）不迟延地将派遣国国民在领事区内被剥夺自由的情况通知领事馆； （二）不迟延地传递领事馆和根据具有最后效力的司法判决或其他当局的决定而被拘留、被逮捕或服刑的派遣国国民之间的信息； （三）使领事官员能够尽快会见以任何方式被剥夺自由的派遣国国民，并为其安排法律代表，除非接受国的法律规章不允许这样做； （四）使领事官员能够依照接受国的法律规章会见在监狱中的派遣国国民并同他谈话

续表

我国双边领事条约中的强制通知义务			
	条约名称	签订时间	强制通知义务条款/具体内容
44	中华人民共和国和朝鲜民主主义人民共和国领事条约	1985年11月26日签订，1986年7月2日生效	规定了强制通知内容。 第十一条　同派遣国公民联系 一、领事官员有权在领区内同派遣国公民联系和会见。接受国不应限制派遣国公民同领馆联系及进入领馆。 二、遇有派遣国公民在领区内被逮捕或拘留时，接受国主管当局应在该公民被逮捕或拘留后七天内通知领馆。 三、领事官员有权探视被逮捕、拘留或监禁的派遣国公民，同其交谈或通讯，并为其提供法律协助。接受国主管当局对领事官员的探视请求应在通知后三日内作出安排，以后应定期提供探视机会。 四、接受国主管当局应立即将本条第二、三款规定的权利通知被逮捕、拘留或监禁的派遣国公民。 五、领事官员在行使本条所规定的权利时，应遵守接受国的有关法律规章

四、我国的国内立法实践

作为《维也纳领事关系公约》的缔约国，一方面，我国制定了《领事特权和豁免条例》，为外国驻华使领馆在我国执行领事职责提供了便利；另一方面，我国在相关立法中规定了领事通知的相关要求，以保障当事人在刑事诉讼过程中的权利。此外，我国还通过制定部门规章等方式，明确了在具体行政执法和刑事执法涉及对外国籍犯罪嫌疑人采取强制措施时，依法保障领事通知和领事探视（详见表5-3）。为了贯彻立法要求，相关部门通过制定内部程序规则，明确了具体的工作程序，形成了法律法规、行政规章以及内部规则等共同构成的保障机制。例如，2022年，在我国法院审理的“美国籍被告人沙迪德·阿布杜梅亭故意杀人案”[①]中，在一审和

① 美国籍被告人沙迪德·阿布杜梅亭故意杀人案一审宣判，见 https：//www.chinacourt.org/article/detail/2022/04/id/6647490.shtml，访问日期：2022年8月9日。美国籍被告人沙迪德·阿布杜梅亭故意杀人案二审开庭，http：//news.jcrb.com/jszx/202207/t20220730_2429526.html，访问日期：2022年8月9日。

二审审理期间，两审法院都依法充分保障了被告人沙迪德·阿布杜梅亭的辩护、获得翻译、领事探视等各项诉讼权利，开庭、宣判前均依法通知了美国驻华使领馆。法院为被告人沙迪德指派了两名辩护律师，聘请了翻译人员，美国驻上海总领事馆官员旁听了庭审。

表 5-3　我国的相关规定

序号	名　称	效力
1	最高人民法院、公安部、外交部关于外国使领馆人员或外侨要求探视其本国犯人问题的处理原则的指示（1955 年 3 月 22 日）	已失效
2	《外交部、最高人民法院、最高人民检察院、公安部、国家安全部、司法部关于处理涉外案件若干问题的规定》（1987 年 8 月 27 日）	已失效
3	最高人民检察院　最高人民法院　公安部　安全部　司法部　外交部《关于对驻华使、领馆探视被羁押本国公民的安排机关进行调整的通知》（高检会〔1992〕25 号）	已失效
4	《关于处理涉外案件若干问题的规定》（外发〔1995〕17 号）	有效
5	《公安部关于印发〈公安机关执法细则（第三版）〉的通知》（公通字〔2016〕18 号）	有效
6	《公安机关办理行政案件程序规定》 《公安部关于修改〈公安机关办理行政案件程序规定〉的决定》（2018 年 11 月 25 日）	2019 年 1 月 1 日起施行
7	《公安机关办理刑事案件程序规定（2020 年）》 《公安部关于修改〈公安机关办理刑事案件程序规定〉的决定》（2020 年 7 月 20 日）	有效
8	外交部领事司《涉外案件处理法律法规须知》	有效
9	人民检察院《办理涉外案件领事通知、领事探视等事项的若干规定》	有效
10	《最高人民法院关于适用〈中华人民共和国刑事诉讼法〉的解释》（法释〔2021〕号）	2021 年 3 月 1 日起施行

从我国目前的实践来看，我国已经形成了较为全面的领事通知和领事探视制度，既有《刑事诉讼法》《领事特权与豁免条例》，也有相关规定、相关部门的执法程序规则，制定了清晰的时间表，明确了具体的执法、司

法程序，最大限度地保护了当事人的合法权益。

第二节　我国领事通知权的实现机制

对外开放以来，随着来华的外国人越来越多，我国从解决外国人在华死亡、或者因违反中国法律而被拘留、逮捕和被起诉、判刑的涉外案件出发，按照已加入的《维也纳领事关系公约》和我国与一些国家签订的领事条约的规定，我国于1987年8月27日颁布了《外交部、最高人民法院、最高人民检察院、公安部、国家安全部、司法部关于处理涉外案件若干问题的规定》（该规定已经被废止），明确了对派遣国公民在接受国被拘留、逮捕、审判或死亡时接受国所应承担的义务作出了原则性规定。1995年6月20日，我国又颁布了新版本的《外交部、最高人民法院、最高人民检察院、公安部、安全部、司法部关于处理涉外案件若干问题的规定》（以下简称“1995年《规定》”），具体规定了我国在处理涉外案件中涉及领事通知的情形、通知机关以及通知时限等内容。自该规范性文件实施以来，领事通知和领事探视逐步规范化，有学者对领事探视曾做过统计：“涉检领事探视绝大多数发生在非自侦案件侦查终结后移送审查起诉的羁押期间，安排领事探视的工作由受案检察机关的审查起诉部门承担。2010年至2012年，上海市共批准逮捕外籍犯罪嫌疑人88人，其中安排领事探视26人，占批捕人数的29.5%。2013年至今共批准逮捕外籍犯罪嫌疑人25人，其中安排领事探视6人，占批捕人数的24%。探视国家涉及美国、韩国、日本、新加坡、加拿大、哥伦比亚、英国、瑞典、丹麦、乌克兰、澳大利亚、印度、汤加、加纳、尼日利亚、哥伦比亚、纳米比亚。实践中发现，发达国家的领馆更重视领事探视，如美国驻沪领馆对于每个美籍犯罪嫌疑人都会提出探视请求，探视间隔保证每月至少一次。”① 领事探视作为领事

① 何一辉：《刑事诉讼中的领事探视之浅析——以上海市检察机关办理的外国人犯罪案件为例》，《江西警察学院学报》，2014年第1期，第108页。

协助的一部分，和领事通知权的实现密切相关，从另一个层面反映出领事通知的开展情况。

一、1995 年《规定》的主要内容

1995 年《规定》适用于“涉外案件”的处理，其中涉外案件包括在我国境内发生的涉及外国、外国人（自然人及法人）的刑事、民事、经济、行政、治安等案件及死亡事件。该规定明确了处理涉外案件的原则、程序要求、职责分工等。

（一）明确了处理涉外案件的原则

第一，强调要维护我国主权和利益，维护我国国家、法人、公民的合法权益。在处理涉外案件时应严格依照我国法律、法规，做到事实清楚、证据确凿。这和《维也纳领事关系公约》的要求是一致的。即使领事开展领事协助和领事保护，也要遵守东道国的法律，不得干涉东道国内政。第二，依法履行国际义务，维护外国国家、法人、公民在华合法权益。在处理涉外案件中，我国规定的通报程序、通知时限和内容都是从维护当事人在华合法权益、从履行我国所负的国际义务出发的，体现了我国对个人权利的保护。我国以后的立法中都体现了这个要求。第三，严格履行我国所承担的国际条约义务，优先适用条约规定，坚持对等互惠原则。当国内法或者内部规定同我国所承担的国际条约义务发生冲突时，应当适用国际条约的有关规定（我国声明保留的条款除外）。规定中要求我国各级部门不应当以国内法或者内部规定为由拒绝履行我国所承担的国际条约规定的义务。自 1995 年之后，我国还陆续修正了部分立法或者行政规章的内容，加强执法程序要求。

（二）区分通知和通报

1995 年《规定》明确了领事通知义务的履行步骤，具体规定了应当通知外国驻华使、领馆的涉外案件的程序和内容。

第一，通知依据包括《维也纳领事关系公约》、双边领事条约和对等

原则。与我国订有双边领事条约的，按条约的规定办理；虽然未与我签订双边领事条约，但参加《维也纳领事关系公约》的，按照《维也纳领事关系公约》的规定办理；未与我国签订领事条约，也未参加《维也纳领事关系公约》，但与我国有外交关系，可按互惠和对等原则，根据有关规定和国际惯例办理。

第二，通知主体。一般是通知有关外国驻该地区的领事馆；在外国领事馆领区外发生的涉外案件，应通知有关外国驻华大使馆。与我国有外交关系，但未设使、领馆的国家，可通知其代管国家驻华使、领馆。无代管国家或代管国家不明的，可不通知。当事人本人要求不通知的，可不通知，但应当由其本人提出书面要求。

实践中，如果双边领事条约规定了缔约双方互负强制通知义务，则无须当事人请求就应通知领馆，如果当事人请求不通知，也不免除通知义务。此时，从通知的启动和通知的运行来看，通知义务不完全是因当事人请求而启动，而是缔约国在双边领事条约下互负的条约义务。如果双方不存在强制通知义务，根据《维也纳领事关系公约》第 36 条的规定，应当事人请求通知其本国领事。这里面就暗含了一项义务，就是东道国在逮捕、拘禁该国民国民时，要及时告知其享有通知本国领事的权利。如果此时当事人请求不通知其本国领事，则东道国可不通知。如果未尽到告知义务，也没有尽到通知义务，则有可能违反《维也纳领事关系公约》第 36 条的内容——美国在“拉格兰德案”、“阿韦纳案”中就存这种程序上的缺失，被国际法院认定违反了《维也纳领事关系公约》第 36 条所规定的义务。

第三，就通知内容而言，一般包括：外国人的外文姓名、性别、入境时间、护照或证件号码、案件发生的时间、地点及有关情况，当事人违章违法犯罪的主要事实，已采取的法律措施及法律依据，各有关主管部门可根据需要制定固定的通知格式。就此内容而言，后期公安部在行政执法、刑事执法中都陆续完善了相关做法，并制定了统一的格式。

第四，明确了通知时限。实践中，我国签订的双边领事条约明确规定期限的（四天或七天），应当在条约规定的期限内通知；如无双边领事条约规定，也应当根据或者参照《维也纳领事关系公约》和国际惯例尽快通知，不应超过七天。规定中还列明了中国与有关国家签订的领事条约中关于死亡、拘留、逮捕通知时限表，如表 5-4 所示。

表 5-4　中国与有关国家签订的领事条约中的通知时限

顺序	已签订领事条约的国家	生效日期	通知时限
1	美国	1982-02-18	4 天
2	南斯拉夫	1982-11-26	尽快通知
3	波兰	1985-02-21	7 天
4	朝鲜	1986-07-02	7 天
5	匈牙利	1986-11-28	7 天
6	蒙古	1987-02-07	7 天
7	苏联	1987-04-16	7 天
8	墨西哥	1988-01-14	尽快通知
9	保加利亚	1988-01-02	7 天
10	捷克斯洛伐克	1989-07-05	7 天
11	老挝	1991-04-06	尽快通知
12	意大利	1991-06-19	7 天
13	伊拉克	1991-07-03	7 天
14	土耳其	1991-08-02	5 天
15	罗马尼亚	1992-06-28	4 天
16	印度	1992-10-30	尽快通知
17	古巴	1993-01-03	4 天
18	突尼斯	1993-03-12	6 天
19	阿根廷	1993-04-08	4 天

续表

顺序	已签订领事条约的国家	生效日期	通知时限
20	立陶宛	1993-05-10	尽快通知
21	乌克兰	1994-01-19	4天
22	玻利维亚	1994-03-01	尽快通知
23	白俄罗斯	1994-03-31	4天
24	阿拉伯也门	未生效	
25	摩尔多瓦	未生效	
26	巴基斯坦	未生效	
27	土库曼斯坦	未生效	
28	哈萨克斯坦	1994-04-29	7天
29	吉尔吉斯斯坦	1994-05-23	4天
30	阿塞拜疆	1995-05-10	4天
31	亚美尼亚	已草签	
32	格鲁吉亚	已草签	
33	秘鲁	1995-05-10	尽快通知
34	乌兹别克斯坦	未生效	

注：①俄罗斯宣布继承原中苏领事条约。

②捷克和斯洛伐克两共和国均宣布继承原条约。

从《维也纳领事关系公约》的文本来看，公约对于具体天数并没有规定，国际法院在“贾达夫案”中也没有明确具体几天构成“毫不迟延地通知”，而是留给各缔约国考量。我国在这里明确不超过七天，与已有的双边领事实践一致，可以认为已经符合毫不迟延地通知的要求。

第五，明确了我国进行领事通知的内部机关，通知流程清晰，保障了领事通知的及时有效。公安机关、国家安全机关对外国人依法作出行政拘留、刑事拘留、拘留审查、监视居住、取保候审的决定的，由有关省、自治区、直辖市公安厅（局）、国家安全厅（局）通知有关外国驻华使、领馆。公安机关、国家安全机关对外国人执行逮捕的，由有关省、自治区、直辖市公安厅（局）、国家安全厅（局）通知有关外国驻华使、领馆。人民法院对外国人依法作出司法拘留、监视居住、取保候审决定的，以及人民检察院依法对外国人作出监视居住，取保候审决定的，由有关省、自治区、直辖市高级人民法院、人民检察院通知有关外国驻华使、领馆。

当然，这里有些内容属于领事通知，有些内容属于通报情况。例如，“依照本规定应予通报并决定开庭审理的涉外案件，人民法院在一审开庭日期确定后，应立即报告高级人民法院，由高级人民法院在开庭七日以前，将开庭审理日期通知有关外国驻华使、领馆”，这种情况就是通报，不是严格意义上的《维也纳领事关系公约》第36条规定的领事通知义务。

此外，通知中还规定了对外国船舶采取相关措施时的通知义务、外国人在华正常死亡、外国人在华非正常死亡、外国人在灾难性事故（包括陆上交通事故，空、海难事故）中死亡时的通知步骤，以便当事国开展领事协助。

（三）外国人身份的确定方式

在对无有效证件证实死者或者被取保候审、监视居住、拘留审查、拘留、逮捕的人犯的国籍，或者其主要证件存在明显伪造、变造疑点的情况下，我主管机关可以通过查询的方式通告有关外国驻华使、领馆。

（四）依法保障探视权，保障领事联络

外国驻华外交、领事官员要求探视被监视居住、拘留、拘留审查、逮捕或正在服刑的本国公民时，我主管部门应在双边领事条约规定的时限内予以安排，如无条约规定，亦应尽快安排。如当事人拒绝其所属国家驻华外交、领事官员探视的，我方可拒绝安排，但应由其本人提出书面意见。外国驻华外交、领事官员探视时应遵守我方有关探视的规定。就领事探视权的保障，我国还规定了具体部门落实。对于外国驻华外交、领事官员与其本国在华被监视居住、拘留审查、拘留、逮捕或者正在服刑的本国公民往来信件，我国主管部门应按有关领事条约及《维也纳领事关系公约》的规定迅速转交。

该规定所确立的原则和做法具有非常重要的指导作用和实践价值，为我国履行《维也纳领事关系公约》和双边领事条约义务搭建了较为完整的机制。“在司法实践中，关于领事通知往往成为领事协助（领事保护）引发外交交涉的多发领域。”[①] 在涉及死刑案件中更为典型，例如，在韩国人申玉斗制造、运输、贩卖毒品罪在中国被执行死刑案中，因为韩国领事部门的工作失误，忽视了中国有关部门的多次通知，该案在韩国被媒体大肆报道并指责中国有关部门未尽到通知义务，韩国政府也错误地指责中国。为此，两国之间引发了一场外交风波。此外，在涉及外国人犯罪的案件中，领事协助也是有限度的，例如，在英国人阿克毛走私被判处死刑案（2009 年）中，英国就该案多次同我国交涉，均被我国拒绝。正如 1995 年《规定》中所强调的，我国在涉及外国人在华犯罪的案件中，既要履行我国承担的国际条约义务，也要维护我国的主权。

为了更准确地适用 1995 年《规定》的要求，我国在刑事诉讼法司法解释中对涉及领事通知的内容进行了详细规定，完善了刑事程序规则。同时我国相关部门还制定了部门规章，在执法阶段完善了程序规则。上海市人民检察院在 2013 年出台了《关于本市检察机关办理外国人犯罪案件若干年规定的实施意见》，进一步细化了 1995 年《规定》，并规范了文书格式，制定了《关于领事通报的声明书（中英文对照）》（*Statement on Consular Notification*）和《关于领事探视的声明书（中英文对照）》（*Statement on Visit by Consular Officers*），为规范执法搭建了范本。

---

① 安风德：《在华外国人犯罪刑事政策研究》，中国法制出版社 2017 年版，第 286~287 页。

二、行政执法中领事通知义务的履行

(一) 问题的提出

《维也纳领事关系公约》第 36 条中规定的逮捕或监禁或羁押候审、或受任何其他方式之拘禁之情事，可能会发生在不同的情形下：既可能发生在行政执法阶段，也可能发生在逮捕阶段，等等。例如，我国《出入境管理法》第 58 条规定，县级以上地方人民政府公安机关或者出入境边防检查机关可以实施第 58 条规定的当场盘问、继续盘问、拘留审查、限制活动范围、遣送出境措施。第 60 条规定，外国人有非法出境、入境嫌疑，经当场盘问或者继续盘问后仍不能排除嫌疑，需要做进一步调查的，可以拘留审查。实施拘留审查，应当出示拘留审查决定书，并在二十四小时内进行询问。发现不应当拘留审查的，应当立即解除拘留审查。拘留审查的期限不得超过三十日；案情复杂的，经上一级地方人民政府公安机关或者出入境边防检查机关批准可以延长至六十日。对国籍、身份不明的外国人，拘留审查期限自查清其国籍、身份之日起计算。

《出入境管理法》第 61 条规定，外国人患有严重疾病的，怀孕或者哺乳自己不满一周岁婴儿的，未满十六周岁或者已满七十周岁的，不宜适用拘留审查的其他情形等，不适用拘留审查，可以限制其活动范围。被限制活动范围的外国人，应当按照要求接受审查，未经公安机关批准，不得离开限定的区域。限制活动范围的期限不得超过六十日。对国籍、身份不明的外国人，限制活动范围期限自查清其国籍、身份之日起计算。第 63 条规定了继续羁押的情形，即“被拘留审查或者被决定遣送出境但不能立即执行的人员，应当羁押在拘留所或者遣返场所”。不同的阶段，意味着相关执法机构要及时履行领事通知义务。如果因为当事人身份不清楚，在第一个阶段尚未履行转入下一个阶段时，有关机构要有意识地尽到第 36 条规定的通知义务。

与之相关的问题是，如果相关行政执法措施涉及行政复议的，例如，我国《出入境管理法》第 64 条规定了外国人对依照本法规定对其实施的继续盘问、拘留审查、限制活动范围、遣送出境措施不服的，可以依法申请行政复议，该行政复议决定为最终决定。那么行政复议中是否要求执法机构履行第 36 条规定的领事通知义务？公约对此并未规定，这是国内法层面的问题。从国际法院的实践来看，应将之留给国内法处理。我国通过部门规章的方式，由公安部颁布执行《公安机关办理行政案件程序规定》[①]，在第十三章专门规定了“涉外行政案件的办理”，将领事通知义务履行贯彻到具体的执法实践中。

（二）行政执法中的具体规则

第一，办理涉外行政案件，应当维护国家主权和利益，坚持平等互利原则。[②] 这里的涉外行政案件，一般是指涉及外国人、无国籍人、外国机构等涉外因素的行政案件。行政案件是指公安机关依照法律、法规和规章的规定，对违法行为人决定采取行政处罚以及强制隔离戒毒等处理措施的案件。这里所称公安机关，是指县级以上公安机关、公安派出所、依法具有独立执法主体资格的公安机关业务部门以及出入境边防检查站。[③] 外国人国籍的确认，以其入境时有效证件上所表明的国籍为准；国籍有疑问或者国籍不明的，由公安机关出入境管理部门协助查明。对无法查明国籍、身份不明的外国人，按照其自报的国籍或者无国籍人对待。[④]

第二，明确履行通知义务。[⑤] 公安机关办理涉外行政案件，应当按照国家有关办理涉外案件的规定，严格执行请示报告、内部通报、对外通知等各项制度。外国人在被行政拘留、拘留审查或者其他限制人身自由以及

---

① 2012 年 12 月 19 日公安部令第 125 号修订发布，根据 2014 年 6 月 29 日公安部令第 132 号《公安部关于修改部分部门规章的决定》第一次修正，根据 2018 年 11 月 25 日公安部令第 149 号《公安部关于修改〈公安机关办理行政案件程序规定〉的决定》第二次修正，根据 2020 年 8 月 6 日公安部令第 160 号《公安部关于废止和修改部分规章的决定》第三次修正。

② 《公安机关办理行政案件程序规定》第 238 条。

③ 《公安机关办理行政案件程序规定》第 2 条。

④ 《公安机关办理行政案件程序规定》第 239 条。

⑤ 《公安机关办理行政案件程序规定》第 253 条。

限制活动范围期间死亡的，有关省级公安机关应当通知该外国人所属国家驻华使馆、领馆，同时报告公安部并通报同级人民政府外事部门。

第三，明确通知义务的内容。① 对外国人作出行政拘留、拘留审查或者其他限制人身自由以及限制活动范围的决定后，决定机关应当在四十八小时内将外国人的姓名、性别、入境时间、护照或者其他身份证件号码，案件发生的时间、地点及有关情况，违法的主要事实，已采取的措施及其法律依据等情况报告省级公安机关；省级公安机关应当在规定期限内，将有关情况通知该外国人所属国家的驻华使馆、领馆，并通报同级人民政府外事部门。当事人要求不通知使馆、领馆，且我国与当事人国籍国未签署双边协议规定必须通知的，可以不通知，但应当由其本人提出书面请求。

在办理涉外行政案件时，应充分保障当事人的权利。其中，第 242 条明确规定应当使用中华人民共和国通用的语言文字。对不通晓我国语言文字的，公安机关应当为其提供翻译；当事人通晓我国语言文字，不需要他人翻译的，应当出具书面声明。经县级以上公安机关负责人批准，外国籍当事人可以自己聘请翻译，翻译费由其个人承担。

第四，明确通知义务适用的情形包括以下几种：①拘留审查的情形。② 外国人有非法出境、入境嫌疑的；或者有协助他人非法出境、入境嫌疑的；或者有非法居留、非法就业嫌疑的；或者有危害国家安全和利益，破坏社会公共秩序或者从事其他违法犯罪活动嫌疑的，经当场盘问或者继续盘问后不能排除嫌疑，需要做进一步调查的，经县级以上公安机关或者出入境边防检查机关负责人批准，可以拘留审查。拘留审查，应当出示拘留审查决定书，并在二十四小时内进行询问。拘留审查的期限不得超过三十日，案情复杂的，经上一级公安机关或者出入境边防检查机关批准可以延长至六十日。对国籍、身份不明的，拘留审查期限自查清其国籍、身份

① 《公安机关办理行政案件程序规定》第 254 条

② 《公安机关办理行政案件程序规定》第 242 条。

之日起计算。②外国人被限制活动的情形。[①] 外国人具有不适用拘留审查的情形的，可以限制其活动范围。被限制活动范围的外国人，应当按照要求接受审查，未经公安机关批准，不得离开限定的区域。限制活动范围的期限不得超过六十日。对国籍、身份不明的，限制活动范围期限自查清其国籍、身份之日起计算。③外国人被羁押在拘留所或者遣返场所的情形。

第五，规定了行政救济措施。[②] 外国人对继续盘问、拘留审查、限制活动范围、遣送出境措施不服的，可以依法申请行政复议，该行政复议决定为最终决定。其他境外人员对遣送出境措施不服，申请行政复议的，适用前款规定。

第六，保障探视权实现。外国人在被行政拘留、拘留审查或者其他限制人身自由以及限制活动范围期间，其所属国家驻华外交、领事官员要求探视的，决定机关应当及时安排。该外国人拒绝其所属国家驻华外交、领事官员探视的，公安机关可以不予安排，但应当由其本人出具书面声明。

（三）行政执法中待解决的问题

第一，是否要在执法措施中告知当事人其享有领事通知权利？从目前的规定来看，并没有呈现具体步骤以及内容。例如，在出示拘留审查决定书阶段，是否也包括告知条款？如果告知，采用何种方式、何种语言告知？《公安机关办理行政案件程序规定》第241条规定，办理涉外行政案件时，应当使用中华人民共和国通用的语言文字。例如，在“卡尔不服××市公安局治安处罚案”[③] 中，卡尔主张应当向其提供英文版行政处罚决定，但法院认为，相关规定并未规定公安机关应当向被处罚人送达英文版的决定书。

类似的规定在我国《刑事诉讼法》《公安机关办理刑事案件程序规定》第350条等都有，问题在于告知当事人享有通知本国领事权利时，是否要使用多语言告知？就保障外国人的权利而言，结合《维也纳领事关系公

---

① 《公安机关办理行政案件程序规定》第244条。
② 《公安机关办理行政案件程序规定》第249条。
③ （2017）云29行初17号行政判决书。

约》第36条第2款的规定，是否需要制定多语种的执法告知手册，以解决第一时间的告知义务？实践中，美国在“拉格兰德案”、“阿韦纳案”、“麦德林案”后，逐步修改了其实践中的做法，为执法部门制定多语言执法标准格式，以尽到及时通知义务。这种做法从效果上看具有一定的可借鉴性。我国公安部从执行的规范性、合法性出发，制定了执行法律文书式样，如果能就告知义务制定多语言范本制定统一的范本，将更有利于保护当事人权益，提升我国的执法水平。

第二，对行政决定的司法审查是否考量领事通知的履行情况？《公安机关办理行政案件程序规定》第249条规定了救济程序：外国人对继续盘问、拘留审查、限制活动范围、遣送出境措施不服的，可以依法申请行政复议，该行政复议决定为最终决定。其他境外人员对遣送出境措施不服，申请行政复议的，适用前款规定。实践中，当事人对公安机关的决定不服的，可以提出行政诉讼。在“卡尔不服××市公安局治安处罚案”中，原告卡尔主张在公安机关对其采取强制措施时，其未书面申请不通知使馆、领事馆，并且××市公安局提交的证据材料中也没有任何向省级公共机关报告规定内容的证据，应当视为没有履行内部报告制度，也没有尽到通知义务。原告认为，这不仅仅是执不执行公安部关于公安机关办理行政涉外案件程序特别规定、特别要求的问题，还涉及是否尊重外国人所属国家主权，是否保障所属国家驻华使领馆知情权、探视权的问题，而最重要的是剥夺了卡尔寻求使领馆予以相关帮助的法定权利。法院认为，虽然××市公安局在对原告卡尔作出行政处罚决定后，未根据《公安机关办理行政案件程序规定》的规定履行内部通报、对外通知等制度，但该过错属于《行政诉讼法》第74条第1款第2项规定的行政行为轻微违法的情形。该程序轻微违法行为并不能否定原告卡尔违法殴打他人应当给予行政处罚的合法性、正当性，也对原告权利不产生实际影响。也就是说，如果公共机关违反《公安机关办理行政案件程序规定》的规定，未能履行内部通报、对外通知等制度，则“该过错属于《中华人民共和国行政程序法》第74条第1款第2

项规定的行政行为轻微违法的情形”[①]。可见，公安机关履行内部通报、对外通知等制度，属于行政执法中程序合法性的内容。

三、刑事案件执法阶段的领事通知程序

我国《刑事诉讼法》规定了公安机关采取逮捕拘留等强制措施的情形，例如《刑事诉讼法》第81条规定：“对有证据证明有犯罪事实，可能判处徒刑以上刑罚的犯罪嫌疑人、被告人，采取取保候审尚不足以防止发生下列社会危险性的，应当予以逮捕：（一）可能实施新的犯罪的；（二）有危害国家安全、公共安全或者社会秩序的现实危险的；（三）可能毁灭、伪造证据，干扰证人作证或者串供的；（四）可能对被害人、举报人、控告人实施打击报复的；（五）企图自杀或者逃跑的。批准或者决定逮捕时，应当将犯罪嫌疑人、被告人涉嫌犯罪的性质、情节，认罪认罚等情况，作为是否可能发生社会危险性的考虑因素。对有证据证明有犯罪事实，可能判处十年有期徒刑以上刑罚的，或者有证据证明有犯罪事实，可能判处徒刑以上刑罚，曾经故意犯罪或者身份不明的，应当予以逮捕。”第91条规定：“公安机关对被拘留的人，认为需要逮捕的，应当在拘留后的三日以内，提请人民检察院审查批准。在特殊情况下，提请审查批准的时间可以延长一日至四日。对于流窜作案、多次作案、结伙作案的重大嫌疑分子，提请审查批准的时间可以延长至三十日。人民检察院应当自接到公安机关提请批准逮捕书后的七日以内，作出批准逮捕或者不批准逮捕的决定。”针对外国人采取强制措施时，适用何种程序，领事通知如何保障，公安部在2020年修正的《公安机关办理刑事案件程序规定》第十二章专门作了规定[②]，明确了外国人犯罪案件的办理程序。这一为了保障《刑事诉讼法》

① 徐伟红、高文英主编：《公安机关办理行政案件程序规定理解与适用》，中国法制出版社2021年版，第525页。

② 2012年12月13日公安部令第127号修订发布，根据2020年7月20日公安部令第159号《公安部关于修改〈公安机关办理刑事案件程序规定〉的决定》修正。

的贯彻实施而制定的公安机关的规范性文件，更好地保证了公安机关在刑事诉讼中正确履行职权，规范办案程序，确保办案质量，提高办案效率。

第一，明确了维护国家主权和利益，履行我国所承担的国际义务[①]，保障外国籍犯罪嫌疑人在刑事诉讼中享有我国法律规定的诉讼权利，并承担相应的义务[②]原则。

第二，明确了外国人身份的确定。[③] 外国籍犯罪嫌疑人的国籍，以其在入境时持有的有效证件予以确认；国籍不明的，由出入境管理部门协助予以查明。国籍确实无法查明的，按无国籍人对待。确认外国籍犯罪嫌疑人身份，可以依照有关国际条约或者通过国际刑事警察组织、警务合作渠道办理。确实无法查明的，可以按其自报的姓名移送人民检察院审查起诉。

第三，明确了领事通知的程序、通知内容及具体要求[④]。其中，对外国籍犯罪嫌疑人依法作出取保候审、监视居住决定或者执行拘留、逮捕后，应当在四十八小时以内层报省级公安机关，同时通报同级人民政府外事办公室。重大涉外案件应当在四十八小时以内层报公安部，同时通报同级人民政府外事办公室。

就通知的内容而言，对外国籍犯罪嫌疑人依法作出取保候审、监视居住决定或者执行拘留、逮捕后，由省级公安机关根据有关规定，将其姓名、性别、入境时间、护照或者证件号码、案件发生的时间、地点，涉嫌犯罪的主要事实，已采取的强制措施及其法律依据等，通知该外国人所属国家的驻华使馆、领事馆，同时报告公安部。经省级公安机关批准，领事通报任务较重的副省级城市公安局可以直接行使领事通报职能。外国人在公安机关侦查或者执行刑罚期间死亡的，有关省级公安机关应当通知该外国人国籍国的驻华使馆、领事馆，同时报告公安部。未在华设立使馆、领事馆

① 见《公安机关办理刑事案件程序规定》第 357 条。
② 见《公安机关办理刑事案件程序规定》第 358 条。
③ 见《公安机关办理刑事案件程序规定》第 359 条、第 360 条、第 373 条。
④ 见《公安机关办理刑事案件程序规定》第 367 条、368 条。

的国家，可以通知其代管国家的驻华使馆、领事馆；无代管国家或者代管国家不明的，可以不予通知。

从上述规定看，其中明确了通知的程序，包括：①何种情形下通知：取保候审、监视居住决定或者执行拘留、逮捕后；外国人在公安机关侦查或者执行刑罚期间死亡的。②负责通知的部门是省级公安机关或者经省级公安机关批准，领事通报任务较重的副省级城市公安局可以直接行使领事通报职能。③通知的对象是被采取强制措施的外国籍犯罪嫌疑人所属国家的驻华使馆、领事馆。未在华设立使馆、领事馆的国家，可以通知其代管国家的驻华使馆、领事馆；无代管国家或者代管国家不明的，可以不予通知。④通知的内容包括：外国籍犯罪嫌疑人的姓名、性别、入境时间、护照或者证件号码、案件发生的时间、地点，涉嫌犯罪的主要事实，已采取的强制措施及其法律依据。⑤通知的时间要求，《关于涉外案件若干问题的规定》规定，如当事人所属国家已同我国签订的领事条约有规定的，按条约规定办理。“若无此类条约规定且犯罪嫌疑人希望我国通知的，应根据《维也纳领事关系公约》和国际惯例尽快通知”①。问题是这里是否存在国际惯例？如何理解《维也纳领事关系公约》第 36 条规定的毫不迟延地的通知义务？如果《维也纳领事关系公约》规定的是最低标准，则国际惯例不能减损《维也纳领事关系公约》规定的内容。从国际法角度看，这里的国际惯例应该是指强制通知义务。⑥对于通知的性质存在不同的理解。有学者认为，通知是一种信息沟通机制，“通知制度实际上是犯罪嫌疑人国籍国驻华使馆、领事馆为其国民提供领事保护而获得相关信息的一种机制。因此，外国籍犯罪嫌疑人被采取强制措施后，有关省级公安机关未通知前，该外国人国籍国驻华使馆、领事馆已获悉有关情况并书面提出向该

① 卞建林、李晶主编：《公安机关办理刑事案件程序规定：理解与适用》，中国法制出版社 2021 年版，第 516 页。

外国籍犯罪嫌疑人提供领事保护的，可以不再通知”①。就对领事通知的认识而言，不仅要从国内法的程序规则理解，更要把通知义务放在国际法语境下，放在对《维也纳领事关系公约》和双边领事条约义务下的内容上理解。通知不仅仅是《维也纳领事关系公约》缔约国之间的信息沟通机制，也是双边责任机制，还是保护个人权利的机制。此外，通知义务还衍生出了强制通知义务，这就使得通知义务既是接受国确定的义务，也是在变动发展中的义务。其确定性表现在：其一，接受国在对外国籍犯罪嫌疑人采取取保候审、监视居住决定或者执行拘留、逮捕后，负有通知其本国驻该国使馆、领事馆的义务；其二，如果接受国未尽到通知义务，则构成对条约义务的违反，正如国际法院在“拉格兰德案”所明确的那样；其三，接受国负有告知外国籍犯罪嫌疑人享有《维也纳领事关系公约》第 36 条规定的通知其本国驻该国使领馆的权利。因此，对领事通知性质的认识，要把其放在个人权利保护层面，从程序规则角度进行分析。

从规定的内容看已经非常详尽，但是其中也存在一些技术性的问题。从治理能力现代化的角度看，就是要在执法中明确：其一，是否要主动告知当事人有通知领事馆的权利？何时告知？告知的标准文书格式是什么样的？其二，对哪些国际法负有强制通知义务？是否纳入执法手册？是否应明示告知相关执法机构？

第四，保障外国人的诉讼权利。② 公安机关办理外国人犯罪案件，使用中华人民共和国通用的语言文字。犯罪嫌疑人不通晓我国语言文字的，公安机关应当为其翻译；犯罪嫌疑人通晓我国语言文字，不需要他人翻译的，应当出具书面声明。

第五，保障领事探视权的实现③，为领事履行职务、提供领事协助提

① 卞建林、李晶主编：《公安机关办理刑事案件程序规定：理解与适用》，中国法制出版社 2021 年版，第 515~516 页。

② 《公安机关办理刑事案件程序规定》第 362 条。

③ 《公安机关办理刑事案件程序规定》第 370 条。

供便利。公安机关侦查终结前，外国驻华外交、领事官员要求探视被监视居住、拘留、逮捕或者正在看守所服刑的本国公民的，应当及时安排有关探视事宜。犯罪嫌疑人拒绝其国籍国驻华外交、领事官员探视的，公安机关可以不予安排，但应当由其本人提出书面声明。在公安机关侦查羁押期间，经公安机关批准，外国籍犯罪嫌疑人可以与其近亲属、监护人会见，与外界通信。

就领事探视而言，公安机关侦查终结前，外国驻华外交、领事官员要求探视被监视居住、拘留、逮捕或者正在看守所服刑的本国公民的，应当向有关省级公安机关提出，应当及时安排有关探视事宜。其中，被监视居住、拘留、逮捕的犯罪嫌疑人，由立案侦查的公安机关安排探视；在看守所服刑的罪犯，由看守所安排探视。

为最大限度尊重当事人选择，犯罪嫌疑人拒绝其国籍国驻华外交、领事官员探视的，公安机关可以不予安排，但应当由其本人提出书面声明。

第六，明确领事协助的边界，即不能把领事协助和领事保护等同于领事可以作为律师来行使领事保护。我国明确要求外国籍犯罪嫌疑人委托辩护人的，应当委托在中华人民共和国律师事务所执业的律师。这一点符合《维也纳领事关系公约》第 55 规定的尊重接受国法律规章之义务："在不妨碍领事特权与豁免之情形下，凡享有此项特权与豁免之人员均负有尊重接受国法律规章之义务。此等人员并负有不干涉该国内政之义务。"

四、刑事审判程序中领事通知权的保障

随着我国国家治理能力和治理体系的现代化，在建设法治国家的进程中，从保护人权出发，我国最高人民法院发布了《关于适用〈中华人民共和国刑事诉讼法〉的解释》（法释〔2021〕1 号）（以下简称《2021 解释》），其中专门在第二十章和第二十一章中对涉外刑事案件的审理和刑事司法协助中涉及的领事通知和领事探视作出了明确规定。

第一，区分通知和通报，规定了领事通知义务的履行程序。[①] 在涉外刑事案件审判期间，人民法院应当将下列事项及时通报同级人民政府外事主管部门，并依照有关规定通知有关国家驻华使领馆：①人民法院决定对外国籍被告人采取强制措施的情况，包括外国籍当事人的姓名（包括译名）、性别、入境时间、护照或者证件号码、采取的强制措施及法律依据、羁押地点等；②开庭的时间、地点，是否公开审理等事项；③宣判的时间、地点。涉外刑事案件宣判后，应当将处理结果及时通报同级人民政府外事主管部门。对外国籍被告人执行死刑的，死刑裁决下达后执行前，应当通知其国籍国驻华使领馆。外国籍被告人在案件审理中死亡的，应当及时通报同级人民政府外事主管部门，并通知有关国家驻华使领馆。对外国籍罪犯执行死刑后，负责执行的人民法院应当通知外国驻华使领馆。

对涉外刑事案件的被告人，可以决定限制出境；对开庭审理案件时必须到庭的证人，可以要求暂缓出境。限制外国人出境的，应当通报同级人民政府外事主管部门和当事人国籍国驻华使领馆。人民法院决定限制外国人和中国公民出境的，应当书面通知被限制出境的人在案件审理终结前不得离境，并可以采取扣留护照或者其他出入境证件的办法限制其出境；扣留证件的，应当履行必要手续，并发给本人扣留证件的证明。

第二，严格履行条约义务，强调适用对等原则。[②] 对于需要向有关国家驻华使领馆通知有关事项的，应当层报高级人民法院，由高级人民法院按照下列规定通知：①外国籍当事人国籍国与我国签订有双边领事条约的，根据条约规定办理；未与我国签订双边领事条约，但参加《维也纳领事关系公约》的，根据公约规定办理；未与我国签订领事条约，也未参加《维也纳领事关系公约》，但与我国有外交关系的，可以根据外事主管部门的意见，按照互惠原则，根据有关规定和国际惯例办理；②在外国驻华领馆领区内发生的涉外刑事案件，通知有关外国驻该地区的领馆；在外国领馆

① 见《2021 解释》第 479 条、第 487 条、第 510 条。

② 《2021 解释》第 480 条。

领区外发生的涉外刑事案件，通知有关外国驻华使馆；与我国有外交关系，但未设使、领馆的国家，可以通知其代管国家驻华使、领馆；无代管国家、代管国家不明的，可以不通知；③双边领事条约规定通知时限的，应当在规定的期限内通知；没有规定的，应当根据或者参照《维也纳领事关系公约》和国际惯例尽快通知，至迟不得超过七日；④双边领事条约没有规定必须通知，外国籍当事人要求不通知其国籍国驻华使、领馆的，可以不通知，但应当由其本人出具书面声明。高级人民法院向外国驻华使领馆通知有关事项，必要时，可以请人民政府外事主管部门协助。

第三，履行告知义务，保障当事人领事通知权的实现，为领事探视提供可能。《2021 解释》第 481 条规定了人民法院受理涉外刑事案件后，应当告知在押的外国籍被告人享有与其国籍国驻华使领馆联系，与其监护人、近亲属会见、通信，以及请求人民法院提供翻译的权利。

第四，保障领事探视实现。《2021 解释》第 482 条规定，涉外刑事案件审判期间，外国籍被告人在押，其国籍国驻华使、领馆官员要求探视的，可以向受理案件的人民法院所在地的高级人民法院提出。人民法院应当根据我国与被告人国籍国签订的双边领事条约规定的时限予以安排；没有条约规定的，应当尽快安排。必要时，可以请人民政府外事主管部门协助。

涉外刑事案件审判期间，外国籍被告人在押，其监护人、近亲属申请会见的，可以向受理案件的人民法院所在地的高级人民法院提出，并依照本解释第 486 条的规定提供与被告人关系的证明。人民法院经审查认为不妨碍案件审判的，可以批准。

被告人拒绝接受探视、会见的，应当由其本人出具书面声明。拒绝出具书面声明的，应当记录在案；必要时，应当录音录像。探视、会见被告人应当遵守我国法律的规定。

《2021 解释》为领事官员在我国为本国国民开展领事协助予以保障。其中第 483 条规定了领事官员旁听案件。人民法院审理涉外刑事案件，应当公开进行，但依法不应公开审理的除外。在公开审理的涉外刑事案件中，外国籍当事人国籍国驻华使领馆官员要求旁听的，可以向受理案件的人民法院所在地的高级人民法院提出申请，人民法院应当安排。第四百八十四条规定了为外国人提供翻译。人民法院审判涉外刑事案件，使用中华人民共和国通用的语言、文字，应当为外国籍当事人提供翻译。翻译人员应当在翻译文件上签名。人民法院的诉讼文书为中文本。外国籍当事人不通晓中文的，应当附有外文译本，译本不加盖人民法院印章，以中文本为准。外国籍当事人通晓中国语言、文字，拒绝他人翻译，或者不需要诉讼文书外文译本的，应当由其本人出具书面声明。拒绝出具书面声明的，应当记录在案；必要时，应当录音录像。第 485 条规定了外国籍被告人委托律师辩护，或者外国籍附带民事诉讼原告人、自诉人委托律师代理诉讼的，应当委托具有中华人民共和国律师资格并依法取得执业证书的律师。

外国籍被告人在押的，其监护人、近亲属或者其国籍国驻华使领馆可以代为委托辩护人。其监护人、近亲属代为委托的，应当提供与被告人关系的有效证明。

外国籍当事人委托其监护人、近亲属担任辩护人、诉讼代理人的，被委托人应当提供与当事人关系的有效证明。经审查，符合刑事诉讼法及有关司法解释规定的，人民法院应当准许。

外国籍被告人没有委托辩护人的，人民法院可以通知法律援助机构为其指派律师提供辩护。被告人拒绝辩护人辩护的，应当由其出具书面声明，或者将其口头声明记录在案；必要时，应当录音录像。被告人属于应当提供法律援助情形的，依照本解释第五十条规定处理。

第五，外国人的身份查明。

（1）在我国刑事审判实践中，将对外国人的权利保护列入审查内容。例如，在“陈氏金钟、丁志伟走私普通货物、物品案”① 中，法院查明陈氏金钟护照证实陈氏金钟系越南人。拘留证、收押证、逮捕证、昆明海关

① （2018）云刑终 276 号。

缉私局照会、入所健康检查表等证实侦查机关于 2016 年 10 月 16 日对陈氏金钟刑事拘留，并于同日送红河州看守所羁押。侦查机关已经将陈氏金钟涉案情况及采取强制措施情况通报了越南昆明总领事馆。在“果利嘎夫·安东·娃寂妈维奇犯走私珍贵动物制品罪案”[①] 中，被告人果利嘎夫·安东·娃寂妈维奇帮助黑河市居民马立君逃避海关监管，将中国禁止进出口的珍贵动物制品熊掌走私进入中国国境，情节特别严重，其行为已构成走私珍贵动物制品罪。被告人果利嘎夫·安东·娃寂妈维奇，又称安东，男，1981 年 3 月 30 日出生于哈萨克斯坦，俄罗斯联邦国籍，护照号 728505966，审理中有辩护人、翻译。在证据的认定上，法院认为安东的辩护人在一审期间提供的从境外收集的尼某船长声明未经所在国公证机关证明及中国驻俄罗斯使、领馆认证，不符合我国相关法律及司法解释的规定，不能作为证据使用。

（2）法院裁判中核对外国人身份，可以推断出相关案件办理中通知了相关当事人国籍国驻华使领馆，落实了我国的相关规定。例如，在“张明星、崔长林走私普通货物、物品案”[②] 中，两名被告人都是韩国国民，持韩国护照。大韩民国驻沈阳总领事馆出具的函件证实：张明星、崔长林为大韩民国国籍。在“加布里尔贩卖毒品案”[③] 中，被告人加布里尔因涉嫌犯贩卖毒品罪于 2020 年 9 月 5 日被羁押，次日被刑事拘留，同年 9 月 29 日被逮捕。被告人到案时持有乌干达护照，自称具有乌干达和尼日利亚双重国籍。经大使馆会见，该人不是乌干达人，后经讯问，该人自称尼日利亚人。经照会尼日利亚大使馆进行身份查询，Kato Edward（卡托·爱德华）是尼日利亚籍，真实姓名是 Anyanwu Chinonso Gabriel（加布里尔）。

（3）核对外国人身份是落实我国相关法律法规规定的程序，但是不是所有的外国人都能确认身份，同时，即使能确认身份，也不一定意味着其

① （2017）黑刑终 250 号。
② （2017）黑刑终 263 号。
③ （2021）京 0105 刑初 1 号。

本国会为其提供法律协助。

在“张安所走私、贩卖、运输、制造毒品二审案”中，被告人张安所住缅甸，国籍不明。2019年11月9日因本案被刑事拘留，同年12月10日被逮捕。协查公函、证明证实，2019年11月11日，腾冲市公安局禁毒大队发函给腾冲市公安局出入境管理大队，要求协助查询自称为缅甸人的张安所的国籍、身份等情况；同年11月12日，腾冲市公安局出入境管理大队将核查张安所的国籍身份资料上报保山市公安局出入境处，由市局出入境管理处归口上报云南省公安厅出入境管理局照会缅甸住昆明领事馆，但至今未收到缅方回复。

在“乃特玲、毛觉旦走私、贩卖、运输、制造毒品二审案”[①] 中，被告人都住在缅甸联邦，但国籍不明。腾冲市公安局出入境管理大队证明，证实乃特玲、毛觉旦、图图等三人自报缅甸国籍，经层报云南省公安厅出入境管理局照会缅甸驻昆明领事馆，核查三人身份信息未果。在“瑞笼、密大、密六走私、贩卖、运输、制造毒品二审案”[②] 中，三名被告都住在缅甸联邦（系自报身份，国籍不明）。协查公函、报告证实瑞笼、密大、密六的身份情况上报云南省公安厅出入境管理局照会缅甸驻昆明领事馆，至今未收到缅方的回复。

在“尼梭、腊妙故意伤害二审案”[③] 中，两名被告人都是缅甸国籍，分别居住在缅甸若开邦敏巴镇区和缅甸掸邦北部登尼镇区。二人因涉嫌故意伤害罪于2017年12月5日被刑事拘留，2018年1月9日被逮捕。该案中为被告人指定了辩护人和翻译。侦查机关提取的缅甸身份证、缅甸与中国边界通行证及调取的户籍资料证明：①上诉人尼梭、腊妙及被害人黄某高的个人身份信息。②上诉人尼梭、腊妙持有的《缅甸与中国边界通行证》上标明用缅文写明出境事由是“旅游”、前往地点是“中国孟定”、出

① （2020）云刑终160号。
② （2019）云刑终856号。
③ （2019）粤刑终245号。

境口岸和入境口岸是“（缅甸）清水河”，该证上的注意事项用中缅两国文字写明“此证不是护照”“只允许在缅甸与中国所规定的关口进出”“不允许越过对方国家所规定的地区”。缅甸驻南宁总领事馆出具的《复函》证明：经缅甸内政部核查，NYISOE（尼梭）、HLAMYO（腊妙）系缅甸籍公民。

在“鲁国全非法持有毒品二审案”[①] 中，被告人自报住在缅甸联邦，国籍不明。身份信息情况复印件及翻译、户籍材料协查函、复函及网络核查情况证实，鲁国全持有的缅甸身份证复印件翻译为：鲁国全，男，果敢族，1974 年 11 月 22 日出生，身份证号 13/LKI（S）000545，家住缅甸××街芹菜潭。镇康县人民政府外事办公室复函，因缅甸掸邦果敢自治区“8.08”和“2.09”事件后，境外情况发生变化，户籍管理不规范，没有有效的机构对户籍进行核实，无法查证鲁国全的身份信息。镇康县公安局民警身份信息输入中国公安网进行查询，无对应人员信息。云南省公安厅出入境管理局出具关于核查鲁国全等 27 人国籍身份的情况，至今未收到缅甸驻昆明总领事馆复函。

在“陈兰走私、贩卖、运输、制造毒品二审案”[②] 中，被告人住在缅甸，被捕前住在腾冲市，国籍不明，因本案于 2019 年 1 月 15 日被刑事拘留，同年 2 月 18 日被逮捕。协查公函及证明，证实被告人陈兰的身份情况经腾冲市出入境管理大队按程序逐级上报省公安厅出入境管理局照会缅甸驻昆明领事馆，未收到回复。

（4）死刑案件宜谨慎处理。即使在死刑案件中，被告人的身份也不一定能得到确认。例如，在“邓心国、李义走私、贩卖、运输、制造毒品二审案”[③] 中，两名被告人自报家住老挝，属国籍不明。2017 年 8 月 1 日被刑事拘留，同年 9 月 7 日被逮捕。一审判决以运输毒品罪判处被告人邓心

① （2019）云刑终 1242 号。
② （2019）云刑终 892 号。
③ （2018）云刑终 658 号

国死刑，缓期两年执行，并处没收个人全部财产。以运输毒品罪判处被告人李义无期徒刑，并处没收个人全部财产。身份信息协查函及说明，回复函，关于核查邓心国、李义运输毒品一案相关信息情况的回复，证实被告人邓心国、李义的身份情况系自报，经发函至勐腊县公安局出入境管理大队查询，照会老挝驻昆明总领事馆请求协助确认，至今均未收到回复。法医人类学检验鉴定书及通知书证实被告人邓心国、李义的年龄经云南省公安司法鉴定中心鉴定，在2017年8月7日摄片时的年龄均应在18周岁以上。邓心国、李义均自述系老挝籍，但未携带有效身份证件。邓心国、李义的辩护人向本院提交的邓心国、李义的老挝文住址证明、证明及相关译本，经函请公安机关和外事部门核查后均未得到回复，以上材料真实性无法确认，不能作为认定邓心国、李义属老挝国籍的根据。上诉人邓心国、李义及各自辩护人提出原判未查明二人国籍的上诉、辩护意见符合本案实际，但邓心国、李义的国籍据现有证据无法查明，且该事实情节未能查明不影响对邓心国、李义的运输毒品的事实认定和量刑，原判根据法律规定对邓心国、李义以无国籍人对待并无不当。

在"岩三伦、岩依走私、贩卖、运输、制造毒品二审案"① 中，被告人岩依住在缅甸联邦（以上情况均为自报），国籍不明。2016年10月27日，其因本案被刑事拘留，同年12月3日被逮捕。法院认定岩依犯运输毒品罪判处死刑，缓期两年执行，并处没收个人全部财产。有户口证明及关于核查岩依的国籍身份材料证实，中华人民共和国云南省公安厅出入境管理局就岩依的国籍身份照会了缅甸驻昆明总领事馆，至今未收到缅甸驻昆明总领事馆复函。

在"艾斯帕兰泽·凯奥·达科洛伊犯走私、贩卖、运输、制造毒品罪刑罚变更案"② 中，被告人系菲律宾共和国公民，住在菲律宾共和国，因犯走私毒品罪，被法院判处死刑缓期两年执行，并处没收个人全部财产。

① （2018）云刑终1303号

② （2015）闽刑执字第243号。

执行机关福建省女子监狱根据罪犯的悔改表现，提出减刑建议。另查明，罪犯艾斯帕兰泽·凯奥·达科洛伊服刑期间月平均消费30元，菲律宾总领事馆提供该犯的家庭经济困难证明。法院审理期间，未执行财产刑。

死刑案件是容易引发涉《维也纳领事关系公约》国际争端的案例，国际法院审理的“拉格兰德案”、“阿韦纳案”、“贾达夫案”等都涉及死刑案件。在涉及死刑的案件中，即便存在当事人身份无法确认的情况，也要保障条约义务的落实。从开始采取逮捕、拘押等强制措施开始，要明确告知当事人享有的领事通知权，要尽可能履行通知义务，要将履行义务的过程记录在案，这是国际法院在“拉格兰德案”、“阿韦纳案”、“贾达夫案”等争端中对《维也纳领事关系公约》第36条解释的国内适用。尽管目前缺乏统一的国内做法，但是保障个人权利的实现始终是国际法治和国内法治追寻的目标。

第三节　完善执法程序，强化个人权利保护

就履行《维也纳领事关系公约》第36条下的义务而言，我国已经构建起比较完善的机制，并在实践中形成了一套切实可行的做法。但是结合国际法新的理论与实践发展，对比其他国家的实践，顾及领事关系中对等原则的适用，我国的立法与实践还有待完善的内容。

一、履行告知义务

按照双边领事条约或者多边条约的要求，应毫不迟延地尽快通知犯罪嫌疑人国籍国驻华使领馆，以方便使、领馆为本国国民提供司法协助；如果未尽到上述义务，则应该提供有效救济。这是国际法院分别在“拉格兰德案”、“阿韦纳案”、“贾达夫案”等案例解释《维也纳领事关系公约》第36条领事通知权适用时指出的接受国的义务。事实上，告知义务、及时通知义务以及提供有效通知义务是该公约缔约国在实际适用公约的过

程中面临的难题。按照《维也纳领事关系公约》的规定，接受国如果违反第 36 条所规定的义务，就要承担国家责任，包括提供救济措施。但是，国际法院在这个问题上非常谨慎，将救济措施留给各缔约国国内自行制定并施行，最大限度地平衡国家主权原则和领事通知义务，平衡领事保护和协助的界限，不得干涉东道国内政原则。实践中，很多国家都通过内部程序规则来解决该问题，例如，在"拉格兰德案"和"阿韦纳案"之后，美国履行国际法的义务也面临着如何救济的难题（尽管美国也认为通知与否并不决定案件最终的结果）。美国于 2011 年由联邦制定了相关的救济草案，但是该草案并未获得通过，美国的一些州已经新订或者修订了该州的法律，为违反《维也纳领事关系公约》第 36 条的案件当事人提供救济通道。

我国也在不断完善立法与实践。2021 年，我国修改了《刑事诉讼法》的司法解释，进一步完善了涉外刑事诉讼中当事人权利保护。我国公安机关也修改了相关的规章，完善了行政执法和刑事执法的执法流程，强化了对外国籍犯罪嫌疑人采取强制措施时的程序规范性要求。但是就履行《维也纳领事关系公约》第 36 条规定的告知义务而言，"司法实务中，领事通知权保护存在着实践不足、规范缺乏双重问题"①，我国还存在继续完善的空间，因此建议在现有国内立法中进一步明确领事通知权的法律地位，增加对被采取强制措施的外国籍犯罪嫌疑人告知其领事通知权的规定。另外，还可以"通过修改刑事诉讼法或制定司法解释，赋予检察机关对领事通知的监督权，对于未履行相关义务的办案机关通过制发检察建议的形式予以督促"，或者"要求法官在审理案件时，询问当事人是否已经被告知其所享有的领事通知权，并得到相应的帮助"②。

---

① 杨迎泽、李政印：《检察涉外案件领事通知相关问题研究》，《中国检察官》，2021 年第 23 期，第 28~32 页。

② 杨迎泽、李政印：《检察涉外案件领事通知相关问题研究》，《中国检察官》，2021 年第 23 期，第 28~32 页。

二、告知义务纳入程序设计

（一）出台标准规范流程，制定统一格式

为涉及的相关部门履行领事通知义务提供统一的标准，并在执法过程中形成证据。例如，我国实践中审理的刑事案件涉及国籍国为俄罗斯、加拿大、澳大利亚、越南、老挝、缅甸、泰国、菲律宾、尼日利亚等多个国家的外国国民，在开展领事通知的过程中，提供不同语言的领事告知书范本将有助于加强执法的一致性，同时方便具体执法部门的工作。实践中一些国家就将执法程序标准化作为履行领事通知义务的一部分，例如，美国在国际法院审理“拉格兰德案”和“阿韦纳案”之后，就围绕着美国履行《维也纳领事关系公约》第36条进行了一系列的改革，就领事通知制定联邦立法是提升执行的方式之一[①]，2011年美国制定了领事通知执行法案（*Consular Notification Compliance Act*），该法案拟规定，如果被判处死刑外国国民主张违反了领事通知义务，则联邦法院享有受理人身保护令的管辖权。为了得到救济，外国国民将被要求证明因为违反领事通知导致对其造成“实质不公正”，2011年美国参议院也曾经讨论过该法案，尽管法案最终无疾而终，但是美国相关部门将履行《维也纳领事关系公约》第36条的义务逐步程序化，在执法层面建立了标准执法程序，采用包括92种语言在内的告知书范本，基本解决了小语种告知难题，统一了执法步骤。

（二）区分强制通知和非强制通知义务

区分不同要求，分别采用一般格式和特别格式相结合的方式，制定领事告知单和领事通知单，强化对公约和双边领事条约规定的通知时限的遵守。《维也纳领事关系公约》中规定的是毫不迟延的通知义务，我国双边领事条约中规定了强制通知义务，并且强制通知是有时限的，各个双边领事条约中规定的时限又各有不同。按照双边领事条约，任何人一旦被逮捕或者拘禁，

① John B. Quigley, Vienna Convention on Consular Relations: In Retrospect and into the Future, 38 S. Ill. U. L. J. 1 (2013), p7.

就要迅即启动领事通知。包括自愿通知和强制通知（50多个国家之间适用），为执法部门提供强制通知名单和通知时限也是治理现代化的体现。多边和双边领事条约中的通知有所不同，多边条约是根据请求通知。但是我国的双边实践中很多是强制性通知，相关部门在区分通知类型上存在困难，尤其是对于地方的执法部门而言。同时，由于每个双边领事条约中关于通知的时限要求并不相同，执法部门在执法中容易出现时间错误，甚至出现违反公约或者条约规定的时间的情况。为了更准确地履行条约义务，我国可以制定规范执法格式和特定国家执法格式，在相关网站公布并定期更新。

（三）制定标准范本

在具体的操作中，还可以制定多语种统一的执法文本，将告知程序固定下来。就文书内容而言，“关于领事通报的声明书”可以从以下几个方面予以完善：第一，目前“关于领事通报的声明书”重声明、轻告知当事人享有的通知权。领事通知权是《维也纳领事关系公约》赋予个人的一项权利，这项权利是领事协助和领事保护的关键条款，告知当事人享有该项权利也是《维也纳领事关系公约》第36条对当事国施加的条约义务。第二，就版本而言，我国已经制定了包括中文、英文、法文、俄文、西班牙文、日文、韩文和阿拉伯文在内的8种语言文本的版本。考虑到全球人口流动性，建议我国可以依托外语学院的力量，制作更多语种版本。实践中，可以参考美国采用的包括中文在内的更多语种语言范本，统一执法尺度。[①] 第三，就该文书的名称而言，建议修改为“关于领事通知的告知书”，并区分强制通知情形和非强制通知情形，制作两种不同的告知书，同时删除原文本中的填写注意事项。

1. 我国目前的版本：

关于领事通知的声明书（中文）

你在中国被依法限制或剥夺人身自由期间，希望我们将你被限制或剥

① 详见美国国务院网站。

夺人身自由的情况通知你本国驻华使、领馆吗？

□我希望将我被限制或剥夺人身自由的情况通知我国驻华使、领馆。

□我不希望将我被限制或剥夺人身自由的情况通知我国驻华使、领馆。

声明人签字：

日　期：

2. 拟修改的版本：

关于领事通知的告知书（中文）

（来自非强制通知国家）

你作为非中国国民，在中国被依法限制或剥夺人身自由期间可以要求我们将你被限制或剥夺人身自由的情况通知你本国驻华领事；你也可以和你本国驻华领事联系。你们国家驻华领事有可能帮你争取法律援助、联系家人、到拘留地点探视你，或为你提供其他协助。

你可以现在提出通知你们的领事，或者在日后任何时候提出。你需要现在通知你们国家驻华领事吗？

□我希望通知。

□我不希望通知。

声明人正楷书写姓名：

声明人签名：

日　期：

关于领事通知的告知书（中文）

（来自强制通知国家）

鉴于你的国籍，我国有义务将你在中国被依法限制或剥夺人身自由的情况通知你本国驻华领事。我们将尽速通知。你也可以和你本国驻华领事联系。你并非一定要接受他们的协助。你们国家驻华领事有可能帮你争取法律援助、联系家人、到拘留地点探视你，或为你提供其他协助。

请在下面签名表示你已经被告知以上信息。

声明人正楷书写姓名：

声明人签名：

日　期：

（四）强化执法培训

从我国现有的规定来看，领事通知和告知义务涉及多个执法部门，包括出入境管理机构在内的行政执法机关、检察院、法院等部门。考虑到领事通知涉及部门多、内容复杂、程序要求高，我国可以借鉴其他国家的做法，指定具体的业务部门，定期就执法内容和执法程序开展相关培训。例如，美国在"拉格兰德案"以及其他几个案件之后，已经将领事通知引入内部司法系统。美国司法部制定的专门规范[①]中规定了美国执法部门人员的通知义务，美国律师也有义务告知执法官员，美国检察机关也有义务审查是否尽到了通知义务。审判机关在第一次出庭时要审查是否存在违反领事通知义务的情况。美国司法部针对地方司法部门开展了广泛的培训，并且制定了培训手册；针对不同语言制定不同版本的通知单，并且制定卡片，将核心内容提炼出来，便于携带。针对不同情况，如何启动不同的内容，也都写入了培训手册；培训由美国专门机构——国务院的领事局——进行，在执法部门开展。

三、衔接领事通知和当事人权利保障机制

（一）法律援助规则清晰化

2012年9月24日联合国大会第67/1号决议通过的《国内和国际的法治问题大会高级别会议宣言》强调，在国内法治建设中要保护当事人诉讼司法的权利："我们强调包括弱势群体在内的所有人都享有诉诸司法的权

① Regulation at 28 C. F. R. § 50. 5.

利，强调提高有关法律权利方面的认识的重要性。在这方面，我们承诺采取一切必要措施，提供公平、透明、有效、不歧视和负责任的服务，使所有人都有机会诉诸司法，包括获得法律援助。”我国于2021年制定并通过《法律援助法》，落实为当事人提供法律援助的目标和要求，其中还进一步明确为外国人包括国籍不明的人提供法律援助的程序。该法第六十九条明确规定：“对外国人和无国籍人提供法律援助，我国法律有规定的，适用法律规定；我国法律没有规定的，可以根据我国缔结或者参加的国际条约，或者按照互惠原则，参照适用本法的相关规定。”这里说的法律援助，是指该法第二条所规定的“国家建立的为经济困难公民和符合法定条件的其他当事人无偿提供法律咨询、代理、刑事辩护等法律服务的制度，是公共法律服务体系的组成部分”。例如，在“沙迪德·阿布杜梅亭故意杀人案”中[①]，两审法院均依法充分保障了美国籍被告人沙迪德·阿布杜梅亭的辩护、获得翻译、领事探视等各项诉讼权利，开庭、宣判前均依法通知了美国驻华使领馆。

（二）明确告知内容

在外国国民国籍国的判定上，我国一般是根据其入境时持用的有效证件确认的；国籍不明的，根据公安机关或者有关国家驻华使领馆出具的证明确认。国籍无法查明的，以无国籍人对待，在裁判文书中写明“国籍不明”。这是我国的惯常做法。例如，在“邓英走私、贩卖、运输、制造毒品案”[②]中，犯罪嫌疑人家住缅甸联邦（身份情况系自报），国籍不明。2019年9月18日犯罪嫌疑人被刑事拘留，同年9月30日被逮捕。从邓英身上查获一张缅甸身份证（马邦丁），腾冲边境管理大队向腾冲市外事办、腾冲市公安局出入境管理大队、腾冲出入境边防检查站等单位查证该身份证的真伪，但以上单位没有鉴定资质和出具证明的权利。协查公函、证明、

---

① 美国籍被告人沙迪德·阿布杜梅亭故意杀人案二审开庭，见 http：//news.jcrb.com/jszx/202207/t20220730_2429526.html，访问日期：2022年8月9日。

② （2020）云刑终646号。

腾冲市翻译协会、邓英身份情况说明，证实2019年10月25日，腾冲市边境管理大队向腾冲市公安局出入境管理大队发函，要求对邓英身份情况进行查证，但通过出入境管理机构向缅甸驻昆明领事馆核查无果。二审法院最终认为，原判认定上诉人邓英系缅甸国籍的证据不足，二审法院按照国籍不明予以纠正。

无论是在行政执法层面还是刑事执法、刑事司法层面，我国都规定了保障当事人的权利，这里的外国籍当事人包括外国人和无国籍人。国际法院在“贾达夫案”的判决中指出，即使当事人国籍不明，也要告知其享有领事通知的权利。针对当事人国籍不明的情况，在我国的司法实践中也应尽到告知和通知义务，依法保障当事人的权利。

（三）关注对特殊类型案件的“毫不迟延地通知”义务履行标准

印度和巴基斯坦在“贾达夫案”的核心争议焦点即“毫不迟延地通知”义务的履行问题，即涉及国家安全、间谍、恐怖主义等类型案件时，是否可以排除领事通知权的适用？这一内容在《维也纳领事关系公约》的制定过程中确实存在争议。对此，国际法院在“贾达夫案”的判决中认为：外国国民的行为性质和内容不影响其享有的领事通知权。尽管“贾达夫案”的判决仅约束争端当事方，但是毫无疑问，国际法院在该案中对《维也纳领事关系公约》第36条的广泛适用性的解释将深刻影响第36条适用的走向，该条款的适用是无条件的。2021年2月15日，由加拿大发起的《反对在国与国关系中任意拘押宣言》（*Declaration Against Arbitrary Detention in State-to-State Relations*）认为，中方对加公民康明凯、迈克尔实施了所谓的“任意拘押”。尽管我国对此予以驳斥，但是仍应当密切关注该宣言的动态，尤其是关注其中第6条中提到的“遵守包括《维也纳领事关系公约》和其他适用国际文件在内的国际法关于提供领事探视的义务的根本重要性”，以及第7条的内容，必要时需要做出政策调整。

四、我国双边领事条约实践

有些学者分析了我国对外签订的双边领事条约[①]，并比较了这些双边领事条约与《维也纳领事关系公约》的内容，认为我国的双边领事条约实践存在以下不足：第一，认为我国已经签订的双边领事条约在主体内容上与《维也纳领事关系公约》相比没有明显的突破，除了在缔约目的上更具体，一般都在序言中写明“为进一步发展两国的领事关系，以利于保护两国国家和两国国民的权利和利益，促进两国间的友好合作关系”[②]。这被认为比《维也纳领事关系公约》更突出领事保护。第二，对重要名词缺乏明确界定，未有一个条约（协定）在定义条款中对“领事保护”作概括式或列举式规定；相关内容欠缺细化规定，如关于“领事通知与探视权”条款，17个条约（协定）作出了与《维也纳领事关系公约》一样原则化的规定。还有学者在对我国签订的48个双边领事条约（协定）进行分析之后，认为这些双边条约“与《维也纳领事关系公约》中‘领事通知权’内容基本一致或范围更窄”[③]。其中27个条约（协定）关于“领事通知与探视”的权利范围小于《维也纳领事关系公约》。第三，对领事保护实践有需求，而且对《维也纳领事关系公约》中缺乏规定的事项亦未作补充规定。例如：周期性领事保护机制，与接受国的信息互通和协调机制，海外突发事件中的领事保护，领事保护权利救济，争端解决与国家责任，等等。第四，提出制定双边领事条约范本的主张。有学者认为，“有必要在对43个中外

① 丁丽柏：《〈维也纳领事关系公约〉的革新与中国的应对——以海外国民领事保护为视角》，《政法论坛》，2019年第3期，第130～131页；颜梅林：《海外中国公民权益保护中的“领事通知权”研究——以中外双边领事关系条约（协定）相关条款之比较及完善为视角》，《福建师范大学学报（哲学社会科学版）》，2013年第2期；颜梅林：《海外中国公民领事保护的法律依据研究——简评〈领事工作条例〉（征求意见稿）》，《华侨华人历史研究》，2013年第4期。

② 见《中华人民共和国和澳大利亚领事协定》序言。

③ 颜梅林：《海外中国公民权益保护中的“领事通知权”研究——以中外双边领事关系条约（协定）相关条款之比较及完善为视角》，《福建师范大学学报（哲学社会科学版）》，2013年第2期，第63页；颜梅林：《海外中国公民领事保护的法律依据研究——简评〈领事工作条例〉（征求意见稿）》，《华侨华人历史研究》，2013年第4期，第16页。

双边领事条约（协定）中与领事保护相关的条款进行分类、比较和梳理的基础上，结合当前领事保护实践之需，扬长避短地拟定中外双边领事条约（协定）范本，并以此作为旧约修订的参考以及新约签订的谈判文本，或以换文的形式达成关于具体问题的约定”①。

对于如何认识双边领事条约，应当将双边领事条约实践放到《维也纳领事关系公约》框架下讨论，要结合公约缔约目的以及公约的具体规定，从整体协调论出发，从履行公约义务出发。对照公约第 73 条的规定，重新审视我国的双边领事实践，可以认为：第一，所有的双边领事条约订立的目的都是更好地推动两国领事关系。按照《维也纳领事关系公约》第 73 条的规定，双边领事条约的内容可以比《维也纳领事关系公约》更具体、更详细，但是不能减损《维也纳领事关系公约》的效力。将《维也纳领事关系公约》中未定事宜纳入双边领事条约中，其实面临着新条款与《维也纳领事关系公约》的衔接和冲突的问题，因此，制定新的双边领事条约范本面临着一定的风险和困难。第二，将“领事通知与探视权”条款进一步细化是发展趋势，包括双边领事条约实践中约定强制通知义务、强制告知理由、约定通知的时限等，这些内容如果能被反复一致地实践，就能推动新的习惯国际规则形成，为《维也纳领事关系公约》的发展提供实践素材。至于如何履行强制通知、如何告知被逮捕、拘禁的外国人，何时通知，其实还涉及接受国国内法立法和执法的问题，以及派遣国领事职责内容，这也是领事通知是领事保护的一个关键环节的原因。第三，双边领事条约如果能进一步引申《维也纳领事关系公约》中的内容，完善新的双边规则，尤其是形成海外突发事件中的领事保护、领事保护权利救济等，就需要考察这些内容的国际法特性，例如，领事保护权利救济是国内法的规则，国际法院只有在特定情形下才能施加国家责任。如果国家对领事通知性质的认识不一致，在国内立法中未规定侵害领事通知权案件的救济规则，国

① 丁丽柏：《〈维也纳领事关系公约〉的革新与中国的应对——以海外国民领事保护为视角》，《政法论坛》，2019 年第 3 期，第 131 页。

内法院无法就侵害领事通知权的案件提供救济，则很难说能通过双边领事条约解决权利救济问题。任何条约的实践都要基于国家已有或者将来可操作的实践。当前，国家实践的多样性、复杂性使得所谓的理想中的双边领事条约范本难以达成。此外，外交领事关系是自足法，是自成一体的规则体系，外交领事关系深受政治影响，外交领事法存在模糊性以及与之相伴的灵活性，这也是其区别于其他类型条约的特点。相较于投资条约、自贸协定，为领事条约勾勒出一个细致入微的范本是很困难的。

当然，考虑到双边领事条约实践的多样性和国家实践的各种可能性，《维也纳领事关系公约》并不排斥各国通过双边领事条约义务补充领事保护的程序，细化各方权利义务，这些双边领事条约实践也会逐步丰富领事保护制度的“盒子”，不断完善领事保护的内容和机制。

第四节　保护在海外的中国国民

一、我国海外利益保护机制的构建

我国已经和190多个国家之间建立了外交关系和领事关系。作为《维也纳领事关系公约》的缔约国，我国和50多个国家之间还签订了双边领事条约。全球化背景下，资本和人员的流动性日益增强，尤其是在“一带一路”建设中，我国公民在海外的各种活动日益增多，同时全球化背景下各种非传统安全因素的出现也增加了我国国民在海外可能遭遇的危险，领事保护制度的重要性在当下日益凸显。

（一）落实国家总体安全观的要求

随着我国企业和国民“走出去”，我国海外利益的保护也成为当前面临的紧迫问题之一。党的二十大报告指出，要“加强海外安全保障能力建设，维护我国公民、法人在海外合法权益。”党的十八届四中全会通过的《中共中央关于全面推进依法治国若干重大问题的决定》明确提出：“强化涉外法律服务，维护我国公民、法人在海外及外国公民、法人在我国的正当权益，依法维护海外侨胞权益。”党的十九届四中全会明确提出，我国要“构建海外利益保护和风险预警防范体系，完善领事保护工作机制，维护海外同胞安全和正当权益，保障重大项目和人员机构安全”。就海外利益保护而言，习近平总书记在省部级主要领导干部坚持底线思维着力防范化解重大风险专题研讨班开班式上强调，“要加强海外利益保护，确保海外重大项目和人员机构安全，要完善共建‘一带一路’安全保障体系，坚决维护主权、安全、发展利益，为我国改革发展稳定营造良好外部环境”。我国已经将海外安全保障体系构建纳入《国民经济和社会发展第十四个五年规划和2035年远景目标纲要》，其中明确“健全开放安全保障体系”，包括：完善境外投资分类分级监管体系；构建海外利益保护和风险预警防范体系；优化提升驻外外交机构基础设施保障能力，完善领事保护工作体制机制，维护海外中国公民、机构安全和正当权益；完善“一带一路”风险防控和安全保障体系，强化法律服务保障，有效防范化解各类风险。

实践中，北京市就落实“一带一路”建设境外安全保障工作供给了实施方案。在《北京市推进共建“一带一路”三年行动计划（2018—2020年）》中明确了北京市服务“一带一路”建设中，要强化风险防范和安全保障；落实本市参与“一带一路”建设境外安全保障工作实施方案，完善安全风险评估、监测预警、应急处置“三位一体”的海外安全保障体系；加强涉外突发事件应急指挥机制建设，有效发挥本市境外安全服务平台作用，组建涉外应急救援队伍，鼓励引导有实力的安保企业在“一带一路”相关国家、地区提供专业化服务；建立和深化与上海合作组织成员国、周边重点国家首都警方的双边合作，共同构建“一带一路”安全屏障；引导企业有序参与“一带一路”建设，规范企业投资行为，加强国有企业境外投资监管；加强国际商事纠纷解决能力建设，促进完善“一带一路”争端解决机制，发挥北京仲裁委员会/北京国际仲裁中心作用，加强中非联合仲裁中心建设，探索跨国仲裁合作联结机制；发挥“一带一路”国际商事调解中心等社会服务机构的作用，多元化解企业矛盾纠纷。

构建我国海外利益保护机制是落实习近平总书记国家总体安全观的要求，也是持续深化我国海外利益保护能力建设的需要。在构建我国海外利益保护机制中，要深入考察“百年未有之大变局”的“变”，结合当前国际社会的发展特点，结合我国已有实践，尤其是我国“一带一路”建设的已有实践，再反思国际法、国内法中的公私关系，从全球治理的角度看在海外利益保护中私人价值作用的发挥。总结当前的国际、国内实践，国家依然是国家海外利益保护的主导力量，但是国家力量不是国家海外利益保护的唯一方式。

（二）构建多层面、多维度的海外利益保护机制

关于国家利益和海外利益，不同的学者有不同的认识，但是毫无疑问的是，国家在海外的利益包括国家层面的利益、企业层面的利益和个人层面的利益，这些利益包括经济利益、国家安全利益、政治利益、文化利益等，涉及资金、技术、人员等多个方面。因此，国家利益、海外利益既是模糊的、广泛的概念，又是具体的、可实现的内容。这种区分是理论上的，而利益保护需要是现实的选择。实践中，一国保护本国利益、保护海外利益的方式是多元的，手段是多样的，各种手段方式的衔接配合共同构成一个有机的保护体系，形成一套精准的保护机制。一国保护其本国利益的方式既要符合本国法律的要求，更要遵守现行国际法的规则，因此，海外利益保护机制是一套动态、发展的机制，也是不断完善的机制。

海外利益保护涉及外交磋商、领事协助和领事保护、境外非战争军事行动、跨境警务行动、驻在国安保支持、境外中资企业与人员的互助、私营安保企业服务以及境外安全保险等多个方面，也是一个涉及“中央、地方、驻外使领馆、境外企业和公民个人”共同参与的海外利益保护体系，是一个多主体、多层次的体系。我国在应对海外风险，尤其是传统和非传统安全风险上，主要还依靠国家力量，包括以外交部领保中心为主导的外

交沟通和领事保护工作，以国家安全部门主导的情报交流、国际反恐和海外利益保护工作，国资委和商务部建立的海外安全管理平台。实践中，我国也通过和东道国协调，以政府为中心开展了广泛的领事协助和领事保护活动，在一些冲突地区，面对突发事件，我国还多次完成了从利比亚、也门、乌克兰等国家和地区撤侨的工作等。此外，我国还和意大利达成了警务合作协议，在包括南非等国家，针对侨民保护设立了警务中心，快速应对海外危机。

（三）国家依然是海外利益保护的核心

历史上，主权国家保护在外国的本国国民和国家利益的方式有很多，包括采取武力保护、领事协助、外交保护等。其中，军队维护国家利益，可以采取对抗性手段、合作性手段、援助性手段和执法性手段等。在维护国家海外利益时，既包括武力的方式，也包括非武力的方式。现代国际法的发展对于武力使用进行了严格限制，尤其是第二次世界大战结束后，武力的使用被严格限制在《联合国宪章》第51条的框架内。实践中，使用武力保护本国国民或者海外利益的方式很少被援引，即便有案例，如“恩德培机场营救案”，在国际法上也是充满争议。随着国际人权保护的加强，保护的责任①开始形成。自加拿大提出保护的责任以来，国际社会不断讨论、分析国家如何保护，从“保护的责任”发展到“负责任的保护”等。尽管围绕着国家保护海外利益的方式，尤其是从“保护的责任”到“负责任的保护”在国际法上还颇有争议，但是毫无疑问，国家是可以在特定条件下实施负责任的保护的。

我国《国家安全法》第33条规定，“国家依法采取必要措施，保护海外中国公民、组织和机构的安全和正当权益，保护国家的海外利益不受威胁和侵害”。我国《国防法》第68条明确了我国要“遵循以联合国宪章宗旨和原则为基础的国际关系基本准则，依照国家有关法律运用武装力量，

---

① The ICISS-Report：The Responsibility to Protect.

保护海外中国公民、组织、机构和设施的安全，参加联合国维和、国际救援、海上护航、联演联训、打击恐怖主义等活动，履行国际安全义务，维护国家海外利益”。我国《驻外外交人员法》第5条规定了我国驻外外交人员应当根据职务和工作分工，履行“维护国家主权、安全、荣誉和利益”“维护中国公民和法人在国外的正当权益”等职责。这些规定为我国政府相关部门、我国军事部门参加海外行动提供了法律依据。在海外利益保护机制构建中，存在多部门、多主体的共同作用，其中保安公司的定位和作用发挥机制还有待进一步明确，以做好各种利益保护方式之间的衔接和配合，做到风险预防、风险处理、风险解决等全过程管理，将风险降到最低。

传统上，国家在保护本国海外利益方面扮演着主导角色，“国家强力部门通过直接或间接行为参与保护海外利益和安全的活动”①。国家直接参与保护海外利益和安全的活动是最强有力的保护方式。国家在保护海外利益方面扮演着最重要的角色，发挥着主导力量。但是，海外利益保护不仅是国家的责任，因为海外利益保护的是多方面的利益，各方出于对自己利益的保护也是可以作为的，“海外利益保护的承载载体就是一旦遇到恐怖袭击会受到损失的主体，也是我国海外利益保护的对象，包括中国公民、企业和我国‘一带一路’愿景，具体包括人员，企业的场地、设施交通工具等实物，还包括企业声誉、政府公信力、国家影响力等虚物；海外利益保护中的突发事件，就是我国海外利益可能受到的威胁类型，反恐视域下的突发事件就是指海外利益保护过程中可能面临的恐怖袭击，具体需要分析恐怖袭击发生的类型、可能性、发生的区域与范围等；海外利益保护中的应急管理就是指防范应对这些突发事件时，政府、企业、公民等采取的

① 张杰：《“一带一路”与私人安保对中国海外利益的保护——以中亚地区为视角》，上海对外经贸大学学报，2017年第1期，第53页。

一系列的防范与应对措施”[①]。军队在非武力情况下，通过参加联合国维护行动、军舰出访、撤离海外公民、护航反海盗和维护国际海上交通安全、国际灾难救援和国际人道主义援助、联演联训行动等方式实现对本国海外利益的保护。[②]

外交磋商、领事协助是国家保护其海外利益的主要方式。实践中，外交和领事在国家利益保护中发挥着不可替代的作用，并且始终在推动国家之间经贸关系政策发展、人员往来。但是，在复杂环境中，尤其是在风险高发的国家和地区，外交和领事协助无法起到保护的作用，尤其是对于具体的个案、具体的项目而言，无法同时顾及外交和领事协助，也无法阻止风险发生。风险一旦发生，领事保护并不一定能跟上，现实中能为受害人争取权利的领事保护内容还在发展，围绕着《维也纳领事关系公约》第5条和第36条规定所开展的保护国民和利益的活动依然是有限的。而对照外交保护条款，其严格的条件限制局限了启动外交保护发挥的作用，更何况在国际投资法进一步发展的今天，卡尔沃条款是否复活、外交保护如何援引还在随着国际投资规则的变化而变化。

二、明确领事的保护职责

（一）我国的相关立法与政策

我国始终重视保护我国国民的正当权利。其中《中国人民政治协商会议共同纲领》第58条规定：“中华人民共和国中央人民政府应尽力保护国外华侨的正当权益。”我国还将“保护国外华侨的正当的权利和利益”写入了1954年宪法。我国《宪法》第50条规定：“中华人民共和国保护华侨的正当的权利和利益，保护归侨和侨眷的合法的权利和利益。”

1978年初，国务院华侨事务办公室重启，与外交部一起处理海外华人

① 李丽华、曾庆华、陈翔：《“一带一路”建设中我国海外利益涉恐安全风险评估》，《公安学》，2022年第1期，第112页。

② 宋云霞、王全达：《军队维护国家海外利益法律保障研究》，海洋出版社2014年版。

华侨事务。1979 年 7 月，我国正式加入了《维也纳领事关系公约》。1980 年 9 月，《中华人民共和国国籍法》通过并生效，声明我国领事保护的对象是具有中国国籍的公民，为保护所有海外中国国民提供了法律基础。1983 年，在总结 30 多年中国领事工作实践的基础上，外交部制定了中国第一部《中华人民共和国领事条例（试行）》，后于 1990 年通过《中华人民共和国领事特权与豁免条例》，并将其作为指示性文件发给各驻外使领馆贯彻执行。2006 年，我国将领事保护立法提上了日程。2009 年我国制定的《驻外外交人员法》意在明确我国内部管理体制，正如其第 1 条指出的，该法立法目的是“为了建设高素质的驻外外交人员队伍，保证驻外外交机构依法履行职责，规范驻外外交人员的管理，保障驻外外交人员的合法权益，根据宪法和公务员法，制定本法”。显然，该法并不是为了加强我国在海外开展领事协助和领事保护工作的法治化而制定的，虽然该法第 5 条规定了驻外外交人员应当根据职务和工作分工，维护中国公民和法人在国外的正当权益；履行其他外交或者领事职责。第 2 条明确了我国驻外外交人员，是指在中华人民共和国驻外外交机构中从事外交、领事等工作，使用驻外行政编制，具有外交衔级的人员。但是，就领事协助的内容，领事协助中的程序机制，领事协助中各方的权利义务关系，领事保护中领事的职责都缺乏清晰的规定。2009 年我国相关立法部门起草了《中华人民共和国领事工作条例（征求意见稿）》，其中区分了应当采取领事保护和依申请采取领事保护的情形（第 9 条、第 10 条）；同时，要求驻外领事机构和领事官员应当及时受理领事保护申请：对于属于职责范围的事项，能够答复解决的，及时予以答复；不属于职责范围的事项，应当予以说明（第 11 条、第 12 条）。2018 年，外交部公布了《中华人民共和国领事保护与协助工作条例（草案）》（征求意见稿）。2023 年 6 月 29 日国务院审议通过《领事保护与协助条例》，这是我国就领事保护与协助制定的专门行政法规。条例构建了我国开展领事保护和协助的机制，明确了我国领事保护和协助的基本内容，澄清了领事保护和协助的范围和措施，为我国构建海外安全保护机制，维护我国在海外的公民、法人、非法人组织的正当权益供给了国内法依据。

我国还制定了软法规范，以便于为我国国民提供领事协助。其中，2005 年 8 月，国务院发布了《国家涉外突发事件应急预案》。2007 年 6 月 28 日，领事保护处升格为领事保护中心。2007 年，外交部发布了《中国领事保护与协助指南》、2009 年外交部增订《中国领事保护与协助指南（插图版）》、2010 年外交部发布了《中国企业海外安全风险防范指南》。2011 年，商务部合作司委托承包商会编制了第一版《境外中资企业机构和人员安全管理指南》；2014 年 9 月，外交部启动了领事保护应急中心，并加强了网络领事服务建设，为境外的中国公民、企业提供国外的安全信息服务；2018 年 3 月，新版《境外中资企业机构和人员安全管理指南》正式公布。

（二）我国实践中面临的问题

2009 年我国起草了《领事工作条例（征求意见稿）》，2018 年公布了《领事保护与协助工作条例（草案）》（征求意见稿），其立法目的是“规范领事保护与协助工作职责”。上述立法着眼于建设法治政府的需要，按照依法行政的要求，依据《驻外外交人员法》等关于海外公民权益保障的原则规定，明确规定了驻外外交机构和驻外外交人员在领事保护与协助案件处置、预防性领事保护措施与机制建设等方面应承担的职责。2023 年制定的《领事保护与协助条例》共 27 条，其中明确了领事保护和协助的含义。领事保护与协助是指在国外的中国公民、法人、非法人组织正当权益被侵犯或者需要帮助时，驻外外交机构依法维护其正当权益及提供协助的行为。其中驻外外交机构，包括我国驻外国的使馆、领馆等代表机构是开展领事保护和领事协助的机构，我国为我国公民、法人、非法人组织提供领事保护和协助。外交部统筹开展领事保护与协助工作，进行国外安全的宣传及提醒，指导驻外外交机构开展领事保护与协助，协调有关部门和地方人民政府参与领事保护与协助相关工作，开展有关国际交流与合作。

在领事的职责方面，《维也纳领事关系公约》作了细致的规定，同时通过双边领事条约予以细化。我国立法的出发点是根据《维也纳领事关系公约》以及我国与有关国家签订的双边领事条约①，以我国领事保护与协助工作实践为基础，总结相关机制和制度建设经验，将实践证明行之有效、确有必要、有操作性的做法固化为法律条文。因此，就保护在国外的我国国民而言，应对照《维也纳领事关系公约》第 36 条的规定以及我国签订的双边领事条约的内容，充分考虑各国领事协助和领事保护实践，明确我国领事的工作职责范围。

在该项立法中，我国现有的立法将领事保护和领事协助分列，说明我国立法采用的是狭义的领事保护内容。在领事协助和领事保护方面，理论上和实务上存在不同的认识和实践。有学者认为，“在国内，领事保护部门与海外中国公民和机构间的关系上更倾向于行政主体与行政相对人间的关系。因此，法律法规中有必要明确领事保护部门的法律地位，明晰权责，并明文规定领事保护工作的实施条件及程序，在此基础上，建立领事保护中的权利救济机制，明确可申请行政复议或提起行政诉讼的领事保护行为，将领事保护工作在一定范围内置于司法监督之下，从而逐步实现我国海外国民领事保护领域的法治化，这是法治政府建设与依法行政的需要”②。也有学者认为，领事保护有广义和狭义之分，广义的领事保护是以《维也纳领事关系公约》第 5 条的规定为基础的，通过开展领事协助达到保护本国和本国国民利益的目的。狭义的领事保护的核心是基于《维也纳领事关系公约》第 5 条和第 36 条的规定，在特定情形下，领事可以采取必要的措施以实现对国民的保护。在狭义的领事保护范畴内，接受国负有特定的法律义务，如果在特定案件中违反相应的法律责任，则可能引发国家责任。从这个角度讲，领事保护的范围是特定的。就我国立法而言，立法中规定的

① 关于《中华人民共和国领事保护与协助工作条例（草案）》（征求意见稿）的说明。

② 丁丽柏：《〈维也纳领事关系公约〉的革新与中国的应对——以海外国民领事保护为视角》，《政法论坛》，2019 年第 3 期，第 131 页。

内容是领事具体的职责，宜采用狭义的方式，领事保护仅仅是我国领事条例中规定的领事的特定职责，是在一定情形下的职责，我国的领事立法不宜以《领事保护条例》为名称。

三、明确领事保护的性质和范围

围绕我国领事协助和领事保护的职责，理论上和实践中都有争论。对于领事保护，我国存在广义的领事保护和狭义的领事保护概念。广义的“领事保护”来源于《维也纳领事关系公约》第5条的规定，即领事于国际法许可之限度内，在接受国内保护派遣国及其国民，包括个人与法人的利益。狭义的领事保护专门是指“当派遣国国民（包括法人）的合法权益在领区内受到违反国际法的不法行为的损害时，领馆或领事官员同领区当局交涉，以制止此种不法行为，恢复受害人应享有的权力和利益，并对已受到的损害予以赔偿”①。此时所指的领事保护就是领事在特定情形下履行的职责。我国也有学者认为②，狭义的海外领事保护工作，是“指海外的中国公民或企业、机构的安全和合法权益在所在国受到威胁或不法侵害时，中国驻当地使领馆依法向驻在国有关当局反映有关要求，表达关注，敦促对方依法公正、妥善处理，并采取国际法、驻在国法律或驻在国不反对的相应适当措施，从而维护海外中国公民或企业、机构的安全和正当权益的行为”。无论是广义的领事保护，还是狭义的领事保护，这些争议都涉及我国领事保护的职责和范围是什么，在什么情况下启动领事保护等问题。尤其是针对被逮捕羁押的我国国民，我国是否有义务进行领事探视并提供领事协助？具体到司法实践中，则涉及领事保护行为是否具有可诉性？即如果我国国民认为我国驻接受国的领事没有尽到领事保护之责，我国国民能否在国内起诉驻外领事馆或领事官员行政不作为？

---

① 钱其琛主编：《世界外交大辞典》，世界知识出版社2005年版，第1215~1216页。

② 邱学军编著：《新中国海外领事保护工作理论与实践》，世界知识出版社2020年版，第6~7页。

（一）实践中的案例

1. 高迪森等与中国外交部下属原中国驻罗马大使馆等案[①]。在该案中，我国国民高迪森、厉筱霞以中国外交部下属原中国驻罗马大使馆、中国外交部领事司为被告，提起行政赔偿诉讼。原告方起诉称，2006 年 7 月 28 日，其子高白欧在意大利罗马被害，至今案件的真相仍未公布，凶手未被缉拿，高白欧的遗体被擅自处理。二人认为，原中国驻罗马大使馆的官员在高白欧被害一案中存在严重的不作为，甚至有些官员还参与了这场犯罪。原告起诉请求：①依法赔偿高白欧生命被残暴剥夺赔偿金 700 万元人民币。依法赔偿高白欧遗体被非法毁灭的赔偿金 200 万元人民币。②依法赔偿高白欧亲属因为陶土根、董津义身为政府领事官员滥用职权犯罪的欺骗、迫害造成的经济损失 320 万元人民币。③赔偿高白欧年老的父母身体伤害、精神损害抚慰金 100 万元人民币。

2. 柴雅芝诉辽宁省人民政府案[②]。在该案中，原告柴雅芝诉辽宁省人民政府（以下简称"辽宁省政府"），要求辽宁省政府履行领事保护职责，但是一审[③]败诉。原告又提起上诉。上诉人提出，2014 年，柴雅芝丈夫殷文革在俄罗斯务工期间死亡，但家属至今未能收到殷文革死亡的相关材料，未能领回遗体、遗物，未能得到任何赔偿和补偿。根据《辽宁省人民政府职能转变和机构改革方案》第 7 条的规定，辽宁省人民政府办理和参与省内涉外案件的对外交涉工作，负责领事保护和协助工作，协调指导有关部门、省内各级政府处理领事保护和协助案件的办理工作。依据该规定，辽宁省政府应当对其予以协助，保护境外务工公民的合法权益。

上诉法院认为上诉人请求履行的领事保护职责属于政府或者驻外使领馆通过外交途径所实施的行为，属于国家外交行为，不是行政行为，根据我国《行政诉讼法》第 13 条第 1 款的规定，人民法院不受理公民、法人或

① （2016）京行赔终 19 号。
② （2019）辽行终 164 号。
③ （2018）辽 01 行初 380 号行政裁定。

者其他组织对国防、外交等国家行为提起的诉讼，因此不属于行政诉讼的受案范围。

3. 柴雅芝诉中华人民共和国外交部案①。在该案中，原告诉称：2012 年，殷文革到俄罗斯圣彼得堡上海建工集团（西北）有限公司所承建的工地务工。2014 年 2 月 18 日，殷文革在俄罗斯与柴雅芝视频联系后，原告再也无法联系到殷文革。2018 年 2 月 14 日，外交部转送了殷文革的护照和死亡证明（内容为：殷文革于 2014 年 2 月 20 日死亡），没有写明死亡原因和具体地点。原告是死者的妻子，其向外交部书面和当面口头多次申请领事保护和协助，外交部明确拒绝。原告以外交部作为被告提起行政起诉，请求：①确认外交部拒绝柴雅芝请求领事保护、协助违法。②协助柴雅芝及亲属共 17 人到俄罗斯圣彼得堡认领并运回殷文革的尸体；请求协助聘请律师和联系运送尸体的公司。③协助柴雅芝向当地警方报案尽快调查查找殷文革尸体的去向，调查事故原因；请求领事官员敦促俄罗斯当局尽快调查事故原因，了解死亡原因和遗物（遗嘱）情况，帮助柴雅芝向当地有关部门申请获得死亡证明书等证明文件。④协助柴雅芝向俄罗斯圣彼得堡当地有关部门申请获得殷文革的死亡医学证明、俄罗斯警方的案件调查材料、司法死亡鉴定证明事故原因等多项合法有效的证明材料并经领事公证、认证。⑤请求外交部将殷文革的案件移交通报委托给中华人民共和国公安部、商务部、对外贸易经济合作部及各级公安机关、商务委、工商部门及相关司法部门，核查组织劳务人员殷文革到俄罗斯圣彼得堡上海建工集团（西北）有限公司所承建的工程项目务工的国内对外劳务合作经营单位、名称法定代表人或组织者具体信息，查清死者的尸体存放处、管理人及赔偿金的领取情况。⑥向俄罗斯驻华总领馆出具照会查询殷文革出国劳务签证所有的文件批文、审批手续，派出单位及经办人的具体全面信息。

一审法院认为原告柴雅芝针对外交部负责领事保护和协助工作、保护

---

① （2018）京行终 3136 号。

境外中国公民和机构合法权益的外交行为提起的行政诉讼，是公民、法人或者其他组织对国防、外交等国家行为提起的诉讼，根据《行政诉讼法》第 13 条第 1 款的规定，不属于人民法院行政案件受理范围。

4. 王灼等诉中华人民共和国外交部案①。在该案中，原告诉称：2010 年 12 月 2 日，其子程思在加拿大多伦多被害。外交部在其子遭遇陷害和危难时严重渎职、失职，未履行领事保护职责，案发后又漠视程思和父母二人的合法权益。故请求：①判决本案已是一个“外交问题”。责成外交部切实认真补行“领事保护”职责，要求加拿大恢复二人被非法非理剥夺掉的全部合法权益，接受二人不服对“方舟弑父案”的错误判决，申请“上诉”的权利。②判决外交部通过外交途径帮助王灼再次赴多伦多，并依理依法要求加方解决王灼在多伦多诉讼期间食住行的生活需要，并像对待“林俊案”的父母一样对二人“上诉”予以法律援助；同时，也请参照《国际领事保护实例两则》的实例，帮助解决驻多伦多期间的生活和诉讼问题。③判决外交部要求加拿大立即寄还程思遇害时身边全部遗物及其银行存款，以及被方承梅夺走的程思的私人集邮册、图画和原存于中国昆明银行的约 11 万加元的存折。④判决外交部通过外交途径给与其有关程思的一切法律文件，如离婚判决书、方舟抚养费判决书、2012 年 9 月强制执行令、2012 年 9 月 4 日对方舟的判决书，以及《死亡证》等。⑤判决外交部赔偿其第一、二次专程赴京办签证，以及往返旅费及其他损失 8000 元；支付二人作为受害人父母的精神损害赔偿金各 20 万元。⑥如果外交部能认真尽职尽责，帮助二人完全实现了前四项要求，其将放弃对外交部提出的共 40 万元人民币的精神损害赔偿。⑦诉讼费由外交部承担。

受案法院认为，原告起诉要求判决外交部补行“领事保护”职责，要求加拿大接受二人不服对“方舟弑父案”的错误判决申请“上诉”的权利，并通过外交途径帮助王灼再次赴多伦多进行上诉，要求加拿大寄还程

① （2017）京行终 493 号。

思的遗物、存款及相关法律文件等诉讼请求，均涉国家外交行为，王灼、程萃英的其他诉讼请求亦是基于上述涉及国家行为的诉讼请求提出的赔偿请求，属于法院不予受理的范围。

上述案例中，受案法院都认为原告的诉讼请求属于公民、法人或者其他组织对国防、外交等国家行为提起的诉讼，根据我国《行政诉讼法》第13条第1款的规定，不属于人民法院行政案件受理范围。

就这些案例中所起诉的内容，可以归纳为以下法律问题：第一，案件中所涉及的行为性质是领事协助、领事保护还是外交保护行为？第二，国家是否负有领事协助、领事保护的职责和义务？这种职责是否具有司法审查性？第三，如果行为性质属于国家的外交保护行为，是否具有司法审查性？第四，我国关于领事协助、领事保护的法律依据和关于外交保护的法律依据分别是什么？其规定有何本质不同？第五，我国是否要制定专门立法规定外交保护的相关内容？第六，我国是否在立法中明确领事协助、领事保护的职责？领事协助和领事保护与外交保护之间如何衔接，以保护我国在海外的国民利益和国家利益？在国内法上，领事协助和领事保护究竟是一项法定义务还是一项政策？领事是否有保护的职能，能在发生《维也纳领事关系公约》第36条的情形下，有权决定开展领事协助。有义务监督接受国的行为，必要时进行领事保护，甚至启动外交保护。因此，立法中领事保护的具体职责亟须明确，如果领事保护是领事的法定义务，还要看领事职责的范围，然后才能讨论领事的行为是否具有可诉性的问题。如果领事保护不是法定义务，而是国家政策的一部分，则不具有可诉性，但是从法治政府、法治国家建设需要出发，领事应当有履行领事保护的职责。

（二）我国立法待解决的问题

从我国已有的实践来看，我国对在海外的国民提供领事保护和领事协助的过程中，可能引发相关问题的情况包括如下几种：第一，未提供领事保护和领事协助。一个被逮捕、拘禁的派遣国国民希望得到本国领事的协助和保护，但派遣国无论出于何种原因，未能提供任何探视、协助以及保护。第二，未能提供当事人所希望的保护和协助。其本国领事提供了协助，领事自认为措施是适当的，但是提出请求的国民认为提供的协助或者保护不足够、不适当，因此要求领事或者其主管部门承担责任。第三，未能提供指定的协助。被拘禁、逮捕的国民希望领事尽可能提供有力的援助，甚至是干预一国的审判，但是领事的保护职能和协助行为是有限度的，当不能提出被逮捕、拘禁的国民所希望的协助类型时，可能引发相关争议。此类争议是派遣国与其国民之间的争议，属于国内法上如何具体规定派遣国方面的义务来协助和保护其本国国民，是国内法上的问题，而不是多边条约和双边领事条约中规定的内容。

《维也纳领事关系公约》第 36 条被认为赋予了个人权利这一点在国际法上已经得到广泛认可。国际法院一再强调第 36 条的性质，但是并不能就此认为开展领事保护就是一项可诉的国家义务。领事保护是不是一项国家义务，能否将《维也纳领事关系公约》第 5 条中规定的保护以及第 36 条规定的领事探视内容直接规定为领事对公民的责任，《维也纳领事关系公约》和双边领事条约都未作出规定。就《维也纳领事关系公约》的目的和立法宗旨看，《维也纳领事关系公约》的缔约目的是“深信一项关于领事关系、特权及豁免之国际公约亦能有助于各国间友好关系之发展，不论各国宪政及社会制度之差异如何，认为此等特权及豁免之目的不在于给与个人以利益而在于确保领馆能代表本国有效执行职务”。从双边领事条约的实践看，也是为了“为调整和加强两国领事关系，以促进两国友好合作关系的发展，以利于保护两国国家利益和两国国民的权利和利益”①，“为发展两国领事关系，以保护两国国家和两国国民的权利和利益，并促进两国间的友好合作关系”②。可见，无论是《维也纳领事关系公约》还是双边领事条约，缔约目的都是规范派遣国和驻在国之间的关系，并非国家和个人之间的关系，国家和个人之间的关系仍然是国内法的内容。

① 《中华人民共和国和美利坚合众国领事条约》序言。

② 《中华人民共和国和日本国领事协定》序言。

即便《维也纳领事关系公约》第 36 条赋予了个人领事通知的权利，也不意味着将个人置于与国家平权的地位。第 36 条是“赋权”，不履行领事通知的义务会产生接受国的责任，但是如何监督和追究接受国的责任，仍然是派遣国的权利，而不是个人在国际法上起诉接受国的权利。个人能否起诉其本国，仍然是一个国内法问题。从实践来看，各国为了履行《维也纳领事关系公约》和双边领事条约下的国际义务，采取了不同的方式，目前看至少有多种不同的做法：第一种做法是援引宪法条款作为依据，起诉本国；第二种做法是根据《维也纳领事关系公约》的内容，制定专门的国内领事立法，规定领事对公民的协助和保护责任，同时在其中明确在特定情形下个人有权起诉；第三种做法是明确领事协助和领事保护是一项国家政策，国家从政策上明确领事对在海外的国民负有领事协助和领事保护的责任，同时建立内部监督机制，督促领事履行职责。无论是采用专门立法方式还是通过政策执行，各国都受其国内立法体系、立法模式以及法律传统的影响，即便是采用专门立法的国家，其立法体系也是以《维也纳领事关系公约》的内容为基本框架，将部分条款具体细化。

此外，关于领事协助、领事保护的司法审查还不存在普遍的实践。虽然我国有学者提出①，关于外交保护的司法审查有所松动，我国应当将外交保护行为纳入司法审查范围，并进行合理的限制，要在司法解释上认定国家有提供外交保护的法定职责，明确国务院及其有关组成部门的被诉主体资格，坚持受理外交保护行为司法审查案件的国际法条件，限制外交保护行为司法审查案件的受案范围，限定外交保护行为司法审查案件的判决类型等。即便对外交保护的司法审查的个案存在，但是这还未发展成为普遍的实践，缺乏制度设计和执行上的可行性。同时，我国并没有外交保护的国内立法，对外交保护进行司法审查存在规则障碍。再有，即便外交保护司法审查能有限存在，对外交保护的司法审查也不能认为必然能对领事

① 杨卫东：《论外交保护行为的司法审查》，《比较法研究》，2014 年第 2 期，第 130 页。

协助和领事保护行为进行司法审查，对领事协助、领事保护的司法审查目前存在着制度难题，这是由外交保护和领事协助、领事保护的本质区别所决定的。

（三）领事通知并不必然触发领事保护

即便制定了专门立法，其中规定了领事对本国国民的保护责任，也不意味着领事保护行为就是可诉讼的行政行为。国家不一定有领事协助义务，领事保护义务是相对程序性的，而不是实体性的。例如，在《维也纳领事关系公约》第36中，即便有强制通知权，即便当事人请求接受国通知，派遣国领事有义务探视，其在探视后，领事能根据当事人的请求开展领事协助，包括决定是否通知其国内的家属，是否公布其案情，或者是否协助其请律师。领事官员的领事保护义务是程序性的，其是否提供以及提供的领事保护是否及时有效，目前要依据国内法以及当时的国际国内情势判断。这就决定了一个具体的领事保护行为不是一个具体的可诉的行政行为。

我国领事按照《维也纳领事关系公约》的规定，以及和接受国双边领事条约的约定，根据我国法律履行领事协助和领事保护工作职责，并在接受国开展领事保护工作。正如我国在《中国领事保护和协助指南》（2018年版）（简称《2018年指南》）中指出的，“领事保护是指中国政府和中国驻外外交、领事机构维护海外中国公民和机构安全及正当权益的工作。”领事保护的内容是中国公民、法人在海外的合法权益，主要包括：人身安全、财产安全、必要的人道主义待遇，以及与我国驻当地使领馆保持正常联系的权利等。公民要求获得超出所在国国民待遇或因从事非法活动造成的法律后果等，不属于领事保护合法权益的范围。《2018年指南》具体列举了我国国民“在居住国被拘留、羁押或监禁，怎么办？”如您需要面见中国使领馆领事官员，应首先向所在的警察、监狱部门提出。领事官员将根据您的请求前往探视，并保护您的合法权益，如人道待遇、公平待遇等。领事官员还可以帮助您与亲友取得联系，向您提供当地律师名单。但是，领事官员不能干涉当地法律程序，不能代替您进行诉讼。

从我国《2018 年指南》的内容来看，我国领事的职能包括三个部分：领事协助、领事服务和领事保护。“在实践中，领事保护一般针对的是海外中国公民安全和合法权益受到严重威胁或侵害的情况，如驻在国发生政局动荡、自然灾害、重大事故等危及海外中国公民的安全和合法权益；领事协助一般针对中国公民因客观原因或者自身原因陷入困境的情况，如海外中国公民因疏忽大意丢失财物等造成的暂时经济困难；领事服务一般指为海外中国公民提供的证件办理、民事登记等服务，如换/补发旅行证件、办理公证/认证、婚姻登记等。”领事保护的方式主要是通过外交途径向驻在国当局提出交涉、表达关切或转达当事人诉求，敦促其依法、公正、及时、妥善地处理。具体到第《维也纳领事关系公约》第 36 条规定的情形发生时，即在我国国民在接受国被逮捕、拘留、羁押候审或者被拘禁时，《条例草案》第二章“领事保护与协助案件处置”就我国领事的职责作出了专门的规定，具体有以下几个方面：

第一，根据请求开展领事保护与协助请求。这体现在《条例草案》第 9 条的规定中，即：中国公民请求领事保护与协助时，应当向驻外外交机构提供具有中国国籍的证明文件以及姓名、住址、联系方式和驻外外交机构提供领事保护与协助需要的其他信息。中国法人和非法人组织请求领事保护与协助时，应当提供本组织名称、住所、法定代表人（负责人）、联系方式和驻外外交机构提供领事保护与协助需要的其他信息。中国公民、法人和非法人组织提供的信息应当真实、准确、有效。如提供虚假信息或隐瞒真实情况，应由当事人承担相应后果。

第二，开展领事探视，监督接受国履行国际义务的情况。这体现在《条例草案》第 10 条的规定中，即：当获知驻在国有中国公民被拘留、逮捕或以其他方式被驻在国官方限制人身自由的情形的，驻外外交机构和驻外外交人员应当根据情况，与驻在国有关部门联系核实，要求给予该中国公民人道主义待遇和公正待遇，并对其进行探视或者与其通讯。

一旦我国国民在海外被逮捕、羁押，我国领事要尽到监督责任，并尽可能开展领事会见，为我国国民提供领事协助。具体的协助手段和措施，可以将之纳入海外利益保护机制中，采用其他手段和方式来实现。

四、域外实践借鉴

《维也纳领事关系公约》中并未规定领事保护是否构成一国领事对本国在外国的国民承担的国家义务，具体是否构成一国领事的义务取决于各国国内法的规定。双边领事条约也仅规定发生了限制派遣国国民人身自由的情形时，派遣国领事可以做什么，但是并未规定一国领事对国民的领事协助和领事保护，至于是否有义务履行其保护职责，包括开展领事探视、定期探视、提供司法协助、为其短暂保管财物等，都属于国内法或者国内政策规定的范畴，其间并未形成统一的做法。因此，国内法中是否以及如何规定领事对本国国民承担何种职责是国内法的规定。

就履行《维也纳领事关系公约》第 36 条中规定的保护被逮捕、监禁或羁押候审、或受任何其他方式被拘禁的国民而言，接受国和派遣国的责任都是根据《维也纳领事关系公约》和双边领事条约的规定。《维也纳领事关系公约》第 36 条第 2 款明确了接受国要依据本国国内法律规章实现对外国国民的领事会见。但是派遣国是否负有保护在国外的本国国民，《维也纳领事关系公约》中并没有明确。一国对本国国民在此种情形下提供的领事保护和协助属于国内法调整的内容，其核心在于领事履行这些职责的国内法依据以及履责要求、程序步骤，甚至包括该行为是否属于行政可诉行为。其实质就是领事通知、领事保护是不是国家对本国国民所负的义务？还是国家的一项政策？对此，国际上并没有统一的做法和认识，之所以存在不同的认识，认为领事会见还不是人权法中的正当程序权利，是因为派遣国对在国外被拘留的本国国民是否负有保护义务还无统一的做法，《维也纳领事关系公约》仅仅规定了接受国有义务保障领事会见，但是如何进行保护是由派遣国自行裁量的。有学者分析了相关国家的实践，列举了典型国家如何将保护义务法律化。[①] 就国家实践而言，有些国家在宪法中明确规定了保护在国外的本国国民，有些国家还通过专门立法明确了领事的职责以及开展领事保护的程序，确定了开展领事保护的具体步骤和内容。即便有些国家宪法中没有规定相关责任，也没有相关立法，仍然通过国家政策和软法形式确定了领事应在国外开展领事保护的责任，履行其职责。

有些国家的宪法中规定，要求保护本国国民。例如，委内瑞拉和危地马拉已将保护在国外的本国国民写入宪法，认为这是个人的一项权利。在"Samuel Kaunda and Others v. The President of the Republic of South Africa 案"[②] 中，南非宪法法院的法官认为，宪法中的公民条款赋予了政府行使外交保护和提供领事协助的义务。2011 年的《匈牙利宪法》第 27 条（2）款规定，每一名在国外合法居留的匈牙利公民都有权得到匈牙利共和国的保护。我国《宪法》第 50 条规定了中华人民共和国保护华侨的正当权力和利益，保护归侨和侨眷的合法权利和利益。有学者考察了美国、英国、荷兰、德国、马来西亚和印度尼西亚的实践[③]，认为只有德国和印度尼西亚两国规定了其本国国民在外国被拘禁时有权得到领事协助，德国宪法法院将得到领事协助作为正当程序，在德国还引发了相关的诉讼，诉使馆没有尽到勤勉责任，保护其利益，同时，德国《领事官员及其职责和权限法》第 7 节中规定协助被拘禁者，领事官员应向其领区内德国籍待审或服刑囚犯，应其要求提供照顾，尤其是应当提供法律保护。

芬兰、瑞士、蒙古国、德国、爱沙尼亚等国家通过专门立法方式，具体规定了领事保护和领事协助的内容，尤其是发生《维也纳领事关系公约》第 36 条中规定的本国国民被逮捕、监禁或羁押候审、或拘禁的情形

---

① John B. Quigley: *Vienna Convention* on consular relations: in retrospect and into the future, *Southern Illinois University Law Journal*, 2013, p. 17.

② Case CCT23/04（2004）.

③ Dewi Avilia: Consular assistance for nationals detained by a foreign government: States' policies and practises, *Indonesia Law Review*, Vol. 7, 2017.

时，领事负有保护的义务。例如，墨西哥2002年制定的《墨西哥领事服务条例》规定，保护在国外的墨西哥人的利益是外交人员的首要义务，其应通过斡旋，提供领事协助和保护，并在必要时将相关事实通知外交部，以便部长可以确定墨西哥是否会提供外交保护。《匈牙利领事法》在序言中指出，该领事法是为了执行匈牙利共和国宪法中规定的，根据国家间领事关系的国际条约和习惯规则对匈牙利公民进行领事保护。为了执行和保护匈牙利公民的基本人权和保护法人实体在外国的利益，以及为了执行来自联盟公民的权利，就会员资格而言匈牙利共和国在欧盟。按照第1条第4款的规定，领事馆在开展领事保护的过程中，通过权衡特定案件的所有情况并考虑到当地情况来确定最合适的方式。也就是说，领事保护和协助的开展方式和适度性以领事官员的裁量为准，并无具体可操作的量化标准，这就意味着就领事协助和领事保护提起诉讼是很困难的。

作为政策的领事保护。英国、美国、加拿大、荷兰等国家将领事协助和领事保护作为一项国家政策，国家有权自由裁量是否提供领事保护，以及如何提供领事保护。尽管国家对于在海外被拘禁的国民有保护的责任，但是这并不是赋予了被拘禁国民具有当然的得到领事协助的法律权利。[①] 享有领事保护不是在接受国被逮捕、拘留或羁押候审、拘禁的本国国民享有的法定权利。即便国家未能就个案提供领事保护，或者未能提供充分的领事协助，也并不构成国内法上的国家对个人承担的责任。

五、未来的实践方向

领事法具有对等性的特点，通过研究国内立法、相关软法实践，可以认为进一步规范领事协助和领事保护的责任和范围，对于维护一国国民在海外的利益是有实践价值的。同时，推动我国在立法中明确我国领事的职

① Maaike Okano-Heijmans：Changes in consular assistance and the emergence of consular diplomacy，in Jan Melissen and Ana Mar Fernandez（eds.），*Consular Affairs and Diplomacy*，Martinus Nighoff，2011，p. 21.

责，对于维护我国国民在海外的利益具有重要的实践意义。随着全球化进程的深化，资本和人员流动日益增强，尤其是在“一带一路”建设中，我国公民在海外的各种活动日益增多，同时全球化背景下各种非传统安全因素的出现也增加了我国国民在海外可能遭遇的危险，领事保护制度的重要性在当下日益凸显，有关制定领事协助立法的呼声也日渐强劲。我国在2009年制定了《领事工作条例》（试用），2018年3月26日我国又公布了《中华人民共和国领事保护与协助工作条例（草案）》（征求意见稿），旨在进一步推进我国领事协助和领事保护的相关立法。

（一）当前立法新发展

2023年6月28日我国通过了《对外关系法》，该法第37条明确规定我国依法采取必要措施，保护中国公民和组织在海外的安全和正当权益，保护国家的海外利益不受威胁和侵害。国家加强海外利益保护体系、工作机制和能力建设。2023年6月29日我国通过了专门规定领事保护和协助的专门法规——《领事保护与协助条例》，该条例将于2023年9月1日施行。条例明确了我国外交部、驻外外交机构、国务院有关部门、地方人民政府等在领事保护与协助工作中的工作职责，明确要加强统筹协调，以进一步推动我国领事保护和领事协助工作的法治化、制度化、规范化建设，提升我国领事保护和领事协助的能力建设。

《领事保护与协助条例》构建了我国开展领事保护和协助的机制，明确了我国领事保护和协助的基本内容，澄清了领事保护和协助的范围和措施，为我国构建海外安全保护机制，维护我国在海外的公民、法人、非法人组织的正当权益供给了国内法依据。

1. 坚持统筹国际法治和涉外法治，不断完善我国领事保护和协助的法治化实践。作为国际法的遵守者、践行者、维护者，《领事保护与协助条例》中明确了我国开展领事保护和协助应符合相关国际法的规则，尊重驻在国法律，体现出我国对国际法治的遵守和维护。落实推进法治国家建设需要，《领事保护与协助条例》中具体细化了我国关于领事保护和协助的国内设计安排，以行政法规的方式明确我国开展领事保护和协助的主体、内容、方式和措施，不断提升我国的治理能力和治理水平。

2. 统筹协调，分工明确，职责清晰，组织有序。领事保护和协助是国家海外安全保护机制的重要内容，《领事保护与协助条例》强化顶层设计，明确了各部门分工和职责，结合我国已有实践经验，构建了包括中央和地方各级部门组成的快速响应机制，为我国开展领事保护和协助建立了科学合理的国内机制，体现出我国领事保护和协助的独特性。《领事保护与协助条例》中区分领事保护和协助的具体实践，明确了我国公民、法人和非法人组织寻求领事保护和协助的具体途径，明晰了开展领事保护和协助机构的职责和做法，领事保护和协助内容不断被细化。

3. 明确风险和责任并举，领事保护和协助内容更加科学化。开展领事保护和协助应符合国际法，领事保护和协助的措施是有限度的。我国从更好地维护在海外的我国公民、法人、非法人组织的权益出发，《领事保护与协助条例》中明确了风险预防原则。目前，我国已经构建了安全预警机制、风险提示机制、应急处置机制等内容，多方面、多渠道开展风险提示、风险预警、应急处置，领事保护和协助工作体系化更加完善。《领事保护与协助条例》中明确了我国为开展领事保护和协助提供人员和资金保障，从预算管理、企业成本核算等方面强化资金落实，强化人员培训，支持志愿服务，管理社会力量参与，多元化的领事保护和协助机制正在形成。《领事保护与协助条例》中引入了现代法治理念，结合我国《民法典》的规定和相关司法实践，借鉴其他国家的做法，我国明确了在特定情形下相关人员应负担领事保护和协助中的费用。领事保护和协助不是包办一切，也不是一切全包，而是要符合法治理念，这样才能让领事保护和协助机制长久有序运转。

4. 明确领事保护的要求，强化领事保护的职责。《领事保护与协助条例》第 8 至 10 条专门规定了提供领事保护的情形，既包括应请求而开展的领事保护，也包括依据职权主动开展的领事保护。第 8 条明确规定，在国外的中国公民、法人、非法人组织因正当权益被侵犯向驻外外交机构求助的，驻外外交机构应当根据相关情形向其提供维护自身正当权益的渠道和建议，向驻在国有关部门核实情况，敦促依法公正妥善处理，并提供协助。第9条则强调了驻外外交机构的主动作为，即一旦获知在国外的中国公民、法人、非法人组织因涉嫌违法犯罪被驻在国采取相关措施的，驻外外交机构应当根据相关情形向驻在国有关部门了解核实情况，要求依法公正妥善处理。前款中的中国公民被拘留、逮捕、监禁或者以其他方式被驻在国限制人身自由的，驻外外交机构应当根据相关情形，按照驻在国法律和我国与驻在国缔结或者共同参加的国际条约对其进行探视或者与其联络，了解其相关需求，要求驻在国有关部门给予该中国公民人道主义待遇和公正待遇。第10条明确了我国驻外外交机构一旦获知驻在国审理涉及中国公民、法人、非法人组织的案件的，驻外外交机构可以按照驻在国法律和我国与驻在国缔结或者共同参加的国际条约进行旁听，并要求驻在国有关部门根据驻在国法律保障其诉讼权利。对于领事保护，我国也强调了领事保护的边界范围，即都应当符合我国缔结或者共同参加的国际条约，并应遵守驻在国的法律。

5. 综合治理，不断完善中领事保护和协助制度。《领事保护与协助条例》规定的内容并不能覆盖领事保护和协助的全部，例如针对新科技，新实践的运用，《领事保护与协助条例》中明确了个人信息的使用，并强调了要做好信息保护工作，我国对个人信息保护有专门规定，因此如何落实信息保护就要回到我国其他立法的规定上。可见，在具体落实《领事保护与协助条例》的过程中，要始终以习近平法治思想为指引，从法治国家建设需要，综合运用国际法、相关国内法的内容，不断深化我国领事保护和协助的实践。同时，《领事保护与协助条例》的规定更像是一部协调法，目前对具体程序规则规定还不够清晰，随着《领事保护与协助条例》的实施，我国领事保护和协助的相关实践将为进一步完善我国领事保护和协助制度贡献更多素材。

（二）完善我国实践的建议

考虑到各国领事协助和领事保护实践既具有共性的制度基础，又有个性化的做法，我国立法和实践中既考虑国际法发展趋势，还参考了国际法院的司法实践和其他国家的领事协助实践。

1. 针对我国国民在接受国被拘留、逮捕或以其他任何方式被限制自由的情况，尤其是被判处死刑的当事人，我国领事要尽可能地提供领事协助。要了解并熟悉接受国的行政、刑事执法、司法规则，监督接受国是否履行了《维也纳领事关系公约》所规定的义务，并积极协助被逮捕、拘禁的本国国民用好规则，维护合法权益。

2. 通过双边领事关系条约继续强化领事通知义务。建议通过制定或者修改双边领事协助条约的方式，尽可能地将强制性通知义务纳入条约中，同时明确具体的通知方式，包括明确"毫不迟延"的时间要求和方式要求、通知的标准程序、通知内容等。考虑到现代科技的发展，接受国的告知义务都有迹可循，接受国告知派遣国的方式可以多样化，"现代信息技术革命也使得与领事通知相关的法律服务很容易送交当事人"[①]。

3. 搭建领事保护和外交保护运用的机制，克服领事保护的局限性。国际法院在"拉格兰德案"中指出，《维也纳领事关系公约》第36条创造了个人权利，根据《任择议定书》第1条，被羁押人的国籍国可在国际法院援引该项权利。"个人是许多国际法初级规则的主体，这在习惯和条约之下都是如此，使之对内免受本国政府之害，对外免受外国政府之害。这在拉格兰德案和阿韦纳案中已得到国际法院的承认。这种保护并不限于人身权利。双边投资条约在财产权方面给予法人和自然人以权利和保护。个人获得了国际法之下的权利，但救济办法却不多。国家在国与国之间行使的外交保护仍是对人权在国外受侵害的个人给予保护的重要救济办法之一。"[②] 就我

---

① John B. Quigley: *Vienna Convention* on consular relations: in retrospect and into the future, *Southern Illinois University Law Journal*, Vol. 38, 2013, p. 5.

② A/61/10，国际法委员会报告，第20页。

国保护在海外的中国国民角度而言，既要运用好现有的国际法规则，也应看到领事保护的有限性，无论是国际救济还是国内救济，在现阶段都是有限的救济，“拉格兰德案”、“阿韦纳案”、“贾达夫案”等的实践表明，即使接受国存在违反《维也纳领事关系公约》的行为，国际法院也不能干预一国国内的救济措施，而应尊重一国国内法院的做法，因为“自由裁量余地原则可能会侵蚀规范，并且可能不会考虑到外部性的问题”①，因此，国际法院将救济措施留给了各国国内考量。

4. 与《维也纳领事关系公约》第36条有关的国家争端具有混合型特点，即当事国以及国民的权利同时受到了损害，此时国际争端的提起无须援引用尽当地救济条款。依据《外交保护条款草案（2001）》第16条第3款的规定，在主要基于一国国民或第8条草案所指的其他人所受的损害而提出国际求偿或请求作出与该求偿有关的宣告性判决时，应用尽当地救济。“第3款规定的用尽当地救济规仅适用于要求国因其国民而‘间接’受到损害的情况。如果要求国因另一国的不法行为而直接受到损害则不适用此规则，因为在此情况下，该国本身便有明显理由提出国际要求。”② 例如，在美国诉伊朗案中，伊朗伊斯兰共和国直接违背了其对美利坚合众国承担的保护其外交官和领事的义务，同时，被劫持为人质的美国国民（外交官和领事）的利益也受到损害，国际法院将其作为直接违反国际法案处理。在逮捕令案中，刚果民主共和国及其国民（外交部长）受到直接损害，但国际法院的认定要求不是在国民保护范畴内提出的，因此刚果民主共和国不必用尽当地救济。在“阿韦纳案”中，墨西哥起诉美国违反了《维也纳领事关系公约》第36条第1款之下的领事联络渠道，墨西哥“本身直接并通过其国民”受到了损害。国际法院认为，其间存在“国家权利与国民权利的相互依存关系”，“侵害个人依据第36条所享有的权利即可能构成对

① Geir Ulfstein: The international judiciary, in Jan Klabberset al., *The Constitutionalization of International Law*, Oxford Press, 2009, p. 145.

② A/61/10，国际法委员会报告，第54页。

派出国的权利的侵害，而对后者权利的侵害有可能构成对个人权利的侵害”①。

是否以及何时提出外交保护是一个复杂的国内法问题。但是，不提出或者不及时提交外交保护会对国家责任承担产生影响是一个国际法问题。在讨论国际责任问题时，国际法委员会就援引了国际法院在“拉格兰德案”中的判决，指出求偿国的行为对确定赔偿的方式和数额很重要。在该案中，德国在断言发生了不法行为和提出诉讼时出现了延误，对此，国际法院认为，“德国提出诉讼的方式和提出的时间应受到批评”，“倘若德国提出的申诉包含一项索赔要求”，法院将把上述因素和其他因素一道加以考虑。② 因此，是否进行外交保护是国家的权利，但是该权利在某些情形下是具有行使的必要性的，对此，我国应纳入相关考量中，在适当的时候援引。

5. 对等性是领事法的特点，双边领事关系下的任何领事协助措施和领事保护手段都以对等为前提。我国一方面要积极采取措施协助和保护我国在海外国民，另一方面，这也意味着我国要积极履行我国所负担的国际义务，完善我国国内相关立法和规定，保障对被拘留或逮捕的外国人的领事通知权。我国国内立法中对外国人领事通知权的保障也是国家治理能力现代化的体现。此外，就具体的措施而言，要通过多种手段治理，强化治理手段的现代化，运用软法规则，制定我国的标准执法手册，为执法人员提供执法的标准和程序。软法也是社会治理的重要方式，并能弥补硬法中的不足，通过制定执法手册固定程序，保障权利在源头实现。同时结合操作指引和规则，开展相关培训，履行我国承担的多边公约项下义务和双边公约项下的义务，保护外国国民在我国享有的领事通知权。

6. 培养国民的权利自觉意识。为了更好地保护在国外的本国国民利

① A/61/10，国际法委员会报告，第 20 页。

② A/61/10，国际法委员会报告，第 126 页。

益，要通过多种方式，包括发布指南、使馆网站以及我国使馆采用的短信通知等方式，告知我国在国外的国民其享有《维也纳领事关系公约》第36条中规定的领事通知权。如果在国外发生了被逮捕拘押的情况，要主张自己享有的权利。

我国的相关立法和实践为我国开展领事协助和领事保护提供了经验和样板，对等性为我国在海外维护我国国民的利益提供了法律武器，为领事官员供给了维护在海外的我国国民权益的可利用的通道和措施。同时，这方面的实践还可以大大丰富我国的海外协助经验，为领事保护提供国家实践素材。在全球治理中，我国正在从规则的接受者向规则的参与者、规则的引领者转变，但是其中的“话语权脆弱”被认为是我国参与全球治理的短板。我国要在国际层面提升话语的国际影响力、支配力，并将其转化为参与国际事务和规则制定的能力。[①] 国家直接参与国际规则实践能直接推动我国话语权的表达，国家也可以通过国内法治的实践为国际话语权提供表达。面对人民日益增长的国际交往需要、海外利益保护要求，坚持统筹推进国内法治和涉外法治，加强我国涉外立法和涉外法律服务，参与国际立法执法，维护我国国家主权、安全、发展利益。

---

① 张文显：《推进全球治理变革，构建世界新秩序——习近平治国理政的全球思维》，《环球法律评论》，2017年第4期。

参考文献

一、中文著作和论文

[1] 钱其琛．世界外交大辞典［M］．北京：世界知识出版社，2005.

[2] 李宗周．领事法和领事实践［M］．梁宝山，黄屏，潘维煌，等译．北京：世界知识出版社，2012.

[3] 卡塞斯．国际法［M］．蔡从燕，等译．北京：法律出版社，2009.

[4] 夏莉萍．领事保护机制改革研究：主要发达国家的视角［M］．北京：北京出版社，2011.

[5] 阿尔瓦雷斯．作为造法者的国际组织［M］．蔡从燕，等译．北京：法律出版社，2011.

[6] 詹宁斯．奥本海国际法［M］．王铁崖，等译．北京：中国大百科全书出版社，1998.

[7] 戈尔-布思．萨道义外交实践指南［M］．5版．杨立义，曾寄萍，曾浩，等译，上海：上海译文出版社，1984.

[8] 蔡从燕．类比与国际法发展的逻辑［M］．北京：法律出版社，2012.

[9] 贾兵兵．国际公法：和平时期的解释与适用［M］．2版．北京：清华大学出版社，2022.

[10] 段洁龙．中国国际法实践与案例［M］．北京：法律出版社，2011.

［11］卡特，韦纳．国际法［M］．冯洁菡，译．北京：商务印书馆，2015.

［12］彭江，陈功．“一带一路”沿线国家领事与侨务工作［M］．厦门：厦门大学出版社，2020.

［13］外交官在行动编委会．外交官在行动［M］．南京：江苏人民出版社，2015.

［14］黎海波．海外公民领事保护问题研究：基于国际法人本化的研究［M］．广州：暨南大学出版社，2012.

［15］黄惠康．中国特色大国外交与国际法［M］．北京：法律出版社，2019.

［16］斯本德，彼得斯．牛津国际法史手册［M］．李明倩，刘俊，王伟臣，译．上海：上海三联书店，2020.

［17］伯根索尔，谢尔顿，斯图尔特．国际人权法精要［M］．黎作恒，译．北京：法律出版社，2010.

［18］李安山．双重国籍问题与海外侨胞权益保护［M］．南京：江苏出版社，2016.

［19］施密特，维芙尔．网络行动国际法塔林手册 2.0 版［M］．黄志雄，等译．北京：社会科学文献出版社，2017.

［20］张卫华．外交保护法新论［M］．北京：法律出版社，2012.

［21］张磊．外交保护国际法律制度研究［M］．北京：法律出版社，2011.

［22］布朗．国际裁决的共同法［M］．韩秀丽，万盈盈，傅贤珍，等译．北京：法律出版社，2015.

［23］本书编委会．祖国在你身后：中国海外领事保护案件实录［M］．南京：江苏人民出版社，2018.

［24］王力．近代中国驻外领事商务报告研究［M］．上海：上海交通大学出版社，2019.

［25］肖．国际法［M］.6版．白桂梅，等译．北京：北京大学出版社，2011.

［26］克拉帕姆．非国家行为人的人权义务［M］．陈辉萍，等译．北京：法律出版社，2006.

［27］陆海娜．欧洲人权法院判例指南［M］．北京：知识产权出版社，2019.

［28］王铁崖．国际法引论［M］．北京：北京大学出版社，1998.

［29］李浩培．条约法概论［M］．北京：法律出版社，1987.

［30］邱学军．新中国海外领事保护工作理论与实践［M］．北京：世界知识出版社，2020.

［31］安风德．在华外国人犯罪刑事政策研究［M］．北京：中国法制出版社，2017.

二、中文期刊

［1］谢海霞．领事保护制度的新发展［J］．国际法学刊，2021（1）：56-75.

［2］谢海霞．人类命运共同体的构建与国际法的发展［J］．法学论坛，2018，33（1）：23-33.

［3］谢海霞．论领事通知权的性质［J］．中国政法大学学报，2009（6）：95-106，159.

［4］夏莉萍．中国领事保护新发展与中国特色大国外交［J］．外交评论（外交学院学报），2020，37（4）：1-25.

［5］夏丽萍．20世纪90年代以来英国领事保护机制改革：挑战与应对［J］．外交评论（外交学院学报），2009，26（4）：114-126.

［6］夏莉萍．欧盟共同领事保护进展评析［J］．欧洲研究，2010，28（2）：46-58，2.

［7］夏莉萍．中国地方政府参与领事保护探析［J］．外交评论（外交

学院学报)，2017（4）：59-84.

［8］夏莉萍．美英领事保护预警机制的特点及对我国的启示［J］．外交评论，2006，87（1）：70-75.

［9］夏莉萍．中国领事保护需求与外交投入的矛盾及解决方式［J］．国际政治研究，2016（4）．

［10］夏莉萍．中国领事保护机制建设的成效评估与改进方向［J］．国际论坛，2023（1）：54-68.

［11］王勇．我国领事探视制度的构建：兼评《领事保护与协助工作条例（草案）》征求意见稿的相关规定［J］．法商研究，2018，186（4）：161-171.

［12］何田田．领事保护之概念辨析和中国领事保护法律的完善［J］．宁夏社会科学，2021，228（4）：97-104.

［13］张丹丹，孙德刚．新冠疫情背景下中国在中东的领事保护探析［J］．国际关系研究，2020（5）：134-153.

［14］张丹丹，孙德刚．中国领事保护的整体思想与机制建设：以利比亚撤侨行动为例［J］．国际论坛，2020（3）：100-118.

［15］黄德明，李廷康．《塔林手册 2.0 版》第七章外交和领事法评析［J］．武大国际法评论，2019（2）：33-47.

［16］黄志雄．网络空间国际规则制定的新趋向：基于《塔林手册 2.0 版》的考察［J］．厦门大学学报（哲学社会科学版），2018（1）：1-11.

［17］韩逸畴．国际法中的建设性模糊研究［J］．法商研究，2015（6）：171-179.

［18］王秀梅．领事通知问题论要［J］．法律科学，2009（6）：76-84.

［19］王秀梅．国际法人本化趋向下海外中国公民保护的性质演进及进路选择［J］．现代法学，2010，32（4）：120-129.

［20］王秀梅，张超汉．国际法人本化趋向下海外中国公民保护的性质演进及进路选择［J］．时代法学，2010，8（2）：83-91.

［21］丁丽柏．《维也纳领事关系公约》的革新与中国的应对：以海外

国民领事保护为视角［J］. 政法论坛，2019，37（3）：125-133.

［22］张爱宁. 国际法对移徙工人的保护：简评《保护移徙工人及其家庭成员国际公约的视角》［J］. 人权研究，2020（1）：74-93.

［23］张爱宁. 移徙工人人权保护的困境及对策：《保护移徙工人及其家庭成员国际公约》［J］. 人权，2018（2）：113-120.

［24］万霞. 海外中国公民安全问题与国籍国的保护［J］. 外交评论，2006（6）：99-105.

［25］万霞. 海外公民保护的困境与出路：领事保护在国际法领域的新动向［J］. 世界经济与政治，2007（5）：37-42，4.

［26］顾婷. 拉格朗案的国际法解读［J］. 华东政法大学学报，2008，11（1）：71-81.

［27］高敬文. 海外公民的保护、主权和不干涉内政［J］. 国际政治研究（季刊），2013（2）：48-52.

［28］颜梅林. 海外中国公民权益保护中的“领事通知权”研究：以中外双边领事关系条约（协定）相关条款之比较及完善为视角［J］. 福建师范大学学报（哲学社会科学版），2013（2）：58-68.

［29］颜梅林. 海外中国公民领事保护的法律依据研究：简评《领事工作条例》（征求意见稿）［J］. 华侨华人历史研究，2013（4）：11-22.

［30］颜梅林，陈亮. 论国际法人本化趋向下领事通知权的性质与救济［J］. 福州大学学报（哲学社会科学版），2012（5）：69-74.

［31］殷敏. 中国应大力加强与研究外交保护法律制度［J］. 特区经济，2008（2）：228-230.

［32］王勇. 关于制定领事保护法的思考［J］. 检察风云，2017（16）：30-31.

［33］单海玲. 我国境外公民保护机制的新思维［J］. 法商研究，2011（5）：67-73.

［34］项文惠. 中国海外撤离行动：模式、机遇、挑战［J］. 国际展

望，2019（1）：120-137.

［35］项文惠．中国海外公民保护的理念、内涵与未来走势［J］．国际展望，2016（4）：76-92.

［36］许育红．“一带一路”与外交领事保护问题［J］．中国法律评论，2016（2）：46-49.

［37］梁蓉．《维也纳领事关系公约》的挑战与革新［J］．河北法学，2016，34（12）：168-179.

［38］张磊．论我国领事保护制度的内涵［J］．河北法学，2009，27（5）：132-136.

［39］黎海波．人权意识与代理合作：欧盟领事保护的探索及其对中国的启示［J］．德国研究，2017，32（1）：55-69，142-143.

［40］黎海波．中国领事保护可持续发展探析［J］．现代国际关系，2016（6）：9-14.

［41］黎海波．巴西九人案与中国的领事保护［J］．理论月刊，2017（7）：87-90.

［42］黎海波．领事保护与外交保护的“融合”与判别［J］．江南社会学院学报，2013，15（1）：13-18.

［43］白志健．为推进华侨权益保护立法而努力［J］．中国人大，2016（11）：19-20.

［44］杨洋．中国领事保护中存在的问题及对策［J］．国际政治研究，2013（2）：17-29.

［45］温耀原．论我国领事保护对象的法律问题研究［J］．华中科技大学学报（社会科学版），2013，27（3）：125-129，134.

［46］何其生．领事认证制度的发展与中国公文书的全球流动［J］．华东政法大学学报，2018（1）：158-169.

［47］杨迎泽，李政印．检察涉外案件领事通知相关问题研究［J］．中国检察官，2021（23）：28-33.

［48］杨卫东．论外交保护行为的司法审查［J］．比较法研究，2014（2）：120-131.

［49］曾令良．现代国际法的人本化发展趋势［J］．中国社会科学，2007（1）：89-103.

［50］朱利江．国际法院对国际人权法的贡献［J］．外交评论，2006，91（5）：85-90.

［51］何一辉．刑事诉讼中的领事探视之浅析：以上海市检察机关办理的外国人犯罪案件为例［J］．江西警察学院学报．2014，173（1）：106-110.

［52］张杰．“一带一路”与私人安保对中国海外利益的保护：以中亚地区为视角［J］．上海对外经贸大学学报，2017，24（1）：41-53.

［53］李丽华，曾庆华，陈翔．“一带一路”建设中我国海外利益涉恐安全风险评估［J］．公安学，2022，5（1）：107-122.

［54］李安山．中国国际移民的安全保护：责任的提升与外延［J］．公安学研究，2018，1（5）：1-9.

［55］薛洪，詹翔宇．军队撤侨行动的法律保障［J］．西安政治学院学报，2012，25（6）：92-95.

［56］黄立志．大领事时代：“保护海外公民：中国与欧洲的经验与视角”研讨会侧记［J］．国际政治研究，2015，50（2）：174-184.

［57］丁琪．浅析领事保护制度的法律内涵：兼论新形势下领事保护传统内涵面临的挑战［J］．黑龙江政法管理干部学院学报，2015：113（2）：121-124.

［58］杜涛，杨育文．中国批准《取消认证公约》的法律问题及对策：以国际贸易行业为重点［J］．武大国际法评论，2017（6）：130-143.

［59］陈卫东，管斌斌．论国际法院判决在美国的执行：以涉及《领事关系公约》的判决为重点［J］．当代法学，2018，22（6）：138-143.

［60］李炜．新时代我国海外利益安全保障能力建设路径探析［J］．武警学院学报，2021，37（5）：34-41.

三、英文著作

[1] LEE L T, JOHN B QUIGLEY. Consular law and practice [M]. Oxford: Oxford University Press, 2008.

[2] DENZA E. Diplomatic law: commentary on the Vienna Convention on diplomatic relations [M]. 4th ed. Oxford: Oxford University Press, 2016.

[3] AMERASINGHE C F. Diplomatic protection [M]. Oxford: Oxford University Press, 2008.

[4] CARTER J G. Diplomatic immunity: privileges and abuses [M]. New York: Nova Science Publishers, 2011.

[5] QUIGLEY J, WILLIAM J. ACEVES, S. ADELE SHANK. The law of consular access: a documentary guide [M]. Abingdon: Routledge, 2010.

[6] BEHRENS P. Diplomatic law in a new millenium [M]. Oxford: Oxford University Press, 2017.

[7] ROBERTS I. Satow's diplomatic practice [M]. 7th ed. Oxford: Oxford University Press, 2018.

[8] BJORGE E, CAMERON MILES. Landmark cases in public international law [M]. Oxford: Hart Publishing Ltd, 2017.

[9] BEHRENS P. Diplomatic interference and the law [M]. Oxford: Hart Publishing Ltd, 2016.

[10] MALCOLM D. EVANS. International law [M]. 4th ed. Oxford: Oxford University Press, 2014.

[11] MALCOLM N. SHAW. International law [M]. 9th ed. Cambridge: Cambridge University Press, 2018.

[12] DIXON M, MCCORQUODALE R, WILLIAMS S. Cases & materials on international law [M]. 5th ed. Oxford: OxfordUniversity Press, 2011.

[13] DENZA E. Diplomatic law: a commentary on the Vienna Convention

on Diplomatic Relations [M]. 2nd ed. Oxford: Clarendon Press, 1998.

[14] SHARP P. Diplomatic theory of international relations [M]. Cambridge: Cambridge University Press, 2009.

四、英文论文

[1] QUIGLEY. Vienna Convention on consular relations: in retrospect and into the future [J]. Southern Illinois University Law Journal, 2013, 38: 1-26.

[2] QUIGLEY. Application of consular rights to foreign nationals: standard for reversal of a criminal conviction [J]. ILSA Journal of International & Comparative Law, 2005, 11: 403-413.

[3] QUIGLEY. Procedural limitations on capital punishment: the case of foreign nationals [J]. ILSA Journal of International & Comparative Law, 2000, 6: 519-525.

[4] QUIGLEY. Suppressing the incriminating statements of foreigners [J]. William & Mary Bill of Rights Journal, 2004, 13: 339-362.

[5] QUIGLEY. Repatriation of displaced palestinians as a legal right [J]. Nexus, 2003, 8: 17-30.

[6] BURKS. Consular assistance for foreign defendants: avoiding default and fortifying a defense [J]. Capital Defense Journal, 2001, 14: 29-54.

[7] VELEZ. A vindication of the right to consular assistance: the sixth amendment in Osagiede v. United States [J]. North Carolina Journal of International Law, 2009, 35: 263-283.

[8] VERMEER - KUNZLI. Where the law becomes irrelevant: consular assistance and the European Union [J]. International and Comparative Law Quarterly, 2011, 60: 965-995.

[9] AVILIA. Consular assistance for nationals detained by a foreign government: states' policies and practises [J]. Indonesia Law Review, 2017,

1：113-134.

[10] MENNECKE. The right to consular assistance under international law：the LaGrand case before the international court of justice [J]. German Yearbook of International Law，1999，42：192-241.

[11] WHITE. A new remedy stresses the need for international education：the impact of the Lagrand case on a domestic court's violation of a foreign national's consular relations rights under the *Vienna Convention* [J]. Washington University Global Studies Law Review，2003，2：295-312.

[12] WOJCIK. Consular notification for dual nationals [J]. Southern Illinois University Law Journal，2013，38：73-92.

[13] TINTA. Due process and the right to life in the context of the *Vienna Convention* on consular relations：arguing the LaGrand case [J]. European Journal of International Law，2001，12：363-366.

[14] OLIVER. Consular conundrum：the rising demands and diminishing means for assisting australians overseas [J]. Lowy Institute for International Policy，2013：1-13。

[15] BUYS，POLLOCK，PELLICER. Do unto others：the importance of better compliance with consular notification rights [J]. Duke Journal of Comparative & International Law，2011，21 (3)：461-502.

[16] SULLIVAN. Changing the premise of international legal remedies：the unfounded adoption of assurances and guarantees of non-repetition [J]. UCLA Journal of International Law. & Foreign Affairs，2002，7：265-301.

[17] LYONS. Breach without remedy in the international forum and the need for self-help：the conundrum resulting from the Medellin case [J]. Lewis & Clark Law Review，2009，13：73-98.

[18] KADISH，OLSON. Sanchez-Llamas v. Oregon and Article 36 of the *Vienna Convention* on consular relations：the supreme court，the right to consul，and

remediation [J]. Michigan Journal of International Law, 2006, 27: 1185-1237.

[19] LEHMAN. The Federal Republic of Germany v. The United States of America: the individual right to consular access [J]. Minnesota Journal of Law & Inequality, 2002, 20: 313-340.

[20] MENDENHAL. A case for consular notification: treaty obligation as a matter of life of death [J]. Southwestern Journal of Law and Trade in the Americas, 2001, 8: 335-356.

[21] BURKS. Consular assistance for foreign defendants: avoiding default and fortifying a defense [J]. Capital Defense Journal, 2001, 14: 29-54.

[22] HEINLEIN. The U. S. and German interpretations of the *Vienna Convention* on consular relations: is any constitutional court really cosmopolitan? [J]. Maryland Journal of International Law, 2010, 25: 317-335.

[23] KUYKENDALL. The impact of Article 36 Violations on Mexicans in capital cases [J]. Saint Louis University Law Journal, 2018, 62: 805-824.

[24] HOWELL. A proposal for U. S. implementation of the *Vienna Convention's* consular notification requirement [J]. UCLA Law Review, 2013, 60: 1325-1381.

[25] ACEVES. The right of information on consular assistance in the framework of the guarantees of the due process of law [J]. The American Journal of International Law, 2000, 94: 555-563.

[26] RAY. Domesticating international obligations: how to ensure U. S. compliance with the *Vienna Convention* on consular relations [J]. California Law Review, 2003, 91: 1729-1771.

[27] WHITESELL. Diamond in the rough: mining article 36 (1) (b) of the *Vienna Convention* on consular relations for an individual right to due process [J]. Duke Law Journal, 2004, 54: 587-619.

[28] TAMS. Consular assistance: rights, remedies and responsibility: comments on the ICJ's judgment in the LaGrand case [J]. European Journal of

International Law, 2002, 13: 1257-1259.

[29] ALEXANDE. Saved by the states? the *Vienna Convention* on consular relations, federal government shortcomings, and Oregon's rescue [J]. Lewis & Clark Law Review, 2011, 15: 819-846.

[30] QUIGLEY. The United States' withdrawal from international court of justice jurisdiction in consular cases: reasons and consequences [J]. Duke Journal Of Comparative & International Law, 2009, 19: 263-305.

[31] TRAINER. The *Vienna Convention* on consular relations in the United States courts [J]. Transnational Lawyer, 2000, 13: 227-271.

[32] FIDAHUSEIN. VCCR Article 36 civil remedies and other solutions: a small step for litigants but a giant leap towards international compliance [J]. Seton Hall Circuit Review, 2008, 5: 239-277.

[33] ROGOFF. Application of treaties and decisions of international Tribunals in the United States and France: reflections on recent practice [J]. Maine Law Review, 2006, 58: 406-471.

[34] BAILY. People v. Madej: Illinois' violation of the *Vienna Convention* on consular relations [J]. Loyola University Chicago Law Journal, 2001, 32: 471-510.

[35] KOPP. Consulting with consuls: Virgilio Maldonado Rodríguez and the right of consular access [J]. Human Rights Brief, 2022, 25: 120-121.

[36] MOSS. Don't mess with Texas: Garcia v. Texas and the supreme court's inversion of the supremacy clause [J]. Loyola University Chicago International Law Review, 2012, 9: 347-369.

[37] DMITRI. Federal courts: finding a remedy when none seems available, Jogi v. Voges, 480 F. 3d 822 (7th Cir. 2007) [J]. Florida Journal of International Law, 2008, 2: 235-243.

[38] THORNBERRY. Federalism vs. Foreign affairs: how the United States

can administer article 36 of the *Vienna Convention* on consular relations within the states [J]. McGeorge Law Review, 1999, 31: 107-145.

[39] LEE. Giving state and local law enforcement the benefit of the doubt: how to ensure VCCR compliance without judicial remedies [J]. Journal of Law and Policy, 2009, 17: 609-652.

[40] DERVISHI. International law: no remedies for violation of the foreign nationals' right to consular notification: United States v. Duarte - Acero, 296 F. 3d 1277 (11th Cir. 2002) [J]. Florida Journal of International Law, 2003, 15: 645-655.

[41] KOLESNIKO. Meddling with the *Vienna Convention* on consular relations: the dilemma and proposed statutory solutions [J]. McGeorge Law Review, 2016, 40: 179-225.

[42] CHRISTIE. Protecting U. S. citizens abroad and bringing the United States into compliance with the *Vienna Convention* post-Medellin [J]. GAGeorgia Journal of International Law & Comparative Law, 2018, 46: 447-479.

[43] STEINMARK. The case concerning Avena and Other Mexican Nationals (Mexico v. United States): a Mexican perspective on the fight for consular rights [J]. Law and Business Review of The Americas, 2004, 10: 417-424.

[44] LYNNEWEINMAN. The clash between U. S. criminal procedure and the *Vienna Convention* on consular relations: an analysis of the international court of justice decision in the LaGrand case [J]. American University International Law Review, 2002, 17: 857-904.

[45] TURNER. The post - Medellín case for legislative standing [J]. American University Law Review, 2010, 59: 731-779.

[46] MARCELACELORIO. The role of the consulate general of Mexico in San Diego: exercising an effective consular diplomacy [J]. California Western

Law Review, 2017, 53: 131-148.

[47] BEILKE. The U. S. is not alone in its reluctance to adhere to supranational decisions from the international court of justice [J]. Loyola University Chicago International Law Review, 2010, 7: 213-227.

[48] HOPPE. Implementation of LaGrand and Avena in Germany and the United States: exploring a transatlantic divide in search of a uniform interpretation of consular rights [J]. European Journal of International Law, 2007, 18: 455-464.

[49] HOPPE. A question of life and death? the request for interpretation of Avena and certain other Mexican Nationals (Mexico v. United States) before the International Court of Justice [J]. Human Rights Law Review, 2009, 9: 455-464.

[50] SCHIFFMAN, BREARD, BEYOND. The status of consular notification and access under the *Vienna Convention* [J]. Cardozo Journal of International and Comparative Law, 2000, 8: 27-60.

[51] PORZIO. Consular assistance and protection: an EU perspective [J]. Hague Journal of Diplomacy, 2008, 3: 93-97.

[52] ANTONACCI. Lessons from LaGrand: an argument for the domestic enforceability of treaty-based rights under international prisoner transfer treaties [J]. Santa Clara Journal of International Law, 2005, 3: 22-71.

[53] IRAOLA. Federal criminal prosecutions and the right to consular notification under article 36 of the *Vienna Convention* [J]. West Virginia Law Review, 2002, 105: 179-211.

[54] THIENEL. Torture abroad, consular assistance and the admissibility of evidence [J]. German Year Book of International Law, 2011, 54: 589-695.

[55] FITZPATRICK, SIMMA, BROWN, et al. Consular rights and the death penalty after LaGrand [J]. Proceedings of the Annual Meeting (American

Society of International Law), 2002, 96: 309-319.

[56] SIMMA, HOPPE. From LaGrand and Avena to Medell in a rocky road toward implementation [J]. Tulane Journal of International and Comparative Law, 2005, 14: 7-59.

[57] CORBETT. From Breard to Medellin II: the *Vienna Convention* on consular relations in perspective [J]. University of St. Thomas Law Journal, 2008, 5: 808-832.

[58] GOGOLIN. Avena and Sanchez - Llamas come to Germany: the German Constitutional Court upholds rights under the *Vienna Convention* on consular relations [J]. German Law Journal. 2007, 8: 261-278.

[59] HALBERSTAM. LaGrand and Avena establisha Right, but is there a remedy? brief comments on the legal effect of LaGrand and Avena In the U. S. [J]. ILSA Journal of International & Comparative Law, 2004, 11: 415-419.

[60] THRO. Some Thoughtson Sanchez - Llamas V. Oregon [J]. Texas Review of Law & Politics, 2006, 11: 219-238.

[61] CARTER. Lessons Froma Vena: the inadequacy of clemency and judicial proceedings for violations of The Vienna Convention on Consular Relations [J]. Duke Journal of Comparative & International Law, 2004, 15: 259-280.

[62] MENNECKE, TAMS. The right to consular assistance under international law: the LaGrand Case before the international court of justice [J]. German Year Book of International Law, 1999, 42: 192-241.

[63] DUFFY. The Avena Act: an option to induce state implementation of consular notification rights after Medellin [J]. Georgetown Law Journal, 2010, 98: 795-825.

[64] GRAEBNER. Dialogue and divergence: the Vienna Convention on Consular Relations in German, American, and international Courts [J]. Georgetown Journal of International Law, 2010, 42: 605-638.

[65] CLARKE. Determining the remedy for violation of Art. 36 of the Vienna Convention on Consular Relations: review, reconsideration, and the clemency process after Avena [J]. George Washington International Law Review, 2006, 38: 131-158.

[66] RAY. The right to consul and the right to counsel: a critical re-examining of State V. Martinez-Rodriguez [J]. New Mexico Law Review, 2007, 37: 701-732.

[67] KADISH. Article 36 of the Vienna Convention on Consular Relations: the international court of justice in Mexico V. United States (Avena) speaks emphatically to the supreme court of the United States about the fundamental nature of the right to consul [J]. Georgetown Journal of International Law, 2004, 36: 1-60.

[68] CERNA. The right to consular notification as a human right [J]. Suffolk Transnational Law Review, 2008, 31: 419-469.

[69] MURPHY. Medellin V. Texas: implications of the supreme court's decision for the United States and the rule of law in international affairs [J]. Suffolk Transnational Law Review, 2007, 31: 247-277.

[70] QUIGLEY. Toward more effective judicial implementation of treaty based rights [J]. Fordham International Lawjournal, 2005, 29: 552-587.